Dr Philippe Fabre

LES SIGNAUX DE VOTRE PEAU

Denoël

Dessins : Jean-Pierre Morel
© by Editions Denoël, 1986
19, rue de l'Université, Paris 7ᵉ
ISBN 2-207-23261-1

A Martine

Sommaire

Voici un livre sans masque, sans déguisement, tout nu. Un livre sur votre peau. A laquelle vous tenez, bien sûr.

Pourtant en la regardant, cette peau, jour après jour, elle vous inquiète par ses messages incessants. Bonne mine, mauvaise mine, boutons, démangeaisons, taches..., la peau traduit un état interne, est l'écran de votre bilan de santé. Cela vous impressionne.

C'est aussi une image, l'image que vous voulez donner aux autres (la beauté), l'image que vous voulez conserver (l'âge). Cela vous tient à cœur.

Dès la naissance, la peau est un parchemin où s'inscrivent des signaux non négligeables.

Une peau de chagrin? Au contraire, la science dermatologique et le marché cosmétologique, souvent liés pour le meilleur et le moins pur, finissent par obtenir des résultats très encourageants, inespérés.

Une peau d'âne? C'est justement ce que veut être ce petit manuel : un traité de la peau au quotidien, qu'il faut avoir chez soi, pour comprendre vite ce que la peau, du bout des orteils à la racine des cheveux, tente de nous dire, avec la plus grande simplicité.

Un diagnostic aisé, évident, sur tous les membres de la famille.

Introduction
Structure et fonctions
de la peau et des cheveux

Structure :

La peau est un organe à part entière, formé de trois couches qui sont, de l'extérieur vers l'intérieur, l'épiderme, le derme, l'hypoderme.

Épiderme

C'est la couche superficielle de la peau, elle-même composée de quatre parties. De bas en haut on distingue :
– la couche basale formée d'une seule couche de cellules. C'est elle qui produit les cellules de l'épiderme qui vont « monter » peu à peu vers la surface pour y mourir et être éliminées. C'est elle aussi qui fait la charnière avec le derme. Elle comprend essentiellement des kératinocytes (cellules formant la kératine) et des mélanocytes (cellules fabriquant la mélanine formant le bronzage) ;
– le corps muqueux de Malpighi. Il est épais, formé de plusieurs assises de cellules qui s'aplatissent au fur et à mesure qu'elles montent ;
– la couche granuleuse où se forme la kératine (protéine fibreuse) ;
– la couche cornée, faite de cellules aplaties et entassées en lamelles et constituées pour l'essentiel de kératine. Toutes ces couches sont vivantes et en renouvellement perpétuel. La couche basale met environ une vingtaine de jours pour arriver à la superficie de la peau où elle est éliminée.

Derme

Il est composé de deux parties :
– partie superficielle placée juste sous la couche basale épidermique. Elle contient les vaisseaux sanguins et lymphatiques qui irriguent et nourrissent la peau. S'y trouvent aussi des nerfs, les glandes sudoripares (celles qui sécrètent la sueur), les glandes sébacées (celles qui sécrètent le sébum) ;
– partie profonde. Elle est assez épaisse et constitue le tissu

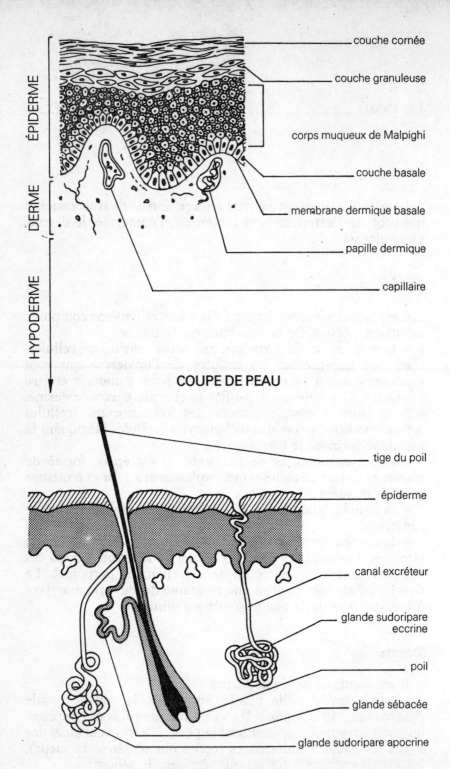

COUPE DE PEAU

ÉPIDERME

DERME

HYPODERME

couche cornée

couche granuleuse

corps muqueux de Malpighi

couche basale

membrane dermique basale

papille dermique

capillaire

GLANDES CUTANÉES

tige du poil

épiderme

canal excréteur

glande sudoripare eccrine

poil

glande sébacée

glande sudoripare apocrine

de soutien de la peau, celui qui se « relâche » avec l'âge. Il est formé, entre autres, de fibres de collagène et d'élastine qui en constituent l'armature, donnant sa souplesse à la peau. Ces deux substances sont fabriquées par des cellules-usines (les fibroblastes) qui, agressées par les rayons ultraviolets en cas d'abus de bains de soleil, fabriqueront un collagène de mauvaise qualité.

Hypoderme

C'est une sorte de coussin (plus ou moins confortable), où l'on trouve les cellules adipeuses, celles qui fabriquent la graisse cutanée.

Fonctions :

Rôle mécanique

• L'épiderme.

Il constitue une barrière aux agressions extérieures. Il s'oppose à la pénétration de substances externes dangereuses et à la déperdition des composants de l'organisme. La couche cornée assure, à elle seule, cette fonction de « barrière cutanée » (12 à 20 couches de cellules cornées remplies de kératine).

L'hydratation de cette couche est essentielle à son bon fonctionnement. Un épiderme déshydraté (comme dans l'eczéma par exemple) est plus apte à laisser passer des substances actives. Les abrasions (gommages, micro-peelings) de surface qui suppriment une partie de la couche cornée favorisent aussi ce phénomène. Chez l'enfant qui a une couche cornée peu importante et donc une barrière cutanée faible, il faut donc appliquer avec prudence des pommades contenant des produits actifs, car elles pénètrent très facilement dans la peau.

• Le derme.

Il est protégé des agressions extérieures par l'épiderme. Compressible, élastique, extensible, il a essentiellement un rôle de soutien, grâce aux fibres de collagène et d'élastine qui le parcourent formant des vagues horizontales entrelacées. (Le collagène représente plus de 90 % du poids du derme.) Les qualités physiques du derme sont maximales dans la peau du petit enfant. Au fur et à mesure du temps qui passe, le collagène devient de moins bonne qualité et n'est plus remplacé. C'est ce que l'on observe sur les peaux vieillies. C'est donc au niveau du derme que se produit le vieillissement de la peau, toujours accéléré par l'abus du soleil.

• L'hypoderme.

Il a une fonction de protection contre les pressions et chocs extérieurs en interposant son coussin adipeux entre la peau et les muscles, os, organes.

Rôle de protection

• Protection contre les rayons du soleil

Elle est assurée par la pigmentation de la peau. Rappelons que le soleil émet de nombreux rayons arrivant au sol. Les rayons infrarouges sont ceux qui donnent l'impression de chaleur. Les ultraviolets arrivant au sol sont les u.v.a. et les u.v.b.

Les u.v.b. : 70 % d'entre eux sont arrêtés par la couche cornée, 20 % atteignent la partie moyenne de l'épiderme, 10 % pénètrent dans le derme.

– Ces rayons sont responsables des « coups de soleil ».

– Ils ont une action antirachitique (à l'origine de la fabrication par la peau de vitamine D).

– Ils peuvent à long terme provoquer des cancers cutanés : épithéliomas baso et spinocellulaires, mélanomes malins.

Les u.v.a. Ils pénètrent plus profondément dans la peau. 20 à 30 % d'entre eux atteignent le derme. Le reste est absorbé par la mélanine.

– Ils produisent des altérations cutanées de plus grande profondeur que les u.v.b., et sont à l'origine pour l'essentiel du vieillissement de la peau, par altération des usines qui fabriquent le collagène (fibroblastes).

– Ils ne donnent pas de « coup de soleil ». Pour en produire un, il en faudrait des doses 1 000 fois supérieures à celles des u.v.b.

– Ils peuvent aussi être à l'origine de cancers cutanés, mais beaucoup moins souvent que les u.v.b.

Sous l'influence des u.v.a. et des u.v.b., les mélanocytes (cellules intercalées entre les kératinocytes de la couche basale de l'épiderme) fabriquent un pigment : la mélanine. Celle-ci a pour rôle d'arrêter, tel un bouclier, plus ou moins efficace selon le degré de pigmentation de la peau, l'effet nocif des ultraviolets. Le bronzage débute 2 jours après l'exposition au soleil et atteint son maximum vers le 20e jour. Il disparaît progressivement en l'absence de nouvelle exposition. Il est dû, pour l'essentiel, à l'action des u.v.b. sur la peau. Il faut des doses 1 000 fois supérieures d'u.v.a. pour donner la même pigmentation.

● Protection contre la chaleur

C'est la thermorégulation, phénomène qui permet d'adapter en permanence la chaleur intérieure du corps (qui doit rester aux alentours de 37°) en fonction des variations de la température extérieure. En cas de chaleur excessive, la sudation permet d'évacuer les calories en trop. Si le phénomène n'est pas correctement adapté, survient le « coup de chaleur » dont sont souvent victimes les nourrissons. Les glandes sudoripares, productrices de sueur, sont au nombre d'environ trois millions, réparties sur tout le corps.

● Protection contre la déshydratation

Elle est réalisée en partie par le sébum, substance grasse sécrétée par les glandes sébacées qui se dépose sur la peau, et en partie par la sueur produite par les glandes sudoripares, plus nombreuses sur le visage et le cuir chevelu que sur le corps. Ces deux substances, sébum et sueur, forment le film hydrolipidique qui protège la peau des agressions extérieures et s'oppose à la déshydratation de l'épiderme. Ce film a aussi un rôle antiseptique. Des produits détergents appliqués sur la peau le suppriment et entraînent donc sécheresse et fragilité.

La peau, organe de sensibilité

La peau renferme 10 000 fibres nerveuses par millimètre carré! Celles-ci se situent dans le derme et sont réparties en différents groupes.

On distingue :

– le groupe de la douleur : piqûres, brûlures, etc.,

– le groupe de la chaleur,
– le groupe du toucher,
– le groupe d'une certaine sensibilité : humidité, douceur, etc.

Le cheveu

Structure :

Le cheveu se compose d'un bulbe (ou follicule pileux) et d'une tige. Le bulbe contient trois enveloppes de protection. A l'intérieur se trouvent les cellules germinatives qui donnent naissance au cheveu. La tige du cheveu ou tige pilaire comprend trois couches. De l'intérieur vers l'extérieur : la couche médullaire, remplie d'air et de pigments mélaniques, la couche corticale faite de cellules kératinisées et de pigments mélaniques, et la cuticule, couche très fine qui peut être altérée lors d'agressions du cheveu. La kératine du cheveu est une protéine fibreuse, riche en cystéine.

Nous disposons d'un capital de 100 000 à 150 000 cheveux. Il est normal d'en perdre de 50 à 100 par jour. Ce phénomène s'explique par la vie du cheveu qui évolue en trois phases :
– croissance ou phase anagène : durée de 2 à 6 ans. Sur une tête 85 à 90 % des cheveux sont dans cette phase;
– involution ou phase catagène : durée 2 à 4 semaines. 1 % des cheveux sont dans cette phase;
– repos ou phase télogène : durée de 2 à 4 mois. 9 à 14 % des cheveux sont dans cette phase.

Après la phase télogène le cheveu tombe pour être remplacé par un nouveau cheveu.

Dans la croissance du cheveu, les hormones jouent un rôle indispensable notamment les hormones mâles, ou androgènes. Sont aussi nécessaires : les acides aminés soufrés (cystine, cystéine, méthionine), les métaux (cuivre et zinc), les vitamines (A, B5, C, H).

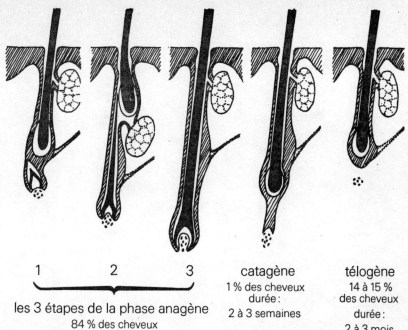

1   2   3   catagène   télogène

                            1 % des cheveux   14 à 15 %
                                 durée :   des cheveux
les 3 étapes de la phase anagène   2 à 3 semaines   durée :
         84 % des cheveux   2 à 3 mois
        durée : 2 à 6 ans

PHASES DE CROISSANCE DU CHEVEU

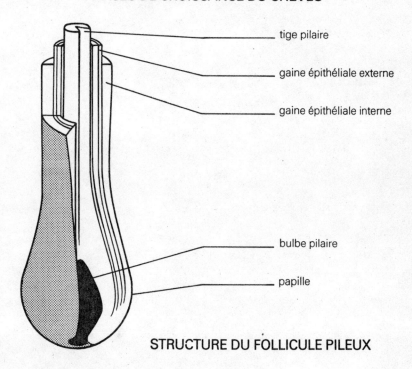

— tige pilaire

— gaine épithéliale externe

— gaine épithéliale interne

— bulbe pilaire

— papille

STRUCTURE DU FOLLICULE PILEUX

1
La peau dit votre âge

1

La peau dit votre âge

Votre peau dit votre âge aussi clairement qu'une feuille d'état civil. Avec quelques erreurs d'inscription possibles bien sûr, mais dans la plupart des cas l'employé de mairie dermatologique est d'une grande justesse.

L'acné, les rides, le dessèchement, les taches brunes, sont autant de précisions révélatrices.

Il est bien d'autres événements qui jalonnent la vie de votre peau. Des plus banals aux plus rares, chacun doit être prévu, différé ou contrecarré.

Car c'est un des pouvoirs nouveaux du dermatologue que de freiner le vieillissement de la peau, sans miracle charlatanesque, mais avec toute la panoplie des remèdes mis sur le marché scientifique international.

Les signaux de la peau

L'acné n'est pas seulement le (triste) privilège des adolescents. Elle peut aussi affecter le nouveau-né. C'est rare heureusement. En général, l'acné frappe dès les premières semaines de la vie, ou vers l'âge de trois ou quatre mois. Le plus souvent, il s'agit d'un petit garçon. Les joues se couvrent de boutons et, au début, la maman croit qu'il s'agit d'un eczéma. Effectivement, c'est l'âge où il peut apparaître, mais elle constate vite qu'il y a absence de démangeaisons.

De plus, les boutons ne se ressemblent pas. L'acné du nouveau-né se présente exactement comme celle de l'adolescent. Elle est faite de comédons ouverts (points noirs), et de comédons fermés (points blancs), plus rarement de pustules ou papules enflammées. Les pommettes sont envahies, plus rarement le front et le menton, jamais le thorax, ni les épaules.

Évidemment, si bébé a de l'acné, il faut consulter le médecin car, seul, il peut vraiment poser le diagnostic. Peut-être ne donnera-t-il aucun traitement. L'acné du nourrisson disparaît en général rapidement, avec ou sans traitement. Plus l'apparition est précoce, et plus la guérison est rapide. Dans quelques cas, toutefois, l'acné peut se poursuivre jusqu'à la puberté.

Mais, même si elle disparaît, cette acné peut à juste titre continuer à inquiéter la mère. Cette poussée précoce préjuge-t-elle d'une acné sévère au moment de la puberté? A cette question, pas de réponse nette. Il est vrai que les bébés acnéiques ont le plus souvent des parents (au moins un) ayant eu à la puberté une acné très marquée. Il existerait donc une certaine « susceptibilité » familiale vis-à-vis de cette affection. Il est donc probable qu'un bébé boutonneux fera un adolescent boutonneux. Il y a toutefois des exceptions. D'autre part, aujourd'hui, les traitements contre l'acné sont vraiment efficaces.

Fiche technique

• Affection peu fréquente, probablement familiale. Atteint sept garçons pour une fille.

• Origine : répond aux mêmes mécanismes que l'acné juvénile.
• Évolution : variable.

Traitement

Abstention le plus souvent. Ou application locale de produits anti-acnéiques (peroxyde de benzoyle et trétinoïne).

Angiome du nouveau-né
Une fraise sur la peau

Les signaux de la peau

Votre bébé a aujourd'hui six mois et vous vous inquiétez car il a sur le ventre une grosseur rougeâtre. En lui faisant sa toilette, vous l'avez éraflée et cela a saigné. Vous avez eu peur. En rassemblant vos souvenirs, vous vous rappelez qu'à la naissance – ou peu après – il y avait déjà une petite tache rouge de quelques millimètres de diamètre. Vous n'y avez pas prêté attention. Mais depuis quelques mois cette tache s'est mise à grossir en surface, à prendre du volume. A présent, cela se présente comme une élevure rouge ou bleutée, de surface lisse ou un peu irrégulière, élastique quand on la pince, tout comme une fraise posée sur la peau. Tout cela ne doit pas vous alarmer.

Il s'agit d'un angiome de l'enfant qui évolue en trois phases. Une première s'étend des deux à trois premières semaines de la vie jusqu'à six à huit mois, où l'on voit effectivement cette tache grossir. Pendant cette période, 80 % des angiomes doublent de volume. Lui succède une phase de stabilité. L'angiome ne bougera plus de six à vingt mois. Il faudra là éviter de l'érafler ou de le cogner car il risque de saigner, ce qui n'est d'ailleurs pas un accident bien grave. Une compresse appuyée dix minutes et la petite hémorragie s'arrête toute seule. La troisième phase est celle de la rémission spontanée qui va se faire lentement et progressivement. La « fraise » commence à blanchir, puis elle s'affaisse progressivement. A six, sept ans, 80 % de ces angiomes auront totalement disparu. Étant donné cette évolution favorable, il convient donc le plus souvent de ne faire aucun traitement et d'attendre cette heureuse issue. Il sera toujours temps, si une partie de l'angiome subsiste, de s'en occuper. Si cette histoire se termine souvent bien, il convient néanmoins de consulter un dermatologue car de petits incidents peuvent émailler cette évolution. Une ulcération, une surinfection. Certains, de par leur situation comme le nez, la paupière, la lèvre, nécessitent une surveillance régulière et un traitement particulier.

Fiche technique

- Malformation bénigne des vaisseaux de la peau qui sont dilatés et trop nombreux.
- Congénitale et acquise (donc non héréditaire).
- Apanage du petit enfant, sa fréquence est élevée.
- Évolution : les complications graves sont rares, mais toujours possibles et nécessitent donc une surveillance régulière.

Traitement

Pour les angiomes bénins, l'abstention thérapeutique est la meilleure attitude. 5 à 10 % d'entre eux nécessitent un traitement particulier :
– La cortisone reste le traitement de choix des angiomes compliqués.
– Les rayons X sont abandonnés.
– La chirurgie ne doit jamais être pratiquée en premier geste. On la réserve aux angiomes n'ayant pas régressé complètement vers l'âge de trois ans.

Erythème fessier du nourrisson_____

Les signaux de la peau

Bébé a les fesses rouges depuis huit jours. Vous avez cru pouvoir le guérir toute seule en le changeant plus souvent, ou en appliquant certaines crèmes qu'aiment beaucoup les mamans (nous ne citerons pas de noms!). Vous avez ensuite, sur les conseils d'une amie, essayé le bleu de méthylène, ou l'éosine, voire le permanganate de potassium. La peau de bébé est devenue bleue, puis marron, puis de nouveau rouge! Avant de consulter le médecin, essayez de vous souvenir comment cette rougeur a commencé. C'est important.

Premier cas, la rougeur est apparue d'abord sur les fesses et la face interne des cuisses pour envahir ensuite les organes génitaux, dessinant un W. Faites alors votre *mea culpa*. Vous ne changez pas suffisamment souvent votre enfant et l'urine a irrité sa peau. Ou alors, il ne supporte pas les couches en cellulose. La solution est très simple : « change » plus fréquent, et usage de couches en coton lavées au savon de Marseille. Un conseil : si vous le pouvez, laissez-lui les fesses à l'air pendant quelques jours.

Deuxième cas : la rougeur a débuté dans les plis de l'aine et des fesses, et autour des organes génitaux (dessinant un Y) pour s'étendre progressivement à tout le siège. Il s'agit alors d'une dermite infectieuse qui peut être due à un champignon (*Candida albicans*) ou à un microbe. Consultez votre médecin. Deux autres affections peuvent se manifester par un érythème fessier, mais elles sont très rares (voir Leiner-Moussous, p. 34, et Napkin-psoriasis, p. 33).

Fiche technique

• Affection banale et fréquente due à la grande fragilité de la peau de bébé.
• Deux causes possibles : irritation de la peau (la rougeur dessine un W) ou infection mycosique ou microbienne (dessinant un Y).
• Évolution bonne sous traitement adapté.

Traitement

Dans le premier cas, suppression des couches en cellulose jusqu'à ce que la rougeur disparaisse. Change fréquent. Deuxième cas, traitement antimycosique ou anti-infectieux prescrit par le médecin.

Napkin-psoriasis

Les signaux de la peau

Cette affection très rare du nourrisson débute en général à l'âge de trois mois. De la façon la plus banale qui soit : bébé a les fesses rouges. Mais il ne s'agit pas ici d'un érythème fessier. La rougeur a débuté dans les plis fessiers et inguinaux, s'accompagnant de petites croûtes sèches. L'application de crèmes n'a rien donné. Et peu à peu la rougeur s'étend à tout le bassin, occupant l'espace exact de la culotte : c'est une grande plaque légèrement brillante, recouverte de fines croûtes. Le plus curieux, ce sont les bords de cette plaque : ils ont l'air tirés au cordeau. Le diagnostic n'est pas évident. Le pédiatre peut s'y tromper et penser qu'il s'agit d'une mycose. Mais la crème antimycosique ne change rien au tableau. Non plus, bien entendu, que les traitements classiques des fesses rouges (bleu de méthylène violet de Milian, ou permanganate de potassium).

C'est alors que vous consultez un dermatologue qui – devant l'échec des traitements – va émettre l'hypothèse d'un Napkin-psoriasis, qui n'est autre que le début de la maladie psoriasique (voir p. 123). Il peut confirmer son diagnostic en faisant un prélèvement histologique (sous anesthésie locale, on découpe au bistouri un petit fragment de peau et l'on suture les bords), mais il est rare qu'on le fasse chez un bébé. Pour trois raisons : d'abord on évite de lui « faire des misères », ensuite parce que les résultats ne sont pas toujours probants, enfin parce qu'un traitement-test par application de crème à la cortisone va servir à confirmer le diagnostic. Si les lésions disparaissent, il s'agit bien d'un psoriasis.

Fiche technique

- Manifestation très rare de la maladie psoriasique.
- Évolution : pronostic difficile. Ou l'affection disparaît, totalement et définitivement, ou elle est la première manifestation d'un psoriasis qui va se manifester plus ou moins régulièrement, et souvent, au cours de la vie.

Traitement

Application de crèmes à base de cortisone, non fluorées.

Maladie de Leiner-Moussous

Les signaux de la peau

Vers l'âge de quatre semaines, votre bébé présente – encore – une rougeur du siège qui a débuté dans les plis. Progressivement, elle s'est agrandie, étalée, et tout le derrière est bientôt atteint de cette rougeur aux bords bien délimités. En même temps, sur le ventre, apparaissent des macarons rouges, arrondis, recouverts de croûtes. Et ce n'est pas fini : des « croûtes de lait » envahissent la tête de bébé. Ces croûtes sont la signature de la maladie de Leiner-Moussous qui peut encore s'étendre : des fissures peuvent en effet apparaître derrière ou sous les oreilles, au pli des coudes ou des jambes. Des taches rouges recouvertes de croûtes grasses ou sèches gagnent de proche en proche, et recouvrent bientôt tout le corps. Panique : la maman la plus calme s'affole complètement. Pourtant, quelques signes doivent la rassurer : bébé n'a pas de fièvre, il mange comme d'habitude, et ne semble pas du tout gêné. En fait, cette maladie spectaculaire est tout à fait bénigne et va régresser en une à six semaines.

Fiche technique

• Maladie relativement fréquente du nouveau-né, apparaissant entre l'âge de trois semaines et de trois mois.
• Origine : mal connue. Peut-être microbienne.
• Non contagieuse.
• Évolution : guérison en quelques semaines avec un traitement antiseptique local. Mais peut parfois se surinfecter avec des champignons, ou « tourner » à l'eczéma. Il n'est pas impossible que des enfants ayant eu un Leiner-Moussous développent ultérieurement un eczéma ou un psoriasis.

Traitement

Antiseptiques locaux.

Urticaire pigmentaire

Les signaux de la peau

Encore une affection du nourrisson qui peut survenir dès la naissance, et jusqu'à l'âge de un an. Tout le corps de bébé se couvre de plaques légèrement en relief, rosées, de petite taille, et qui grattent. Cela ressemble à une urticaire (voir chap. 7, p. 156). La maman et même le médecin peuvent s'y tromper au début. Mais l'évolution est très différente de l'urticaire. Rapidement, les plaques vont s'affaisser tout en se pigmentant (d'où ce nom d'urticaire pigmentaire). Restent alors des taches brun clair, souvent ovales, à bords bien délimités, de la taille d'une pièce de cinq à dix centimes. La surface des taches est lisse, mais sous les doigts on a une sensation élastique ou pâteuse. Autre caractéristique : la disposition en lignes discontinues, plus ou moins parallèles, qui donne un aspect tigré! De temps en temps, les crises de démangeaisons se reproduisent. Bébé se gratte lorsqu'il prend un bain bien chaud, ou lorsqu'on lui donne une tape, ou encore lorsqu'on lui administre certains médicaments comme l'aspirine. Curieusement, la banane peut aussi provoquer une crise de démangeaisons car elle contient un produit, la tyrosine, qui provoque la formation d'histamine, laquelle est à l'origine des démangeaisons.

Naturellement, la maman doit consulter le médecin. Mais elle peut déjà poser le diagnostic elle-même. En effet, il existe un signal tout à fait caractéristique de l'urticaire pigmentaire : si, avec le dos d'une cuiller, on frotte une tache, celle-ci rougit, se boursoufle et démange tout de suite. C'est le signe de Darier. Pour plus de certitude, toutefois, le dermatologue consulté peut pratiquer un petit prélèvement de peau sur une tache et l'analyser au microscope. L'urticaire pigmentaire est aussi appelée mastocytose pigmentaire éruptive. Elle fait partie d'un groupe d'affections, les mastocytoses, pouvant prendre d'autres aspects comme des grosseurs, ou tuméfactions, formant un dôme couleur chamois, et présentant une surface irrégulière ressemblant à la peau d'une orange! De quoi s'inquiéter et penser au pire. Pourtant, le signe du Dr Darier, toujours présent, doit rassurer. Il existe encore d'autres formes de mastocytoses chez l'enfant et chez l'adulte, mais elles sont beaucoup plus rares. Seul le spécialiste peut en faire le diagnostic.

Fiche technique

• Maladie peu fréquente du nourrisson, qui correspond à une prolifération bénigne de certaines cellules de la peau appelées mastocytes.
• Évolution : pour l'urticaire pigmentaire, le pronostic est bon. La régression se fait en quelques mois ou quelques années. Très rarement, cette affection persiste jusqu'à l'âge adulte, et plus rarement encore elle donne des complications (atteinte des os et de la rate).

Traitement

Il comprend trois volets :
– Une hygiène de vie appropriée. Suppression des bains trop chauds. Suppression des médicaments déclenchants (aspirine, codéine). A bannir de l'alimentation : la banane.

– Une surveillance régulière par un médecin dermatologue.

– Au moment des crises de démangeaisons, prise de médicaments antihistaminiques.

Kératose pilaire familiale

Les signaux de la peau

Sous ce nom compliqué se cache en fait une petite anomalie de la peau très fréquente qui apparaît chez l'enfant. La maman qui passe sa main sur le bras de son garçon ou de sa fille (face postérieure) a l'impression de toucher une râpe. En regardant de plus près, elle voit des centaines de petits boutons, gros comme des têtes d'épingle, et de forme conique. Au centre de chaque bouton, il y a parfois un poil très court. La couleur des petits cônes est grisâtre ou rosée. Ni douleur ni démangeaisons ne tourmentent l'enfant. Mais cette chair de poule n'est guère belle à voir. Il faudra pourtant la supporter pendant toute l'enfance avec de petites aggravations lorsqu'il fait froid. A la puberté, poussée brutale. Soucieux de sa beauté, et agacé de cette peau rugueuse, l'adolescent consulte alors un dermatologue.

Fiche technique

• Affection très fréquente puisqu'elle touche presque 50 % de la population.
• Probablement héréditaire et se transmettant sur un mode autosomal dominant c'est-à-dire de génération en génération.
• Évolution : cette anomalie de la peau est sans gravité. Toutefois, elle peut être associée à une peau sèche, et parfois une ichtyose, ou à un eczéma atopique (voir chap. 7, p. 158). Elle disparaît spontanément vers l'âge de trente ans.

Traitement

Pour atténuer l'aspect inesthétique, on peut appliquer localement des produits hydratants et kératolytiques (qui dissolvent la kératine). Ces produits doivent être utilisés en permanence car les boutons récidivent à l'arrêt du traitement. C'est pourquoi, mieux vaut prendre son mal en patience et attendre que cela passe. Cela passera!

Peau grasse de la puberté_____

Les signaux de la peau

Entre douze et dix-huit ans, l'enfant se transforme en adulte. Le passage s'appelle la puberté. Une étape jalonnée de grandes métamorphoses. La peau change aussi! Adieu peau veloutée, joues lisses de l'enfance, bonjour peau grasse, et parfois boutons! Heureusement, ce n'est souvent qu'un mauvais moment à passer. Comment s'explique ce soudain changement? Il y a dans la peau des glandes appelées sébacées qui sont annexées à des poils. Ces glandes, qui sécrètent le sébum, sont très grosses et actives pendant la vie fœtale. Après la naissance, leur volume diminue rapidement. Et elles cessent parfois toute activité. Jusqu'au moment où, sous l'influence des androgènes (hormones mâles sécrétées à la puberté chez le garçon, et aussi chez la fille à des doses moindres), elles vont grossir à nouveau et déverser sur la peau beaucoup de sébum. Celui-ci a un double rôle : antiseptique pour éliminer bactéries et champignons; et protecteur contre le dessèchement. Ce déversement de sébum, c'est ce qu'on appelle la séborrhée, surtout marquée sur le front, les ailes du nez, le menton. Si le phénomène s'emballe, la peau devient hyperséborrhéique et l'acné peut survenir (voir acné polymorphe juvénile, p. 40).

Certains facteurs favorisent l'hyperséborrhée : la température ambiante (plus il fait chaud, plus les glandes sébacées s'activent) et le poids (les « gros » fabriquent plus de sébum que les minces). La peau trop grasse est luisante, épaisse, de coloration terne, aux pores dilatés. Contrairement à ce que l'on pense, elle est particulièrement irritable.

Fiche technique

- La séborrhée commence à la puberté.
- Origine : il existe un facteur familial. Facteurs aggravants : la chaleur, le poids.
- Évolution : a tendance à s'atténuer et disparaître spontanément avec l'âge.

Traitement

Il est double, cosmétique et médicamenteux.

– Traitement cosmétique : les erreurs dans ce domaine peuvent être nombreuses. La peau devient alors rêche et prend l'apparence trompeuse d'une peau sèche.

A faire : pour nettoyer la peau, utiliser un lait spécifique ou un pain de toilette. Rincer à l'eau du robinet. Essuyer immédiatement. Pulvériser de l'eau minérale. Puis à nouveau essuyer doucement.

Pour traiter la peau, appliquer une à deux fois par jour une lotion ou une crème régularisant la production de sébum (à trouver en pharmacie).

A ne pas faire : utiliser des produits non adaptés, ou trop détergents (comme les lotions soufrées, certains savons, etc.). Laisser l'eau ou un liquide sécher sur la peau. Abandonner les soins ; il faut compter plusieurs mois pour régulariser la production de sébum.

– Traitement médicamenteux : si la peau est très grasse, on peut éventuellement prescrire : chez la fille, une « pilule » aux antiandrogènes (s'il n'y a pas de contre-indication gynécologique) ; chez le garçon et chez la fille, une crème contenant de la prosmestriène ou à base de spironolactone (préparation magistrale en pharmacie).

Acné juvénile

Les signaux de la peau

Il ou elle a quatorze, quinze ou seize ans. Sa peau, lisse et fraîche il y a peu encore, s'est transformée. Un teint brouillé, un nez, un front et un menton brillants..., le terrain favori de l'acné. Et brusquement, c'est l'explosion. Un, deux, trois boutons surviennent. Les parents soupirent : « C'est l'âge. » Il est vrai que quinze ans, c'est l'âge des boutons. D'après une enquête récente, un adolescent sur deux souffre d'acné, et presque tous ont à un moment donné des points noirs ou quelques boutons. L'acné est une affection sans gravité, mais pas sans importance. Il ne faut pas attendre que « cela passe » car une acné mal soignée, ou pas soignée du tout ce qui arrive encore, peut laisser des traces indélébiles sur la peau. Quels sont les signaux de l'acné? Ils sont nombreux. L'acné juvénile est dite polymorphe, ce qui veut dire qu'elle présente plusieurs lésions. En fait, on en compte cinq.

Avant de voir ces cinq signaux de l'acné, situons la maladie. Elle se passe au niveau des glandes sébacées ; glandes qui, sous l'influence d'hormones, sécrètent une graisse – le sébum – qui normalement se répand sur la peau. Dans l'acné, et par des phénomènes complexes, le canal par où sort le sébum, se trouve obstrué. Celui-ci s'accumule dans la glande sébacée qui se dilate. Il se produit alors la première lésion de l'acné bien connue : le point noir, petite élevure, à peine marquée et centrée par un pigment noir (constitué de mélanine). Une simple petite pression avec les doigts, ou un tire-comédon, permet d'expulser le sébum. Si le canal par lequel est excrété celui-ci est totalement bouché, la glande sébacée ne communique plus avec l'épiderme : il se produit alors – deuxième lésion de l'acné – un microkyste ou comédon fermé, ou encore point blanc, qui se présente sous forme d'un petit dôme arrondi, blanc jaunâtre. Pour faire disparaître ces microkystes, il faut les inciser un à un. Ces deux lésions élémentaires de l'acné peuvent se compliquer. Suite de l'histoire donc : le microkyste grossit, devient inflammatoire, et il se forme un bouton rouge, plus gros, la papule acnéique. C'est la troisième lésion de l'acné. Si celle-ci se surinfecte, on aboutit à la papulo-pustule – quatrième lésion – qui renferme une goutte de pus. Les papules et papulo-pustules peuvent grossir encore en surface de la peau comme en profondeur – surtout si on les a imprudemment pressés – et forment alors – cinquième lésion – des nodules, bosselures sensibles et rouges qui définissent l'acné nodulaire. Les cinq lésions de l'acné peuvent voisiner sur un visage et se combiner entre elles, donnant des tableaux différents, plus ou moins marqués, chacun nécessitant un traitement adapté.

La maladie acnéique a une particularité : on ne sait pas quand elle va disparaître! Elle dure en moyenne de quatre à six ans, parfois moins, parfois beaucoup plus. Puis elle disparaît spontanément, qu'il y ait eu traitement ou non. Les thérapeutiques actuelles permettent de soigner l'acné, pas d'en guérir. Une bonne raison pour s'abstenir? Sûrement pas. Il serait criminel de persister dans l'attitude d'attente qui était celle d'autrefois car, avec les traitements performants dont on dispose, on peut en deux ou trois mois « blanchir » une acné. Le bénéfice est double. Bénéfice esthétique : le jeune patient récupère une peau nette et le risque de cicatrices ultérieures et indélébiles – principale complication de la maladie – est écarté. Bénéfice psychologique : adieu boutons, adieu complexes. Il est donc capital de soigner une acné à son début par un traitement d'attaque, et de continuer un traitement d'entretien jusqu'à ce que les boutons décident de quitter le terrain, ce qui finit toujours par arriver.

Il existe une forme particulière d'acné, rare, mais très invalidante et désespérante par sa chronicité : c'est l'acné conglobata. Aux cinq lésions de l'acné polymorphe, elle associe de gros bourrelets qui communiquent entre eux sous la peau par de véritables tunnels. Lorsqu'on presse ces bourrelets, il en sort un liquide malodorant. Cette acné, qui laisse des cicatrices et des brides fort inesthétiques sur le visage, le cou, le dos, voire le thorax, posait il y a encore quelque temps un problème thérapeutique presque insoluble. Depuis peu, un nouveau médicament guérit définitivement les patients en neuf à douze mois.

Fiche technique

• Affection très fréquente frappant pratiquement 100 % des adolescents à un moment ou à un autre, à l'âge de quatorze ans pour la fille, seize ans pour le garçon.

• Origine : due à trois troubles conjugués.

– Trouble de la formation des cellules les plus superficielles de l'épiderme (kératinocytes). Celles-ci, au lieu de desquamer, s'agglomèrent dans le canal folliculaire par lequel s'excrète le sébum, formant ainsi un bouchon qui empêche l'écoulement de celui-ci, et est à l'origine du microkyste.

– Trouble de la sécrétion du sébum. Tant en quantité (l'acné se produit toujours sur une peau grasse), qu'en qualité. Le sébum est plus abondant et sa composition chimique est particulière, favorisant la formation de comédons. Ces troubles sont régis par des phénomènes hormonaux complexes que l'on commence à peine à élucider.

– Surinfection microbienne. Par des microbes susceptibles de provoquer et d'aggraver l'acné, l'un d'entre eux – le plus connu – est le corynébacterium acnes.

• Évolution : guérison spontanée imprévisible dans le temps. Non traitée, l'acné peut laisser des cicatrices.

Traitement

Il en existe plusieurs qui interviennent sur l'un ou l'autre des facteurs de l'acné.

Pour lutter contre la séborrhée : les hormones (traitement réservé au sexe féminin). Deux types d'hormones peuvent être utilisées. Premier type : les œstrogènes, hormones féminines qui s'opposent à l'action des androgènes. Ces œstrogènes doivent être associés à un progestatif pour éviter les perturbations du cycle. Il s'agit d'une pilule contraceptive; toutes les pilules ne sont pas anti-acné. La mini-pilule par exemple est trop pauvre en œstrogènes pour être active. Deuxième type d'hormones : les anti-androgènes, et notamment l'acétate de cyprotérone. Il doit être associé lui aussi à un œstrogène. A l'heure actuelle, il existe une « pilule » de ce type. Elle est efficace dans certains cas mais, étant très dosée en œstrogènes, elle ne convient pas à toutes les femmes.

Contre l'obstruction du follicule pilo-sébacé : les substances kératolytiques. Deux produits sont actifs. 1) La vitamine A acide. Elle provoque l'expulsion du bouton qui bloque le canal folliculaire. Malheureusement, elle est irritante et certaines peaux fragiles ne la supportent pas. 2) Le peroxyde de benzoyle. Il se présente sous forme de gel ou de lotion, et doit être appliqué tous les jours sur les boutons. Il réussit très bien dans les acnés ne présentant pas trop de points noirs.

Médicaments antigermes et anti-inflammatoires : les anti-biotiques. Les tétracyclines par voie orale diminuent l'inflammation mais n'ont aucune action contre la séborrhée et le bouchon kératosique. La minocycline est la plus efficace. Deux autres antibiotiques : l'érythromycine base et la clindamycine, donnés par voie locale, sont également efficaces contre l'inflammation.

Pour lutter contre les acnés conglobata : l'acide 13Cis-rétinoïque. C'est le traitement le plus nouveau. Il s'agit d'un dérivé de la vitamine A qui se prend par voie orale. Les résultats sont en général remarquables. Il provoque notamment une baisse spectaculaire de la séborrhée, mais – revers de la médaille – il dessèche la peau et augmente certaines graisses dans le sang. Inconvénient majeur : chez la femme enceinte, il provoque des malformations fœtales. Il est donc indispensable d'être sous contraception efficace pour le prendre.

Les soins quotidiens :

A éviter : les produits et les gestes agressifs : lotions décapantes qui « dégraissent », brossage du visage (même avec une brosse douce) et surtout extirpation des points noirs !

Nettoyer soit avec un pain dermatologique pour peau sensible, soit avec un démaquillant « spécial peau grasse » puis rincer à l'eau du robinet ou avec un tonique sans alcool et sécher le visage (très important) en le tamponnant avec une serviette douce.

Nettoyage de peau régulier chez un dermatologue.

Peau sèche

Les signaux de la peau

Un des problèmes de peau les plus courants. La peau sèche se remarque à l'œil nu par son aspect terne, et au toucher par sa rugosité. Elle manque de velouté, de douceur. Est sujette aux craquelures, aux gerçures, aux fissures. Elle desquame facilement et, sur les jambes ou les bras, peut prendre l'aspect d'une peau de crocodile... formée de fines écailles. La peau sèche manque de sébum et d'eau. Elle résiste moins bien aux agressions du vent, du froid et du soleil. Souvent, elle démange. Les zones les plus sèches du corps sont surtout le visage et les mains, mais parfois aussi les membres. Une peau sèche peut être le signal d'une affection dermatologique.

Fiche technique

• Anomalie fréquente de la peau résultant d'une déshydratation du stratum corneum (couche la plus superficielle de la peau), ainsi que d'une sécrétion diminuée du sébum par les glandes sébacées.
Causes :
• Facteur familial. On peut « hériter » la peau sèche de sa mère ou de son père.
• Facteur climatique : vent, froid, chaleur sèche, climatisation.
• Excès de lavages avec des produits trop alcalins, ou contact répété avec les détergents (mains des ménagères).
• Exposition abusive aux ultraviolets A et B :
– à court terme (dans les heures qui suivent) par association aux infrarouges ;
– à moyen terme (quelques jours) par épaississement de l'épiderme ;
– à long terme (années passées au soleil), par atrophie de l'épiderme, diminution de l'excrétion de la sueur et du sébum. Il s'agit alors d'un phénomène irréversible.
• Age : la peau s'assèche par altération générale du métabolisme de l'épiderme.
• Affection dermatologique : eczéma (voir chap. 7, p. 151).

Traitement

Hygiène de vie :
– maintenir une hygrométrie ambiante supérieure à 40° dans la maison, grâce à un humidificateur ;
– maintenir une température la plus basse possible, compatible avec le confort ;
– éviter l'excès de bain et de douche, ainsi que les produits moussants qui parfument le bain ;

– éviter l'abus de savon ou autre produit de toilette, trop détergents ;
– éviter les abus de soleil.
Emploi de produits de soins :
– pour hydrater l'épiderme : application de corps gras (en général des huiles, qu'elles soient de provenance animale ou végétale) qui s'opposent à l'évaporation permanente de l'eau contenue dans la peau ;
– pour fixer l'eau dans l'épiderme : application de cosmétiques contenant des agents humectants (lactate de sodium, PCNa, urée, polyols glycérol, etc.) ;
– pour lutter contre l'insuffisance de la sécrétion de sébum : apport de corps gras dans les crèmes type émulsion eau dans l'huile ;
– pour éviter l'assèchement de la peau par des facteurs climatiques et essentiellement par les ultraviolets solaires (qui pompent l'eau de la peau) : application de crèmes contenant un écran antisolaire à faible concentration (1 à 10 %).

Rides

Les signaux de la peau

La vie tire des traits sur notre visage. Rides du sourire, rides du rire, rides des soucis, rides du soleil..., on peut les appeler comme l'on veut. Le dermatologue, lui, distingue deux types de rides : les profondes et les superficielles.

Les rides profondes – dites d'expression – marquent le visage plus ou moins rapidement, selon la qualité de la peau, la mobilité du visage, l'histoire personnelle, l'hygiène de vie. Comptons-les du haut en bas de notre visage. Barrant le front, horizontalement, cinq ou six rides transversales qui sont celles de l'étonnement. Entre les sourcils, deux rides horizontales dites intersourcilières ou encore rides du lion, qui expriment la réflexion ou le chagrin. Encadrant la bouche en arc de cercle, deux grandes rides formant le sillon naso-génien, rançon du rire et du sourire. Parallèle au sillon naso-génien et creusant la partie inférieure de la joue, le pli commissural qui, lorsqu'il se prolonge vers le bas, peut découper le menton qui devient alors saillant. Enfin, sur le cou lui-même, rides horizontales plus ou moins profondes.

Les rides dites superficielles peuvent apparaître partout sur le visage, s'ajoutant aux autres. Premières apparues (vers la trentaine, parfois avant), les rides de la patte d'oie qui se déploient en éventail à partir du coin externe de l'œil, et qui sont aussi les rides du sourire. Plus tardives, les rides du pourtour de la bouche qui signent la cinquantaine. D'autres rides peuvent quadriller les joues, ou griffer le menton... Là encore, tout est question de terrain et de mode de vie.

Comment se forment les rides? Dans la peau (derme) se trouve une charpente élastique et ferme, faite de réseaux de fibres de collagène et de fibres d'élastine. Les rides sont dues à l'altération de ces deux réseaux, provoquée à la fois par la répétition continuelle des mouvements du visage, et aussi par des facteurs extérieurs. Le tabac et, surtout, le soleil sont des fabricants de rides et accélèrent le vieillissement de la peau. Les ultraviolets solaires altèrent les cellules qui fabriquent le collagène (les fibroblastes). Le collagène produit est alors de mauvaise qualité et ne peut efficacement remplacer le collagène disparu. Toutes les peaux ne sont pas pareillement agressées par le soleil. Les peaux foncées – qui ont une meilleure barrière de mélanine (pigmentation naturelle) – sont mieux protégées que les peaux claires. C'est pourquoi les Africains sont beaucoup moins ridés que les Blancs. L'abus de soleil ride les visages jeunes – on ne le dira jamais assez! Sans compter toutes les autres affections de la peau qu'il peut entraîner. Un léger hâle l'été n'est pas nocif, mais le bronzage à longueur d'années à la lampe ou au soleil est un suicide de la peau.

Fiche technique

- Sillons cutanés provenant de l'altération du derme.
- Origine : les rides apparaissent avec l'âge, c'est un phénomène physiologique. Mais leur survenue peut être accélérée par une hygiène de vie peu appropriée, et notamment avec l'abus de soleil.
- Les peaux claires sont plus vulnérables que les peaux foncées.

• Évolution : les rides, d'abord fines et rares, se creusent et se multiplient. Plus la peau est protégée, plus lente est l'évolution.

Traitement cosmétique

Il est essentiellement préventif car, à l'heure actuelle, il n'existe aucune crème qui efface les rides. Premier impératif, protection contre le soleil avec des produits antisolaires à indice de protection élevé, voire des écrans totaux.

Quotidiennement, application d'une crème hydratante. Celle-ci a une action sur l'épiderme auquel elle apporte de l'eau. Elle peut modifier le relief cutané et donner à la peau plus de douceur et de velouté. Les produits efficaces sont à base d'extraits de plantes, insaponifiables, azulène, urée, acide pyridone, carboxylique. La vitamine A acide ou trétinoïne (employée contre l'acné) a également un effet de rajeunissement sur l'épiderme. Quant aux crèmes dont on vante l'action, soit préventive, soit curative, sur le derme (là où se trouvent les fibres de collagène et d'élastine), aucune n'a scientifiquement fait ses preuves. Il en est qui effectivement pénètrent dans le derme, mais y ont-elles la moindre action? Cela reste à démontrer.

Traitement médical

Inefficaces : le laser antirides, les injections de cellules fraîches, les injections d'A.D.N., l'acuponcture... et autres escroqueries...

Efficaces (dans une certaine mesure) :

– Le « peeling ». Il a pour action de faire tomber les cellules les plus superficielles de l'épiderme. Il peut donc effacer les ridules, mais en aucun cas les rides. Action essentielle, il donne un coup de propre et de frais au teint. Différentes substances sont utilisées dans le peeling : la neige carbonique, l'acide trichloracétique, l'azote liquide, la pâte de Unna, la résorcine et le phénol. Ces deux dernières substances sont les plus utilisées.

Le peeling à la résorcine est le plus léger. Il se fait en deux applications à 24 heures d'intervalle, après un test de tolérance. La desquamation de la peau commence au troisième jour et dure environ trois jours. L'exposition au soleil est formellement interdite pendant les deux mois suivants.

Le peeling au phénol est plus agressif. Il se fait sous

anesthésie locale ou générale, a une action plus spectaculaire sur les petites rides, mais il peut provoquer des accidents cardiaques pendant l'application. Et le soleil est interdit définitivement. A réserver aux personnes très motivées.

– Les injections de collagène : c'est le traitement antirides le plus utilisé aujourd'hui. La méthode consiste à injecter du collagène à la limite du derme et de l'épiderme, destiné à remplacer le collagène absent. Le traitement, appliqué aujourd'hui sur des centaines de milliers de femmes dans le monde, a fait les preuves de son efficacité. Les résultats sont excellents sur les rides intersourcilières et le sillon naso-génien. Bons sur les rides de la patte d'oie et les rides de la lèvre inférieure, aléatoires sur les rides de la lèvre supérieure. Un inconvénient, les résultats sont relativement éphémères. Un an à un an et demi pour le sillon naso-génien, six mois pour les pattes d'oie et les rides de la lèvre inférieure. Un test est nécessaire un mois avant le traitement afin d'éliminer le risque d'allergie (3 % des femmes).

– La dermabrasion : un traitement de choc comme le peeling au phénol. L'indication majeure : les rides du pourtour de la bouche qui sont rebelles à tout autre traitement. Il s'agit d'un décapage de la peau jusqu'à la couche basale de l'épiderme, grâce à une meule tournant à grande vitesse. Le doigté du praticien est capital car un décapage trop profond peut créer des cicatrices. Les rides sont vraiment effacées, mais une rougeur peut persister quelque temps. Il arrive aussi que la peau s'hyperpigmente après l'opération. Soleil interdit pendant des mois. A discuter avec un spécialiste entraîné.

Traitement chirurgical

Le « lifting ». C'est l'opération antirides de la cinquantaine. Il a une double action : restaurer le modelé du visage en effaçant les bajoues, et atténuer les rides. Sont améliorées par le lifting les rides de la patte d'oie, celles des joues, le sillon naso-génien (légèrement). Aucune action en revanche sur les rides du pourtour de la bouche. Le lifting est une opération qui exige plusieurs jours d'hospitalisation, et une anesthésie soit générale, soit locale doublée d'une neuroleptanalgésie réalisée avec des calmants (le patient reste conscient pendant l'opération, mais ne sent rien). Au lifting cervico-facial, on peut associer un lifting frontal qui efface les rides du front.

Verrue séborrhéique
(verrue sénile)

Les signaux de la peau

Au début, vous n'avez pas prêté attention à ces petites taches claires, légèrement jaunâtres, qui sont apparues progressivement dans le dos et au niveau de la ceinture. C'est à peine si, en passant les doigts dessus, vous sentiez un aspect rugueux, granité, en tout cas différent de la peau normale. Puis elles se sont modifiées progressivement, surtout l'une d'entre elles. C'est alors que vous vous inquiétez devant cette tache qui s'est élargie, de la grandeur d'une pièce de cinq francs, et surtout qui s'est surélevée. Elle est à présent noire, épaisse, parsemée de petits sillons profonds très serrés. A présent, vous avez peur de cette « tumeur » noire qui grossit lentement. Vous n'osez pas aller consulter votre médecin, de peur qu'il ne vous dise que c'est un cancer. Et puis, dans votre entourage, on vous dit que surtout il ne faut pas toucher à cette chose car cela peut dégénérer. Après de nombreuses hésitations, vous finissez par voir votre dermatologue. Le cœur palpitant, l'angoisse au ventre, ne sachant trop si vous voulez vraiment entendre la sinistre sentence.

L'homme de l'art va alors poser ses yeux sur la chose, la regarder minutieusement pendant quelques secondes, puis va se relever en disant : « Bah, c'est une simple verrue séborrhéique, banal, bénin, à enlever car inesthétique. » D'un seul coup, vous êtes soulagé. Mais si cela n'est pas cancéreux, il vaut mieux ne pas y toucher. On ne sait jamais, cela peut dégénérer. Vous l'avez si souvent entendu dire. Eh bien non, cela est faux. Comment voulez-vous qu'une chose qui a été ôtée de la peau puisse se compliquer ultérieurement puisqu'elle n'y sera plus. Élémentaire.

Fiche technique

• Lésion banale et fréquente après la cinquantaine. Peut se voir plus rarement chez l'adulte jeune (20-40 ans). Siège habituel : dos, poitrine, ceinture, visage, cou. Parfois unique, plus souvent multiple comme une véritable éruption.

• Origine : mal connue. C'est une prolifération des cellules de l'épiderme.

Non contagieuse.

• Évolution : toujours bénigne. Ne dégénère jamais.

Traitement

S'enlève facilement à la curette avec anesthésie locale, ou à l'azote liquide qui la brûle.

Taches de vieillesse du dos des mains

Les signaux de la peau

On les appelle aussi « fleurs de cimetière », ce qui était peut-être justifié autrefois, lorsque la vie ne dépassait guère la soixantaine... Aujourd'hui, lorsque apparaissent les premières taches brunes sur le dos des mains, nous sommes – sauf accident – encore loin de la tombe! C'est en effet vers l'âge de cinquante ans que le dos des mains commence à se piqueter de taches à peine perceptibles, beige pâle, aux contours bien délimités. Ces taches ne se couvrent jamais de croûtes (contrairement à la kératose actinique), elles ne démangent pas et sont tout à fait bénignes. Mais elles se multiplient et foncent au fur et à mesure des années, trahissant l'âge. Aussi apparaissent-elles à bien des femmes comme indésirables. Aujourd'hui, on peut sinon les effacer, du moins les atténuer par des traitements dermatologiques.

Fiche technique

• Les taches de vieillesse apparaissant vers l'âge de quarante-cinq, cinquante ans ne semblent pas être influencées par les expositions au soleil.

• Évolution : parfaitement bénigne.

Traitement

Pour les atténuer, application d'azote liquide ou de neige carbonique. A faire en deux fois. D'abord une touche d'essai sur une tache afin de vérifier le résultat (parfois la peau blanchit trop, ou au contraire fonce trop). Si le résultat est bon, traitement en une séance du dos des deux mains.

Kératose actinique
(kératose sénile, crasse sénile)

Les signaux de la peau

Vous avez passé votre vie très souvent au soleil, soit parce que vous travailliez en plein air, soit lors de vos vacances sans jamais vous soucier de vous protéger de ses rayons néfastes. Vous avez aujourd'hui la soixantaine et vous avez remarqué sur votre front ou votre tête un peu dégarnie, de petites taches jaunes ou brunes finement rugueuses quand vous passez les doigts dessus. Vous ne vous en êtes pas inquiété outre mesure. En quelques mois, elles se sont épaissies et recouvertes d'une croûte brunâtre. Quand vous avez voulu en enlever une, cela a un peu saigné et n'a servi à rien, car la croûte s'est reformée quelques jours après. Eh bien, il serait temps de vous préoccuper de ces lésions de kératose actinique qui sont en fait des lésions précancéreuses. Elles sont dues à l'agression répétée du soleil sur la peau dont les cellules finissent par être altérées et dégénèrent peu à peu. Il faut intervenir à ce stade, sinon ces lésions vont s'épaissir et se transformer en cancers baso-cellulaires ou spino-cellulaires (voir chap. 11, p. 229). Heureusement, ces cancers mettent rarement en jeu la vie des malades.

Fiche technique

• Affection précancéreuse.
• Très fréquente de nos jours (sa fréquence augmente avec le nombre et le temps d'exposition au soleil au cours d'une vie).
• Survient vers la soixantaine, mais en fait de plus en plus tôt depuis la mode du bronzage intensif.
• Se trouve essentiellement sur les zones insolées : visage, cuir chevelu pour les chauves, dos des mains.

Traitement

Facile à faire avant que ne survienne le cancer de la peau. Il consiste à détruire définitivement les lésions, soit par des applications d'azote liquide, si elles sont peu épaisses; soit par exérèse chirurgicale sous anesthésie locale. On peut également utiliser des pommades anticancéreuses locales si le bistouri fait peur.

Mélanose de Dubreuilh
ou lentigo malin sénile

Les signaux de la peau

C'est vers l'âge de soixante à soixante-dix ans que cette affection peut apparaître. Elle frappe le plus souvent des femmes. Sur le visage se forme une tache noire comme du goudron, parfaitement lisse, qui ne démange ni ne fait mal. Au début, elle n'attire pas l'attention car elle est très petite, et on peut la prendre pour un gentil grain de beauté qui surviendrait sur le tard... En fait, cette tache n'est pas anodine. Il s'agit d'une lésion précancéreuse qui va s'étendre lentement mais sûrement jusqu'à atteindre la taille d'une pièce de dix centimes. Vue à la loupe, elle se caractérise par un mélange de couleurs (noires, bleues, blanches) et par ses contours irréguliers, comme déchiquetés. On peut voir également des vaisseaux dilatés comme de la couperose. Parfois, à la surface, se forment de petites croûtes qui s'enlèvent facilement du bout de l'ongle, mais qui se reforment tout aussi vite.

Si vous voyez une telle tache apparaître sur votre visage, ne la négligez pas et consultez un médecin dermatologue sans attendre qu'elle s'élargisse. Le médecin va poser le diagnostic car, seul, il peut juger qu'il s'agit bien là d'une mélanose de Dubreuilh, et non pas d'une kératose actinique, ou d'une verrue séborrhéique.

Ensuite, il procédera à la suppression de la tache. Ne vous affolez pas pour autant. La suppression d'une lésion précancéreuse ne risque pas de hâter la survenue d'un cancer, comme on le croit souvent. Bien au contraire. C'est le plus sûr moyen qu'il ne se produise pas. En effet, si cette tache n'est pas enlevée, elle va continuer à s'étaler, et il peut alors se développer au-dessus d'elle une petite élevure, arrondie, ferme et noire qui n'est autre qu'un cancer grave : le mélanome malin (voir chap. 5, taches noires, p. 114).

Fiche technique

• Affection acquise précancéreuse, relativement fréquente. Apparaît vers l'âge de soixante, soixante-dix ans, le plus souvent chez la femme. Atteint rarement l'adulte jeune.
• Origine : elle est due à l'apparition de mélanocytes cancéreux qui se développent dans l'épiderme.
• Évolution : dans 15 à 20 % des cas, se développe un mélanome malin. Dans 80 à 85 % des cas, cette lésion n'est pas dangereuse.

Traitement

Exérèse au bistouri, sous anesthésie locale, suivie éventuellement d'une greffe de peau si la tache est grande. Chez les sujets très âgés (plus de 80 ans), la mélanose de Dubreuilh peut ne pas être traitée étant donné l'évolution lente de la maladie. Mais il faut se soumettre à une surveillance rigoureuse.

La radiothérapie est totalement inefficace.

2
Souvenirs de vacances

Les vacances, c'est justement entrer dans la peau d'un autre, d'un autre qui se moque de tout, des heures, du soleil, de l'effort, du danger, des rencontres. Superman et Superwoman rivalisent d'imprévus. Mais parfois au détour d'une excursion, au cours d'une balade, d'un match de tennis, d'une baignade sur une jolie petite plage, d'un pique-nique improvisé aux mets exotiques, d'une rencontre sympathique avec un animal caressant, on peut se trouver face à face avec un ennemi inconnu. Le champignon qui va léguer une mycose, la bactérie qui au retour se manifeste de bien désagréable façon... Affections archibanales ou cas vraiment rares, bénins ou résistants, il suffit le plus souvent de quelques précautions ou d'un peu de prudence pour les éviter. Un voyageur averti en vaut deux. Ce chapitre n'est pas fait pour vous décourager de l'aventure. Mais lisez-le impérativement avant de partir. Pour que vos vacances ne vous laissent que de bons souvenirs.

Pityriasis versicolor

Les signaux de la peau

Qui n'a jamais entendu parler de cette petite maladie de vacances ? Qui n'en a jamais fait l'expérience ? L'affection est si connue que la plupart de ses victimes arrivent chez le dermatologue en disant : « Docteur, j'ai un champignon dans le dos. » Et la plupart du temps, le patient ne s'est pas trompé. Les symptômes surviennent, soit au retour des vacances, soit le plus souvent au cours des vacances mêmes. Pendant que tout le corps commence à joliment bronzer, voilà que sur les épaules, le dos, le thorax parfois, persistent des zones blanches, désespérément blanches, malgré force bains de soleil et crèmes activantes. Ces taches blanches arrondies se multiplient peu à peu, et confluent pour former de vraies cartes de géographie. Aucune démangeaison ne tourmente le pauvre vacancier. Mais l'aspect de plus en plus inesthétique est un peu déprimant. Signe typique du pityriasis versicolor : si l'on frotte l'une des taches avec un objet pointu, une poussière farineuse s'en détache. Il s'agit d'une mycose. Le responsable : un champignon rencontré dans le sable ou sur toute surface contaminée où l'on s'allonge : toile de transat, rebord de piscine, serviette de toilette, etc.

Ce vilain champignon s'appelle *Microsporon furfur*. S'il a déjà gâché vos vacances, vous savez qu'on peut s'en débarrasser facilement. En quelques jours, le mal va être stoppé. Mais les taches blanches vont tout de même persister quelques mois avant de disparaître tout à fait. Une fois le traitement terminé, il vous faudra donc patienter, et non pas vous précipiter chez le médecin en lui disant que le traitement n'a rien fait.

Sachez aussi que si vous vous remettez au soleil après le traitement, les taches vont repigmenter plus vite.

Le pityriasis versicolor peut prendre, surtout en hiver, un autre aspect. Les taches ont la même forme, la même disposition sur le corps, mais elles sont de couleur chamois. On dit souvent que le pityriasis versicolor ne guérit jamais vraiment, qu'il revient toujours. C'est faux. Un traitement bien conduit le fait disparaître définitivement, mais cela n'empêche pas les gens prédisposés (il y a une notion de terrain) de « rechoper » le champignon en d'autres lieux et d'autres circonstances. Tout comme certains d'entre nous attrapent la grippe chaque hiver, et d'autres une seule fois dans leur vie. Il en va ainsi d'un certain nombre de maladies (hormis certaines qui sont systématiquement contagieuses).

Fiche technique

- Mycose extrêmement fréquente.
- Due au champignon *Microsporon furfur*.
- Contagiosité systématique pour certains sujets prédisposés.

Traitement

Application locale de produits antifongiques. Deux produits sont utilisés :

– le plus ancien et le moins cher : application de sulfure de sélénium sur la peau après lavage avec un savon antiseptique. Après vingt minutes de pose, rinçage et essuyage. Répétition de la même opération deux fois par semaine pendant trois semaines.

Inconvénient majeur : le produit sent mauvais.

– plus moderne : un produit en spray-poudre, le nitrate d'éconazole. A vaporiser matin et soir sur tout le corps (sauf le visage) pendant dix à quinze jours. Même efficacité, odeur en moins !

Tout nouveau et plus pratique, le traitement par voie générale. Un comprimé par jour pendant dix à quinze jours de kétoconazole.

Prévention : sujets prédisposés, utilisez toujours votre drap de bain au bord des piscines, ou à la plage, sur les matelas, transats, etc.

Herpès circiné
(ou roue de Sainte-Catherine)_____

Les signaux de la peau

Encore un souvenir de vacances passées en Grèce ou dans un pays bordant la Méditerranée ou... tout simplement à la campagne. A votre retour, vous avez remarqué l'apparition d'une petite tache rouge sur le dos du poignet. Ça gratte, et puis cela s'étend de jour en jour jusqu'à devenir un cercle aux bords rouges bien délimités et très légèrement surélevés (si vous le regardez à la loupe, le centre du cercle a tendance à redevenir normal). Mais les démangeaisons sont souvent insupportables. Et voilà – plus inquiétant encore – à distance, de nouvelles petites taches, peu nombreuses, mais qui ressemblent fort à la première. Il s'agit d'un champignon qui vous a été transmis par un animal. Par ce petit chat venu miauler à votre porte, ou ce chien inconnu rencontré dans une promenade et que vous n'avez pas pu vous empêcher de caresser. L'affection s'appelle : l'herpès circiné. Rien à voir avec l'herpès qui est d'origine virale et non mycosique. D'autres champignons peuvent provoquer des herpès circinés. Ils appartiennent à la famille des dermatophytes : une bonne quinzaine en tout aux noms latins compliqués, et qui sont transmis par les animaux (cheval, bœuf, vache, hamster ou autres). On peut également attraper l'herpès circiné en touchant la terre, ou au contact d'une personne atteinte.

Fiche technique

- Mycose superficielle, très fréquente et très contagieuse, n'atteignant que la peau.
- Due à une famille de champignons : les dermatophytes. En l'occurrence *Microsporum canis*.
- Lorsqu'un de ces champignons pénètre dans une école (notamment le *Trichophyton rubrum*, dont la contagiosité est inter-humaine), il faut pratiquer l'éviction scolaire pendant quelques jours et procéder à la désinfection de l'école.
- Le diagnostic peut être fait par simple observation mais doit être confirmé par un prélèvement. Il suffit de racler la peau et

de faire « pousser » le prélèvement dans un milieu de culture approprié. Réponse trois semaines plus tard.

• Si l'origine est animale, il faut traiter – si possible – le chien ou le chat en cause.

Traitement

Application biquotidienne de crème ou de pommade antifongique, parfois associée à un traitement par voie orale. Durée : trois semaines à un mois.

Eczéma marginé de Hebra

Les signaux de la peau

Une affection fréquente chez les amateurs de marche à pied et de vélo. Après une bonne semaine de randonnée, vous ressentez un échauffement entre les cuisses, se traduisant par une tache rouge à la face interne et supérieure des cuisses (parfois d'un seul côté). Vous attribuez cette rougeur au frottement du pantalon sur la peau, ce qui pourrait être la réalité (les militaires souffrent de cette irritation de la peau contre le drap rugueux de l'uniforme!); mais si c'était le cas, tout devrait rentrer dans l'ordre en quelques jours. Or, la tache gratte, plus qu'elle ne brûle, et elle s'étend progressivement, même après l'arrêt du sport. Une dizaine de jours après son apparition, elle se présente comme une large plaque rouge à bords convexes et descendant vers le bas de la cuisse. La surface et le centre de cette plaque sont de couleur pâle, recouverts d'une très fine poussière. Ce sont surtout les bords qui attirent l'attention. Ils sont très bien délimités et légèrement en relief (comme dans l'herpès circiné, voir p. 59).

Là encore, il s'agit d'une mycose qui a été favorisée par la chaleur et l'humidité (due à la transpiration), et non pas d'un eczéma comme son nom pourrait le faire croire. D'autres affections peuvent ressembler à l'eczéma marginé de Hebra :

la mycose à *Candida albicans*, et l'érythrasma. C'est pourquoi une consultation médicale est nécessaire. Le diagnostic sera confirmé par des prélèvements.

Fiche technique

• Mycose banale due à des champignons appartenant au groupe des dermatophytes (ce sont essentiellement le *Trichophyton rubrum*, le *Trichophyton interdigitale*, l'*Épidermophyton floccosum*).
• Survient après une longue randonnée à pied ou à vélo.

Traitement

Simple et efficace par applications locales de produits antifongiques.

Athletic foot
(pied d'athlète)_____

Les signaux de la peau

Fauteur de troubles : le tennis ou tout autre sport pratiqué de façon intense, les pieds enfermés dans les chaussures. L'athletic foot survient souvent après un stage de tennis. Vous vous êtes dépensé, vous vous êtes surpassé, et vous avez beaucoup transpiré. C'est normal. Ce qui l'est moins ce sont les violentes démangeaisons que vous ressentez entre les orteils, à votre retour. Le diagnostic est ultra-simple : athletic foot ou pied d'athlète. Encore un champignon qui a profité de la moiteur du milieu ambiant pour se développer! Lorsque la maladie est très marquée, la rougeur diffuse née entre les orteils remonte sur le dos du pied en arc de cercle, parfois suintante, parfois recouverte de croûtes. Un signe important : l'existence d'une fissure douloureuse, véritable entaille au fond d'un ou plusieurs plis. La douleur et la « gratte » sont parfois insupportables. Heureusement le tableau n'est pas toujours aussi sévère. Il peut se limiter à une simple petite entaille entre les orteils, bordée de deux petites lamelles de peau nacrées qui résistent à l'hygiène quotidienne.

Le « pied d'athlète » survient surtout pendant les vacances parce qu'il fait chaud, et que les champignons se développent joyeusement dans la chaleur et l'humidité. Ils la trouvent plus souvent dans les chaussures du sportif que dans celles du téléspectateur. Toutefois – contagion oblige – le pied d'athlète peut atteindre n'importe quel promeneur aux pieds nus, marchant sur un sol contaminé. Mais c'est rare. Même s'il est discret, ne négligez pas un pied d'athlète. Le champignon peut atteindre les ongles des pieds, ce qui nécessite alors un traitement long et fastidieux.

Fiche technique

- Mycose interdigitale très fréquente chez les sportifs.
- Due à deux champignons dermatophytes. Le *Trichophyton rubrum* (très agressif), le *Trichophyton interdigitale*.
- Contagieuse.

Traitement

Application locale, ou prise par voie orale de produits antifongiques pendant trois semaines au moins. Désinfection des chaussures de sport avec une poudre antifongique. Lavage des chaussettes après chaque séance de sport.

Acné aggravée

Les signaux de la peau

Un souvenir de vacances pratiquement constant chez les acnéiques : à la rentrée, après une embellie passagère sous le soleil, votre peau subit à nouveau une poussée d'acné. Retour

des points noirs, des points blancs, des kystes, des boutons...
C'est la grande déception. Vous vous étiez cru guéri et, en effet,
sous l'action antiseptique et anti-inflammatoire des rayons
solaires, vos boutons avaient disparu, et votre peau avait pris
un beau coup de propre. Le « phénomène de rebond » qui se
produit trois semaines environ après le retour, s'explique ainsi.
Pour se défendre de l'agression solaire, votre peau s'est
épaissie, les pores se sont fermés, aboutissant à la formation de
nouveaux comédons fermés (points blancs), ou ouverts (points
noirs), le tout explosant bientôt en lésions inflammatoires. Tout
le traitement est à reprendre.

Fiche technique

• L'acné est pratiquement toujours aggravée au retour des
vacances après une exposition solaire, même si elle a momentanément disparu.
• Le soleil est un faux ami des acnéiques.

En vacances, il faut :
– ne jamais interrompre un traitement anti-acné local;
– se protéger des ultraviolets (préférer les gels écrans totaux
aux crèmes trop grasses);
– prendre le soleil à petites doses chaque jour, car les
traitements anti-acné sont irritants pour la peau. Le coup de
soleil peut être très douloureux.

Nodule des trayeurs

Les signaux de la peau

Vous avez passé vos vacances, ou un week-end, à la
campagne. Et vous avez voulu jouer les fermiers ou les
fermières, en essayant de traire les vaches. Pas facile! Les

vaches ont le pis récalcitrant aux mains des citadins. Succès ou échec? Peu importe. Mais voilà qu'une dizaine de jours après votre retour, il vous arrive une drôle de mésaventure. Sur la pulpe de vos doigts, poussent de petites boules arrondies de quelques millimètres de diamètre, comme de grosses verrues. Jaune-brun ou bleu violacé, ou encore bleu livide, ces petites boules ne sont pas belles à voir. En outre, leur sommet aplati se couvre de petites croûtes formant une fine pellicule translucide. Si vous grattez un peu en surface, il apparaît une peau violacée, humide, granuleuse. L'inquiétude vous amène à consulter. Le dermatologue va sans peine poser le diagnostic : vous souffrez d'un nodule des trayeurs, dû à un virus, que la vache vous a laissé en souvenir!

Fiche technique

- Infection cutanée due à un virus appartenant à la famille des pox-virus.
- Transmis par le pis d'une vache atteinte.
- Infection peu fréquente aujourd'hui, grâce à la bonne surveillance vétérinaire des animaux de ferme.

Traitement

Aucun.
Guérison spontanée en deux à cinq semaines, sans cicatrices ni séquelles.

Fièvre boutonneuse méditerranéenne

Les signaux de la peau

Vous avez passé vos vacances dans le Midi. En Provence ou dans le Roussillon, par exemple. Au cours d'une de vos promenades dans la garrigue, vous avez caressé un chien baladeur à l'air plutôt sympathique, mais qui était porteur de tiques. L'une d'elles vous a piqué. Incident banal et fréquent. Une fois la tique arrachée de votre peau, vous avez oublié cette mésaventure. Mais huit jours plus tard, vous êtes soudain pris d'une fièvre importante : 39°, de maux de tête, d'une difficulté à avaler, de douleurs dans les articulations et les muscles, parfois d'une diarrhée... Cela ressemble fort à la grippe. Mais en plein mois d'août ou de septembre, c'est peu probable. En fait, trois ou quatre jours plus tard, le diagnostic est forcément remis en cause car voilà qu'apparaissent sur votre buste, puis sur votre ventre, vos bras et jambes – et même vos plantes de pieds et paumes des mains – des taches rouges qui se mettent à gonfler et deviennent de vrais boutons. Les maux de tête persistent et s'amplifient, la fièvre est toujours élevée et vous commencez à tousser. Après un interrogatoire approfondi où vous évoquerez l'épisode de la tique, le médecin consulté va facilement poser son diagnostic : fièvre boutonneuse méditerranéenne dont la tique est responsable. La maladie va durer une quinzaine de jours. Vous en sortirez indemne, mais assez fatigué.

Fiche technique

• Maladie infectieuse, contagieuse, appartenant à la famille des Rickettsioses. Se voit surtout sur le pourtour méditerranéen, ainsi qu'en Afrique et en Asie.
• Due à un germe *(Rickettsia conori)* transmis par la tique.
• Le réservoir du parasite est le chien ou certains rongeurs (la tique n'étant que le véhicule).
• Évolution : bénigne, le plus souvent. Les complications oculaires, cardiaques, neurologiques, peuvent exister mais sont rarissimes. La mortalité est de 1 à 2 % (personnes âgées, ou déjà malades).

Traitement

Antibiotiques et antipyrétiques (pour faire baisser la fièvre).

Larva migrans
(ver migrant sous la peau)_____

Les signaux de la peau

Des vacances aux Antilles... le rêve. Mais voilà que quelque temps après votre retour, ces merveilleuses îles se rappellent à votre souvenir de façon désagréable. Sur votre ventre, vous remarquez un petit placard rouge surélevé, d'où part un cordon sinueux de quelques millimètres de large. Curieux détail : le cordon se déplace. Aujourd'hui à deux centimètres de sa position d'hier, et demain encore plus loin. Il y a sous votre peau un intrus qui bouge et vit sa vie en empoisonnant la vôtre! C'est un ver. Le signe est évident. Ce ver vous l'avez « attrapé » sur une plage polluée, ou à la suite d'une piqûre d'insecte. Rassurez-vous, vous pouvez être rapidement débarrassé de cet hôte importun.

Fiche technique

• Larve se déplaçant sous la peau.
• Contamination directe par contact de la peau sur du sable souillé, ou par piqûre d'insecte.
• Ce ver sévit en Amérique du Sud, aux Antilles, et dans quelques pays d'Afrique.

Traitement

Destruction de la larve qui se trouve à quelques millimètres sous la peau par application d'azote liquide ou de pommade antiparasitaire à base de Tiabendazole.

En cas d'infestation multiple, traitement par voie générale.

Prévention : ne jamais s'allonger directement sur le sable, mais utiliser un drap de bain. Ne pas marcher pieds nus sur une plage polluée.

Bouton d'Orient
(ou clou de Biskra)_____

Les signaux de la peau

Orient, Biskra, des mots qui font rêver. Mais pas lorsqu'ils sont accolés au mot bouton ou clou. En fait, il n'y a pas qu'en Orient ou en Afrique du Nord que l'on peut être atteint de cette dermatose. Mais dans tous les pays du pourtour de la Méditerranée, sud de la France, Italie, Grèce, Turquie, ainsi que le Moyen-Orient, l'Inde et certains pays d'Afrique noire en zone tropicale ou subtropicale. Quelques semaines ou quelques mois après un séjour dans l'un de ces pays, apparaît en plein milieu du front un bouton rouge foncé plus ou moins pointu. Tout à fait indolore, mais très inesthétique. Évidemment, vous ne faites pas la relation entre ce bouton et votre voyage. Vous pensez « acné », et vous attendez que cela passe. Or, non seulement le bouton persiste mais encore il se met à grossir, malgré l'application d'antiseptiques, et, après quelques semaines, c'est un vrai tubercule rouge sombre dont le sommet est recouvert de petites croûtes, la base enfoncée très profondément dans la peau. L'histoire ne se termine pas là. Surviennent ensuite de petits boutons satellites aux côtés du premier, et le centre du tubercule se recouvre d'une croûte épaisse, jaune, très facile à enlever avec une pince à épiler, ou du bout de l'ongle. On découvre alors un petit cratère à fond irrégulier, granuleux, avec parfois un peu de pus. Ce bouton peut faire penser à un cancer cutané (tel qu'un épithélioma basocellulaire, voir chap. 11, p. 227), ou encore à un furoncle, mais ce dernier est douloureux et évolue plus rapidement, ou enfin à une piqûre d'insecte, mais alors le bouton devrait s'effacer rapidement.

Le diagnostic va s'appuyer sur trois bases : d'abord le voyage antérieur, ensuite la localisation du bouton. Il s'agit toujours d'une zone découverte (visage, épaule, bras, jambes). Enfin, l'inefficacité des antibiotiques ou antiseptiques appliqués localement. Ce diagnostic sera confirmé par des examens complémentaires. Le bouton d'Orient est en fait provoqué par la piqûre d'un petit moustique vivant en climat chaud, et qui pique surtout la nuit, sur les zones du corps exposées à l'air. Non traité, ce bouton va régresser en quelques mois mais il laissera, comme les boutons de varicelle, une cicatrice en creux qui peut être très inesthétique. D'où l'intérêt de le traiter le plus tôt possible.

Fiche technique

• Maladie des pays tropicaux et subtropicaux, et parfois des pays chauds d'Europe.
• Due à un germe inoculé par une piqûre de moustique ayant lieu la nuit.
• Le diagnostic repose sur l'aspect du bouton, le passé récent, et sur des examens complémentaires : culture et surtout frottis. On examine au microscope le produit du raclage du fond de la lésion. Celui-ci présente des figures caractéristiques appelées « corps de Leischman ».

Traitement

Injections intramusculaires ou intralésionnelles (dans le tubercule) d'antimoniate de N-méthyl-glucamine.

Prévention : la nuit, dormir sous une moustiquaire.

Filaire de Médine
dracunculose ou ver de Guinée_____

Les signaux de la peau

Vous avez passé de merveilleuses vacances en Afrique (Sénégal, Côte-d'Ivoire, Sierra Leone, etc.). Beau temps, mer chaude et sable blanc. Ce n'est plus qu'un souvenir ensoleillé lorsque, trois ou quatre mois après votre retour, vous commencez à vous gratter et à vous couvrir de plaques rouges qui apparaissent et disparaissent sur tout votre corps. Vous consultez un médecin. Son diagnostic : crise d'urticaire. Si vous l'interrogez sur la cause, il vous répondra à juste titre que les causes de l'urticaire sont si nombreuses qu'il est, le plus souvent, difficile de tomber sur la bonne. Et, donc, qu'il faut vous contenter de faire un traitement antiallergique. Effectivement, après ce traitement, les plaques disparaissent. Vous oubliez cette urticaire jusqu'au jour où, cinq à six mois plus tard, une petite plaque rouge qui démange réapparaît sur la face externe de votre mollet. Si vous passez les doigts dessus, vous sentez très nettement un petit cordon rectiligne mesurant un centimètre de long. Très rapidement, à l'extrémité de ce cordon, va apparaître une cloque qui éclate, laissant un orifice où vous apercevez un... ver blanc. A ce stade, plus de doute. Le médecin vous interroge sur votre voyage en Afrique et vous demande si vous n'avez pas bu, au cours de votre séjour, de l'eau d'une bouteille non cachetée, ou du robinet. Vous l'avez fait et vous avez attrapé cette maladie bien connue des Africains, la filaire de Médine.

Fiche technique

• Les filarioses sont des maladies dues à différents vers (filaires) qui sont transmises par ingestion d'eau douce contenant un crustacé microscopique, agent porteur du ver. La filaire de Médine est la plus fréquemment vue en France.
• Plus de 200 millions de personnes sont atteintes dans le monde. Zones infestées : Arabie, côte de la mer Rouge, Syrie, Liban, sud de l'Inde, Afrique (vallée du Nil, Tchad, toute la côte occidentale).
• Incubation : six à douze mois, le temps mis par le ver pour atteindre la peau où il se loge (dans 85 % des cas, au niveau des membres inférieurs).

Traitement

Aucun médicament n'est efficace. Le meilleur traitement consiste à enrouler le ver sur une allumette en la tournant chaque jour de 3 à 4 centimètres jusqu'à la sortie complète du ver (entre une et trois semaines).

Prévention : ne consommer que des boissons cachetées dans les pays cités. Avant de partir en voyage dans un pays infesté, se faire vacciner contre le tétanos.

Les signes de naissance

Lorsqu'un enfant naît avec une tache, l'inquiétude et souvent le désespoir s'emparent de ses parents. Il est vrai que certaines taches sur le visage peuvent marquer une vie entière. Naguère on imputait ces marques aux « envies » qu'aurait pu avoir la mère pendant la grossesse. Aujourd'hui on sait qu'il n'en est rien. Naguère aussi on pensait qu'il n'y avait rien à faire, qu'il fallait grandir, vivre et souffrir ainsi marqué.

A l'heure actuelle, des traitements existent et sont très efficaces. Par exemple, le laser argon qui atténue les taches de vin. Et l'expansion cutanée, une technique vraiment révolutionnaire qui supprime les grains de beauté géants. Il est d'autres cas et d'autres remèdes.

Bien que les taches de naissance soient le plus souvent bénignes il serait totalement criminel de ne pas consulter à leur sujet un dermatologue, dès les premières semaines du nouveau-né.

Taches café-au-lait

Les signaux de la peau

Bébé est né avec une tache café-au-lait, quelque part sur le corps. Une tache discrète, couleur brun clair, aux contours réguliers et bien délimités. La peau est tout à fait normale, elle ne desquame pas, ne gratte pas. Seule la couleur tranche. La tradition attribue cette tache à une envie non satisfaite de la mère pendant sa grossesse. Bien entendu, il n'en est rien. La tache va grandir avec bébé et, le plus souvent, elle ne signifie rien d'autre qu'une marque de fabrique.

Toutefois, s'il n'y a pas qu'une seule tache café-au-lait sur le corps de bébé mais plusieurs (plus de trois), et si sous les bras se trouvent des taches de rousseur, il peut s'agir d'une maladie sérieuse : la neurofibromatose de Reckling-Haüsen. Une autre maladie peut se signaler par des taches café-au-lait, le syndrome d'Albright MacCune. Les taches sont alors associées avec des anomalies fibro-kystiques des os provoquant des fractures spontanées. Donc, si les taches café-au-lait sont nombreuses, il faut consulter un dermatologue. Il arrive également que des taches café-au-lait apparaissent plus tard dans la vie, mais elles sont très différentes de celles décrites ici. Par exemple, le nævus pilus, parsemé de petits points noirs. Ce nævus doit être surveillé de temps en temps, car il peut dégénérer. C'est rare, mais il ne faut pas prendre de risque.

Le nævus de Becker, tache café-au-lait couverte de poils, acquise le plus souvent à l'âge adulte, est, elle, sans gravité.

Fiche technique

• Anomalie de la pigmentation. Fréquente (10 à 20 % de la population).
• Congénitale (présente à la naissance).
• Non héréditaire.
• S'il existe plusieurs taches café-au-lait, elles peuvent signaler une maladie générale. Il faut consulter le médecin.
• Évolution : ne dégénère jamais.

Traitement

En cas de tache unique, aucun. En cas de taches multiples, traitement spécialisé.

Angiome plan
ou tache de vin

Les signaux de la peau

Bébé est né avec une tache sur le visage, une grande tache parfois, et qui désespère ses parents car elle ne passe certes pas inaperçue. Sa couleur – du rose pâle au rouge foncé (d'où l'appellation de tache de vin) – est très voyante. Cette tache est plus ou moins étendue, de forme variable, toujours lisse et avec des bords bien délimités. Pour distinguer l'angiome plan du nævus d'Ota (voir p. 77), un test très simple. On appuie un morceau de verre sur la tache et l'on observe si elle disparaît ou non. Si elle disparaît pour reparaître dès que la pression cesse, c'est un agiome plan.

Fréquent sur le visage, il peut aussi siéger en d'autres endroits du corps. L'emplacement est très important car il détermine la gravité de cette anomalie de la peau. En règle générale, lorsque la tache de vin se situe sur la partie médiane du corps, elle n'est pas grave et ne signale aucune maladie sous-jacente. Exemple l'angiome plan qui se situe au milieu du front et descend vers la racine du nez, débordant parfois sur la paupière supérieure, est bénin. Sa couleur peut s'accentuer lors des pleurs de l'enfant, ou en cas de fièvre, mais il va disparaître vers l'âge de un an, sans laisser de trace.

Autre exemple, un angiome plan situé dans la nuque, caché dans les cheveux, ne signale rien de grave non plus, même s'il persiste toute la vie. En revanche, un angiome plan situé sur un côté du visage nécessite une consultation car il peut être sur le territoire d'une branche du nerf ophtalmique (front et paupière supérieure), et signaler une anomalie vasculaire dans le cerveau. Les angiomes plans situés sur les membres supérieurs – ou inférieurs – peuvent aussi signaler des anomalies vasculaires profondes, à l'origine d'un développement exagéré du membre atteint qui devient plus long que son homologue. Il est donc impératif dans ces cas-là de consulter précocement un médecin.

Fiche technique

• Malformation vasculaire congénitale (apparaît dès la naissance).
• Non héréditaire.
• Non contagieuse.
• Évolution : l'angiome plan isolé latéralisé ne pose qu'un problème esthétique qui s'aggrave avec le temps car il a tendance à foncer et à s'épaissir, se couvrant de vaisseaux dilatés et parfois d'élevures violacées. Il peut cependant rester stable. La plupart des angiomes plans médians disparaissent spontanément avec l'âge.
• Les angiomes plans qui ne sont pas sur la ligne médiane du visage et du corps, donc asymétriques (ou latéralisés) nécessitent une consultation médicale afin d'éliminer des syndromes rares, mais graves.

Traitement

Pour l'angiome plan isolé qui ne disparaît pas spontanément :
– Chirurgie, s'il n'est pas trop étendu.
– Traitement au laser argon (après une touche d'essai). Les résultats sont en général très bons. La tache ne disparaît pas complètement, mais elle est très atténuée.
– Camouflage avec un « cover-mark » (fond de teint résistant à l'eau).
A ne pas faire : dermabrasion, cryothérapie, radiothérapie, traitements dangereux et inefficaces.
Pour les angiomes plans complexes : traitements de haute spécialité.

Tache mongolique

Les signaux de la peau

Votre enfant est né avec une tache très caractéristique qu'on ne peut confondre avec une autre. Elle est toujours située en bas du dos, juste au-dessus des fesses et elle a une couleur ardoisé clair. C'est une tache très étendue, ronde ou ovale, lisse, mais comme elle n'est pas très colorée, elle est beaucoup moins inesthétique qu'un nævus pigmentaire ou un angiome plan. Ses bords peu délimités s'estompent dans la peau saine. Un signe qui ne trompe pas : si vous pressez cette tache avec un morceau de verre, vous vous apercevrez qu'elle ne change pas de couleur, ce qui permet de la différencier de l'angiome plan. Il peut exister plusieurs taches mongoliques qui débordent sur le dos et les fesses. Mais le pronostic est bon. Unique ou multiple, la tache mongolique disparaît d'elle-même.

Fiche technique

• Forme particulière des nævus nævo-cellulaires (comme les grains de beauté).
• Congénitale.
• Non héréditaire.
• Évolution : bénigne; disparaît spontanément et complètement dans les sept premières années de la vie. La persistance à l'adolescence est rare. Aucune association avec d'autres maladies.

Traitement

Aucun.

Nævus d'Ota

Les signaux de la peau

Voilà une tache de naissance qui atteint plus souvent les petites filles et se voit surtout chez les Asiatiques. Elle se situe sur le visage, autour de l'œil. Plane, lisse, sa couleur est très particulière : bleue. On pourrait la confondre avec un angiome plan, mais à la différence de ce dernier, sa couleur ne s'atténue pas à la pression. Sa dimension est variable. Le nævus d'Ota peut atteindre uniquement la paupière, comme les deux tiers de la joue. A l'inverse de l'angiome plan, il a des limites floues. Un nævus semblable, lorsqu'il se situe sur l'épaule, prend le nom de nævus d'Ito. Les nævus d'Ota ou d'Ito peuvent être le signal de malformations ou de maladies associées. Il convient donc de montrer l'enfant au médecin.

Fiche technique

• Forme particulière des nævus nævo-cellulaires (dont les grains de beauté font partie).
• Congénitale.
• Non héréditaire.
• Évolution : augmentation de la pigmentation à la puberté puis stabilisation. La dégénérescence en mélanome malin est exceptionnelle. Parfois il y a association avec un glaucome, une cataracte ou une surdité.

Traitement

– Cryothérapie et injections de vitamine C (action incomplète).
– Chirurgie plastique possible sur des nævus peu étendus.
– Camouflage par des cover-marks (fond de teint épais résistant à l'eau).
– Le laser est inefficace.

Nævus pigmentaire géant

Les signaux de la peau

Encore une tache très voyante et présente dès la naissance. Bébé est né avec une grande tache noire, un nævus géant, qui forme un véritable placard sur sa peau. Moindre mal lorsque ce nævus se trouve sur la fesse ou l'abdomen ou les membres, mais lorsque le visage est atteint c'est un drame. Le nævus géant est de forme et de dimensions variables, pouvant occuper tout un côté du ventre, ou toute une joue. Sa couleur est noire, parsemée de zones brunes plus claires. Parfois la grande tache est plane, parfois elle forme un petit plateau surélevé, parsemé de nombreux poils qui sont disposés en tourbillon à partir du centre. Celui-ci est plus noir et plus touffu que la périphérie. Le nævus géant ne s'étend pas, mais il grandit avec l'enfant. Sa couleur noire s'atténue dans les premières semaines, mais les poils augmentent et la surface devient irrégulière et bosselée. Naguère, il fallait vivre avec cette infirmité que l'on considérait comme une tare. Aujourd'hui, de nombreux moyens permettent de se débarrasser d'un nævus géant, ce qui est essentiel à la fois sur le plan esthétique bien sûr, mais aussi pour prévenir la survenue possible d'un mélanome malin.

Fiche technique

• Forme particulière des nævus nævo-cellulaires (auxquels appartiennent les grains de beauté).
• Congénitale (existe à la naissance).
• Non héréditaire.
• Consiste en une anomalie au cours de la vie in-utero de migration des cellules qui forment la pigmentation.
• Évolution : le plus souvent, le nævus géant reste stable, avec les modifications décrites plus haut. Mais il peut y avoir apparition d'un mélanome malin (voir ch. 5, p. 114) dans un nombre non négligeable de cas (pourcentage variant selon les auteurs entre 1,8 et 13 %), et ce entre l'âge de un à cinq ans le plus souvent. Ce mélanome survient sur les zones sans poils. A surveiller étroitement.

Traitement

Il doit être précoce.

Autrefois, on utilisait la chirurgie seule, suivie de greffes réalisées en plusieurs temps; ou l'ablation au dermatome (sorte de rasoir).

Aujourd'hui, il existe un traitement tout nouveau qui supplante ces deux techniques : c'est l'expansion de la peau. Ce traitement, inventé par un Américain, le Dr Radigan, consiste dans un premier temps à implanter sous la peau saine, à côté du nævus, un petit ballon que l'on va gonfler progressivement en quelques semaines afin de distendre la peau. Et dans un deuxième temps à supprimer chirurgicalement le nævus et à faire glisser à sa place cette nouvelle peau en trop. Les résultats sont excellents.

4

Les bébés parlent avec leur peau

La nature, c'est connu, fait bien les choses : au moment où les enfants ne savent pas s'exprimer, ils sont facilement victimes de ces maladies qui affichent clairement le diagnostic sur la peau.

Ces maladies infantiles, qui viennent souvent en série compliquer la vie des parents, ont le grand désavantage d'être très contagieuses, mais donc le grand avantage de ne pas cacher leur jeu. Et aussi celui d'être soignées aujourd'hui de telle façon qu'elles deviennent plus légères et moins longues à supporter.

Il importe pourtant de bien les reconnaître, et de faire appel à un médecin, car traiter avec désinvolture l'une de ces affections, c'est replacer le petit malade à l'époque où les risques de complications étaient lourds.

Autre chose : sans se réjouir de la varicelle ou de la rougeole de son enfant, on peut se réconforter en pensant : « C'est vrai, la plupart de ces maladies n'apparaissent qu'une fois dans une vie et font souvent du gigantisme sur une taille adulte. »

Exanthème subit ou roséole infantile

Les signaux de la peau

D'une heure à l'autre, votre bébé qui se portait comme un charme, a une brusque montée de température à 38°, 39°. Le médecin, appelé en hâte, ne trouve aucun signe d'otite, de rhinopharyngite, d'angine. Alors on pense à une maladie infantile que bébé est en train de « couver ». La fièvre persiste trois jours, puis elle disparaît tandis qu'apparaît le signal qui permet de diagnostiquer la roséole : de petites taches rose pâle faisant peu ou pas de relief sur la peau, envahissent le buste, le cou, le thorax (mais ni le visage ni les membres). Ces taches sont très fugaces; après vingt-quatre heures, elles ont disparu et la maladie est terminée.

Fiche technique

- L'exanthème subit est une maladie du nourrisson ou de l'enfant très fréquente, due à un virus.
- Contagieuse.
- Incubation indéterminée.
- Évolution : totalement bénigne.

Traitement

Antipyrétiques pour faire tomber la fièvre et éviter les « convulsions ».

Muguet

Les signaux de la peau

Du jour au lendemain, bébé ne veut plus de son biberon, visiblement la tétée lui est très pénible. Il suffit alors de jeter un coup d'œil à l'intérieur de sa bouche pour tout comprendre. Celle-ci est rouge et sèche. La langue, qui semble avoir perdu ses papilles, est vernissée. Le fond de la gorge est rouge aussi, mais pas comme dans une angine. La rougeur est faite de petites taches isolées qui confluent ensemble. Contrairement à ce qui se passe dans la primo-infection herpétique (voir p. 91), les gencives sont indemnes. Deux ou trois jours plus tard, apparaissent de petites granulations blanchâtres, d'abord en têtes d'épingle isolées, puis qui confluent en nappes jaunâtres. Si l'on racle cette nappe, elle va se détacher pour se reproduire quelques heures plus tard.

Tous ces signaux indiquent que bébé a le muguet. Charmant nom pour une affection due à un champignon bien connu, le *Candida albicans*. Ce dernier règne habituellement dans le tube digestif où il effectue un certain travail. Pour une raison inconnue, dans le « muguet », il remonte dans la bouche et l'envahit. Il peut même provoquer une perlèche, c'est-à-dire une atteinte des deux coins de la bouche qui se fissurent, deviennent blanchâtres et douloureux.

Heureusement, avec un traitement approprié, tout va rentrer dans l'ordre.

Fiche technique

• Infection de la cavité buccale due à un petit champignon, le *Candida albicans*, vivant normalement dans le tube digestif et qui envahit la bouche pour des raisons souvent inconnues. Se voit aux deux âges extrêmes de la vie. Est favorisé par certains facteurs (voir candidose génitale, chap. 10, p. 204).
• Diagnostic sur prélèvement. Examen en microscope, cultures positives en quarante-huit heures.
• Évolution : favorable sans traitement. Aucune complication.

Traitement

Localement, bains de bouche avec de l'amphotéricine B. Par voie générale, imidazoles dont le kétoconazole (anticandidosiques).

Rubéole

Les signaux de la peau

Un jour, votre enfant se réveille fiévreux et « patraque ». Vous prenez sa température : 38°. A peine le temps de vous poser des questions, voilà que des taches apparaissent sur sa peau. D'abord sur le visage, puis descendant en trois jours sur le buste, le bassin, la racine des membres. Petite taches, à peine saillantes, lisses, roses ou légèrement rouges, et ne grattant pas. Ces taches disparaissent à la pression, puis reparaissent. Elles sont plus ou moins nombreuses, mais bien séparées les unes des autres. Paumes et plantes des pieds sont épargnées. Très caractéristiques de la rubéole : les ganglions. Petites masses dures, consistantes ou élastiques, ils forment tout le long du cou un chapelet dont les grains roulent sous les doigts. Une fois sur deux, la rubéole se résume à ce simple signal, sans aucune apparition de taches. La maladie est courte, la guérison se produit en deux ou trois jours. Les complications sont rares (méningite, douleurs articulaires). Une exception, chez la femme enceinte de moins de quatre mois, la rubéole peut provoquer (dans 30 % des cas) une malformation du fœtus (voir chap. 15, p. 282).

Fiche technique

• Maladie infectieuse virale. Très fréquente.
• L'incubation est de quinze jours.
• Contagieuse pendant huit jours avant l'éruption et jusqu'à huit jours après.

• L'enfant est protégé par les anticorps maternels (si elle a eu la rubéole) durant les premiers mois de la vie.
• Évolution : la maladie est courte et disparaît en trois jours. Elle ne s'attrape qu'une fois.

Traitement

Aucun.

Rougeole

Les signaux de la peau

Votre enfant se réveille un matin tout grognon, « mal fichu », fiévreux (38°, 39°), avec mal à la tête. Il « couve » quelque chose. Un peu plus tard, le nez est pris, la voix enrouée, les yeux rouges et larmoyants, et une petite toux rauque et incessante se manifeste. Angine? Bronchite? Non. Rougeole. Vous pouvez vous en assurer bien avant qu'apparaissent les boutons, dernière manifestation de cette maladie. Avec une lampe électrique, regardez la face interne des joues de votre enfant, juste en face des prémolaires. Si vous voyez une petite tache rouge légèrement surélevée de la taille d'une pièce de cinq centimes et parsemée de points blanc bleuté, c'est bien la rougeole. Il s'agit du signe de Koplick (nom du médecin qui l'a décrit). Malheureusement, cette tache rouge n'est pas facile à repérer, d'autre part elle peut être absente!

Les boutons de la rougeole vont « sortir » trois ou quatre jours après le début de la maladie. Pendant ces quelques jours, la fièvre est constante, l'enfant est rouge, congestionné, toussoteux et très mal dans sa peau. Les boutons apparaissent d'abord derrière les oreilles et à la lisière du cuir chevelu, envahissant progressivement le visage, puis gagnant en deux ou trois jours le cou, les bras, le thorax. Après six jours, le corps entier en est couvert. Ces boutons sont en fait de petites taches à peine surélevées, rouges, aux contours irréguliers, très nombreuses, mais laissant entre elles des espaces de peau normale. Elles ne grattent pas. Avec l'apparition des boutons, la fièvre diminue, le visage perd son aspect congestif. Vers le septième jour, les boutons disparaissent progressivement, laissant à leur place de petites taches bistre à peine visibles, discrètement poussiéreuses, et qui s'effacent vite. L'enfant est guéri. Il pourra bientôt retourner à l'école. La rougeole, maladie bénigne la plupart du temps, peut toutefois se compliquer. Il faut donc la faire surveiller de près.

Fiche technique

- Maladie infantile, infectieuse, virale.
- Très fréquente.
- L'incubation est de dix jours.
- Très contagieuse. La contagiosité débute à la phase d'invasion, lorsque l'enfant est fiévreux et grognon, et perdure les premiers jours d'éruption (sept jours de contagion au total).
- Évolution : les boutons apparaissent et disparaissent en dix jours. Les surinfections bactériennes (bronchite, laryngite, pneumonie) sont relativement fréquentes. L'éviction scolaire doit être de quinze jours après le début de la maladie.
- Chez la femme enceinte, la rougeole ne provoque aucune malformation fœtale, mais peut entraîner un avortement spontané ou un accouchement prématuré.

Traitement

Antipyrétiques pour faire tomber la fièvre. Antibiotiques pour empêcher les surinfections bactériennes et éviter les complications. Antitussif.

Un vaccin antirougeole vient d'être commercialisé.

Varicelle

Les signaux de la peau

D'abord, de petits points rouges sur la poitrine de l'enfant. Très vite, ils deviennent plus aigus et se gonflent d'une minuscule cloque contenant un liquide translucide, clair comme de l'eau. Votre enfant n'est pas apparemment malade, il semble comme d'habitude. Peut-être un peu grognon, peut-être agité, il commence à se gratter. Il est temps de prendre sa température. De la fièvre, justement, mais peu, 38° environ. Il est temps aussi d'éviter qu'il ne se gratte : il a – c'est à peu près sûr – la varicelle. Et les cicatrices dues à la varicelle sont indélébiles.

Le médecin – que vous devez appeler rapidement – donnera des calmants internes et externes, très efficaces, qui évitent les démangeaisons. C'est d'autant plus nécessaire que les cloques de la varicelle viennent par vagues successives. Quand les premières se sont déjà desséchées, les autres apparaissent en divers points de tout le corps, y compris le visage, le cuir chevelu, la paume des mains et la plante des pieds. En deux ou trois poussées de boutons et de fièvre, votre enfant aura terminé sa varicelle et toutes les croûtes seront tombées. A vous de veiller jusqu'au bout à ce qu'elles le fassent spontanément.

Sachez aussi que des boutons peuvent apparaître dans la bouche, et que votre enfant en aura quelques difficultés à s'alimenter. Quoi qu'il en soit, pendant la dizaine de jours de sa varicelle, et malgré sa faible fièvre, vous devez le laisser à la maison. D'abord pour éviter les complications, ensuite parce qu'il est très contagieux.

Fiche technique

- Maladie infectieuse virale très fréquente.
- L'incubation dure quatorze à seize jours. L'enfant est protégé par les anticorps maternels durant les premiers mois de la vie.
- Très contagieuse. La contagiosité débute la veille de l'éruption et se prolonge durant les huit premiers jours de la maladie.

• Évolution : l'éruption dure et disparaît au bout de dix jours. La maladie ne s'attrape qu'une seule fois dans la vie.

Les complications (sinusite, angine, bronchite) sont rares.

• Il n'est pas prouvé que la varicelle puisse induire des malformations fœtales quand elle est contractée au cours des premiers mois de grossesse.

Traitement

Il fait appel à des antiseptiques, antibiotiques, antipyrétiques (contre la fièvre) et antihistaminiques contre les démangeaisons.

Megalérythème épidémique

Les signaux de la peau

Dans cette maladie infantile, pas ou peu de fièvre, pas de fatigue, ni de vomissement ou de diarrhée annonciatrice de l'éruption. Un seul signal : tout à coup votre enfant se couvre de boutons. En quelques heures son visage est écarlate et boursouflé de taches qui s'étendent rapidement, formant deux ailes de papillon autour du nez. Les pourtours de la bouche et des yeux sont indemnes. En deux ou trois jours, les taches disparaissent et la peau se met à peler. C'est alors que d'autres rougeurs apparaissent sur le haut des bras et des cuisses, taches en relief qui vont se rejoindre, dessinant de véritables cartes de géographie, avec un centre clair et une périphérie très rouge. Les boutons progressent lentement sur les bras, les avant-bras, puis les jambes, formant des lignes rouges entre-croisées, dessinant des arabesques ou des guirlandes. Les paumes des mains et les plantes des pieds sont épargnées, les fesses et le buste presque toujours aussi. Ces boutons ne démangent pas. Après quatre ou cinq jours, tout disparaît spontanément. Il existe des variantes à ce scénario. Par exemple, la maladie peut se résumer à des rougeurs des bras et des coudes, sans atteinte du visage. A l'opposé, elle peut prendre l'aspect d'une urticaire géante.

Fiche technique

- Maladie infectieuse virale relativement rare.
- Incubation : quatre à seize jours.
- Assez peu contagieuse. Évolue par petites épidémies chez les enfants de quatre à douze ans.
- Évolution : dure une « grosse » semaine. Pas de complications.
- Ne s'attrape qu'une fois.
- Non dangereuse chez la femme enceinte (à l'inverse de la rubéole qui peut parfois lui ressembler).

Traitement

Aucun.

Herpangine

Les signaux de la peau

Fièvre à 39°-40°, troubles digestifs (diarrhée, nausée, vomissements), douleurs violentes dans la gorge, difficultés à avaler, ainsi se déclare chez l'enfant l'herpangine. Une sorte d'angine, mais bien particulière. Examinez avec un éclairage le fond de la gorge de l'enfant : à la partie postérieure, c'est-à-dire sur et derrière les piliers du voile du palais et sur les amygdales, vous observerez de petites cloques de un à deux centimètres de diamètre, entourées d'un halo rouge. Cloques éphémères qui, après deux ou trois jours, se rompent, laissant la place à des ulcérations rouges. Puis, en moins de huit jours survient la guérison sans complications.

On distingue l'herpangine des autres angines vésiculeuses par sa localisation dans la partie postérieure de la gorge. Dans l'herpès, comme dans le syndrome pied-main-bouche, c'est la partie antérieure de la bouche qui est touchée.

Fiche technique

• Maladie infectieuse virale, peu fréquente, due à un virus Coxsackie du groupe A. Survenant à tout âge, mais le plus souvent chez l'enfant de un à sept ans.
• Diagnostic : sur prélèvements de gorge et prélèvements sanguins (anticorps circulants).
• Évolution : durée huit jours. Guérison spontanée sans séquelles.

Traitement

Antalgique pour lutter contre les douleurs de la gorge. Antipyrétique pour faire diminuer la fièvre. Les antibiotiques ne sont pas nécessaires car non actifs sur les virus. De plus, les surinfections bactériennes sont rares.

Herpès buccal
bouton de fièvre (première infection)_____

Les signaux de la peau

On l'appelle « bouton de fièvre » car il peut effectivement survenir après une poussée de température, mais c'est de l'herpès. Tous les enfants, sans exception, rencontrent le virus de l'herpès. Ce rendez-vous peut se dérouler de façon très différente d'un enfant à l'autre. Premier scénario, le plus caractéristique, mais pas le plus fréquent, c'est la gingivo-stomatite herpétique. Elle survient entre l'âge de un et quatre ans. Votre enfant, un peu las et fiévreux, refuse de manger, car la mastication lui est pénible. En deux ou trois jours, les signaux de l'herpès sont visibles dans sa bouche avec une bonne lampe de poche. Vous apercevez non pas la lésion initiale (petites cloques groupées en bouquets), car dans la bouche elle est très éphémère, mais des érosions rouges, arrondies, ressemblant vaguement à un aphte (fond blanchâtre et pourtour rouge) envahissant toute la cavité buccale dans sa partie antérieure : la langue, la face interne des joues, les gencives, l'intérieur des lèvres. C'est très douloureux.

Il peut arriver que certaines lésions de l'herpès se retrouvent sur le pourtour des lèvres, donnant le classique « bouton de fièvre ». On voit alors de petites cloques groupées en bouquets contenant un liquide clair, le tout reposant sur un fond rouge plus ou moins gonflé.

Aux lésions cutanées s'associe un ganglion sous le menton que l'on sent bien à la palpation. A ce stade, la fièvre monte, l'état général s'altère, l'enfant ne mange presque plus. La crise d'herpès va durer huit à dix jours, parfois quinze, puis elle régresse. Votre enfant a livré son premier combat contre l'herpès et il a gagné la manche.

Ce scénario a des variantes. Dans 90 % des cas, il se joue en mineur (pratiquement rien de visible, l'ennemi à peine apparu est jeté à terre). Dans de très rares cas, la primo-infection herpétique ne se passe pas bien. Des complications apparaissent, notamment chez les enfants dénutris. La diffusion du virus se fait à l'appareil respiratoire (laryngite, pneumonie), voire au foie ou au cerveau, la mort marquant la victoire du virus sur un organisme affaibli. Très rare dans nos pays. A la suite de la primo-infection herpétique, l'enfant a fabriqué des anticorps (véritable police) contre le virus, l'empêchant le plus souvent de se remanifester, mais celui-ci n'est jamais évacué de l'organisme, simplement réduit au silence. Il peut arriver qu'il fasse surface plus tard dans la vie : on parlera alors d'herpès récidivant (voir chap. 14, p. 264).

Fiche technique

• Maladie infectieuse virale. La plus fréquente des viroses humaines dont la primo-infection est inapparente ou ultra-discrète dans 95 % des cas.
On distingue deux virus de l'herpès :
• H.S.V. 1 responsable de manifestations se situant au-dessus de la ceinture;
• H.S.V. 2 responsable de manifestations au-dessous de la ceinture. Essentiellement génital.
• Incubation : deux ou trois jours.
• Contagieux.
• Évolution : la première infection, lorsqu'elle est apparente,

dure une à deux semaines. Les récidives sont très fréquentes.
• Le diagnostic : se fait sur les signaux de la peau, mais aussi par analyse des liquides de la cloque dans les premières vingt-quatre heures qui suivent l'éruption. Après, c'est trop tard. On retrouve aussi des anticorps circulant dans le sang.

Traitement

Préventif : éviter tout contact direct avec une lésion évolutive.
Local : antiviraux :
– liqueur d'Hoffman (mélange d'alcool-éther), médication la plus ancienne ;
– idoxuridine ;
– adénine-arabinoside ;
– l'aciclovir à 5 % (non commercialisé actuellement en France) serait le plus efficace.
Général : antiviraux : idoxuridine, cytosine-arabinoside. Ces médicaments sont réservés aux cas graves avec diffusion dans les organes, notamment pour traiter les méningo-encéphalites. Ils sont tous assez toxiques.

Scarlatine

Les signaux de la peau

La scarlatine atteint le plus souvent les enfants de quatre à sept ans. Soudain, l'enfant est pris d'un malaise général avec vomissements, douleurs dans le ventre, mal aux articulations, et une fièvre atteignant 40°. Le médecin, appelé en urgence, constate une belle angine. La gorge – et même parfois l'intérieur des joues – est rouge écarlate. Une angine banale ? Quarante-huit heures plus tard, un signal de la peau vient infirmer ce diagnostic. Une rougeur intense et diffuse envahit le buste, puis tout le corps de l'enfant, sauf les paumes de mains et les plantes de pieds. Cette rougeur est très particulière. D'une part, elle ne laisse aucun espace de peau normale, d'autre part, elle est couronnée d'une multitude de petits points sombres donnant un aspect de « peau de chagrin », lorsqu'on la touche. La langue aussi est atteinte d'une rougeur qui débute sur les bords, et gagne le centre en formant un V. Vers le sixième jour, elle est totalement rouge framboisé. Vers la fin de la première semaine, la peau commence à desquamer. Elle part en grands lambeaux très évocateurs de cette maladie. Au niveau des mains, c'est comme si l'enfant retirait petit à petit une paire de gants !

Cette maladie, redoutable naguère, est aujourd'hui tout à fait bénigne grâce aux antibiotiques. Tout se résume de plus en plus souvent à une angine suivie d'une desquamation qui indique que l'enfant a fait une scarlatine à bas bruit. Il est important toutefois de soigner précocement et énergiquement une scarlatine à son début, afin d'éviter les complications.

Fiche technique

• Maladie infectieuse due au streptocoque de groupe A.
Beaucoup moins fréquente qu'auparavant, depuis l'utilisation large et facile des antibiotiques.
• Incubation : deux à cinq jours.
• Invasion : 48 heures.
• Très contagieuse.
Évolution : non traitée, la maladie expose à plusieurs affections :
• infections o.r.l. (sinusite, otite, etc.);
• complication rénale (glomérulonéphrite, néphrite);
• complications articulaires (rhumatisme scarlatin précoce et tardif);
Traitée, guérison en huit jours, sans problème.

Traitement

Repos et isolement pendant quinze jours. Antibiotiques : la pénicilline et ses dérivés les bêta-lactamines.
Éviction scolaire (quinze jours avec traitement).

Syndrome pied-main-bouche

Les signaux de la peau

Une drôle de maladie, peu connue et très facilement identifiable. C'est l'enfant qui en est victime, et lui exclusivement. Cela commence par de petits signes, très banals : un malaise général, le nez bouché, quelques douleurs dans le ventre, un manque d'appétit et parfois une légère fièvre. Tout cela est à peine perçu par la mère que, subitement, l'enfant se couvre de cloques en trois endroits précis du corps : la bouche, les mains et les pieds. Dans la bouche elle-même, les cloques sont à peine perceptibles, car la plupart ont éclaté sous l'effet de la mastication. Il ne reste que de petites zones rouges, arrondies, de un à trois millimètres de diamètre, qui envahissent la partie antérieure du pharynx respectant les amygdales et la partie postérieure (contrairement à l'herpangine, voir p. 90). Envahis également, la face interne des joues, le palais, la langue, les gencives, et plus rarement les lèvres. L'alimentation devient douloureuse. Sur les pieds et les mains, les cloques sont bien visibles, de couleur blanche ou grise, entourées d'une zone légèrement rouge. Elles siègent essentiellement sur les faces dorsales des pieds et des mains, plus rarement sur les faces palmaires et plantaires. Ni douleur ni démangeaison. Par ailleurs, l'enfant se porte bien. Avec tout au plus une légère fatigue et une petite fièvre persistante. Le syndrome pied-main-bouche disparaît de lui-même.

Fiche technique

• Maladie infectieuse virale (le virus impliqué est le plus souvent le virus Coxsackie A 16), relativement rare.
• L'incubation est courte : trois à cinq jours.
• Contagieuse.
• Évolution : l'éruption dure et disparaît en huit jours. Aucune récidive. Les complications sont rares (atteinte du cœur et méningite).

Traitement

Antiseptiques locaux. Bains de bouche à l'eau bicarbonatée.

Acrodermatite papuleuse infantile de Gianotti-Crosti

Les signaux de la peau

Brutalement, du jour au lendemain, votre enfant âgé de deux à six ans se couvre de boutons. Mais, chose curieuse, il n'est ni fatigué ni grognon, ne se gratte pas et n'a pas ou très peu de fièvre. Autre chose curieuse, les boutons s'éparpillent sur le visage, les membres, les fesses, mais pas sur le tronc. Vous vous interrogez. Varicelle? Allergie alimentaire? En fait, il s'agit d'une maladie que vous ne connaissez sûrement pas : l'acrodermatite papuleuse infantile de Gianotti-Crosti. Un nom bien compliqué pour une maladie peu fréquente, mais qu'il est facile d'identifier. Si vous regardez de près ces boutons, ils vont tout vous apprendre. Ce sont de petites élevures de couleur rouge cuivré, fermes au toucher, parfaitement semblables, et de taille variable selon les enfants. Petites chez le grand enfant, grandes chez le petit.

Le médecin ne va pas s'y tromper. Par la palpation, il découvrira les signes associés : présence de ganglions, foie et rate un peu augmentés en volume. Il fera faire quelques examens de sang complémentaires pour vérifier son diagnostic et surveiller la maladie, car cette affection cutanée n'est que la traduction sur la peau d'une hépatite virale B. Les boutons vont s'effacer d'eux-mêmes en quelques semaines (deux mois maximum) et ne laisseront aucune cicatrice.

Fiche technique

• Affection peu fréquente du jeune enfant, signalant l'existence d'une hépatite de type B.

• Peut être contagieuse.
• Les examens sanguins révèlent une élévation des transaminases (enzymes du foie) et la présence de l'antigène H.B.S., celui de l'hépatite).
• Évolution : les boutons régressent en quelques semaines. Une surveillance biologique du foie doit être maintenue pendant quelque temps car une hépatite chronique, bien que rare, reste possible.

Traitement

Aucun. Comme dans toutes les affections à virus. Mesure prophylactique : éviction scolaire pendant que l'enfant est contagieux.

Maladie de Kawasaki

Les signaux de la peau

Kawasaki? Avez-vous déjà entendu parler de cette maladie? Elle est très rare en France, mais fréquente au Japon. En tout cas, elle démarre aussi rapidement qu'une moto! Brutalement votre enfant (dans 85 % des cas il s'agit d'un enfant de moins de cinq ans) est pris d'une fièvre élevée (38,5°, 39°) et il est très abattu. Tout aussitôt surviennent les signes qui accompagnent souvent la fièvre : diarrhée, vomissements, douleurs articulaires, raideur de la nuque, faisant penser à une méningite. Mais rien de vraiment significatif.

Le médecin appelé en consultation va s'attacher à quelques signaux caractéristiques pour diagnostiquer cette maladie rare : d'abord la présence de ganglions au niveau du cou, aussi une conjonctivite bilatérale (yeux rouges et larmoyants), une rougeur à l'intérieur de la bouche avec une langue à l'aspect framboisé, comme dans la scarlatine, des lèvres sèches et fissurées. Enfin, l'aspect de l'éruption qui se produit bientôt sur tout le corps, et qui peut s'apparenter à la rougeole, à la scarlatine ou encore à l'érythème polymorphe. Le plus souvent, il faut le dire, le diagnostic de « Kawasaki » n'est pas posé d'emblée. On pense d'abord à la scarlatine ou à une grosse rougeole, mais les prélèvements sont négatifs, et les antibiotiques donnés par précaution ne font pas baisser la fièvre.

La maladie de Kawasaki doit alors s'imposer à l'esprit du médecin. Dès la deuxième semaine, les signaux vont s'estomper. L'enfant va alors se mettre à peler, d'abord à l'extrémité des doigts, puis aux mains, où la peau part en grands lambeaux, puis sur tout le corps. Il fait entièrement peau neuve! La fièvre baisse, les ganglions disparaissent. Pendant la troisième et la quatrième semaine, c'est la convalescence. Dans 98 % des cas, la guérison est totale. Toutefois, si la maladie n'est pas traitée, l'enfant peut mourir subitement d'une artérite cardiaque thrombosante. C'est extrêmement rare (2 % des cas), mais cette éventualité doit imposer une surveillance cardiaque pendant toute la maladie, afin de pallier rapidement une défaillance.

Fiche technique

• Maladie « d'allure infectieuse ». Rare en France, fréquente au Japon. Touche électivement les enfants de moins de cinq ans.
• Non contagieuse.
• Origine : maladie appartenant au groupe des vascularites.
• Évolution : bénigne dans la plupart des cas, elle menace cependant d'artérite cardiaque thrombosante 1 à 2 % des enfants.

Traitement

Hospitalisation et surveillance quotidienne du cœur pour éviter la thrombose, administration d'aspirine ou d'anticoagulants.

5
Des taches sur votre peau

« Jeune homme avec tache »... Cela faisait partie des petites annonces interconversations bourgeoises au XIXᵉ siècle et annonçait un lourd handicap social, très préjudiciable à un mariage convenable. La tache ? c'était le Jeu, un enfant par-ci par-là, la Boisson ou une jolie dame cachée. Les taches sur la peau sont beaucoup moins moralisatrices mais tout aussi lourdes d'un passif significatif.

Qui n'a pas la peau tachée ? Même Poppée qui pourtant se baignait dans du lait d'ânesse pour garder la peau blanche devait bien avoir quelques grains de beauté (on en compte une cinquantaine en moyenne par personne). Il y a les taches qui sont déjà présentes à la naissance, celles qu'on crée en grandissant comme les taches de rousseur qui criblent le visage des petits rouquins à partir de l'âge de trois ans. Puis en vieillissant : les taches de couperose ou d'acné rosacée, les « fleurs de cimetière » qui sont l'apanage de la cinquantaine. Ces taches-là, bien que parfois inesthétiques sont bien innocentes. Mais il en est d'autres, inattendues, curieuses, et qui doivent attirer l'attention. Devant toute tache nouvelle, et qui ne ressemble à aucune autre, il faut s'alerter, et sans perdre de temps la montrer à un dermatologue. Lui seul saura faire la différence entre la tache neutre et la tache-signal. Quelle chance d'être tenu au courant par sa peau des petits troubles et des graves maladies que l'on peut ainsi prévenir à temps !

Eczématides achromiantes

Les signaux de la peau

Le plus souvent, c'est l'enfant qui est touché. Voilà qu'au printemps ou en plein été, son visage se marque de taches blanches arrondies ou ovales, de taille variable. Grosses comme une pièce de cinq centimes, ou occupant presque toute la joue. Leur surface est lisse, parfois recouverte d'une fine poussière blanche. Vous l'emmenez chez un dermatologue, persuadée qu'il s'agit là d'un champignon. Vous avez perdu! En fait, si vous faites un effort de mémoire, vous vous souviendrez qu'avant l'apparition des taches bien blanches, votre enfant avait eu des dartres (légères taches rosées recouvertes de fines squames). Les taches blanches ne sont que la suite de l'histoire, et elles sont mises en valeur au soleil, car elles ne bronzent pas.

Autre aspect évocateur des eczématides achromiantes, leur disposition sur le visage : elles se trouvent autour de la bouche, sur les joues et le front. Les eczématides achromiantes – extrêmement fréquentes, soit dit en passant – ne touchent pas que les enfants et ne surviennent pas que sur le visage. Bien des adultes en sont atteints, et les taches touchent aussi bien les bras que le thorax, le dos, les cuisses.

En cas de doute, et pour éliminer un vitiligo (voir p. 103) ou un pytiriasis versicolor (chap. 2, p. 57), ou maladies ressemblantes, le dermatologue peut faire un examen histologique. Le diagnostic n'est évident que lorsque les eczématides apparaissent sur un visage d'enfant.

Fiche technique

• Dermatose très fréquente qui prend le nom d'eczématides achromiantes, ou de dartres furfuracées, ou encore parakératose achromiante (rien à voir avec l'eczéma!).
• Origine inconnue.
• Plus fréquente chez l'enfant que chez l'adulte.
• Non contagieuse.

• Évolution : tout à fait bénigne, mais difficile à soigner. Les taches peuvent persister pendant des mois. Les récidives sont fréquentes.

Traitement

Application d'antiseptiques, de préparation de goudron de houille (coaltar) ou de bois de genévrier (huile de cade), enfin de pommade à base de cuivre et de zinc.

A éviter : l'application prolongée de préparations à base de cortisone, efficace, mais qui peut altérer la peau à longue échéance.

Hypomélanose en gouttes de Cummings et Cottels

Les signaux de la peau

Quel nom compliqué pour une toute petite maladie de peau (si on peut l'appeler maladie). Vous avez la quarantaine ou la cinquantaine, et au retour des vacances, vous remarquez sur vos bras et vos avant-bras – essentiellement à la face externe – quelques minuscules taches blanches éparpillées dans la peau bronzée. Vous pensez qu'elles sont dues au soleil, ou à un champignon, et qu'elles vont disparaître. Il n'en est rien. En fait, ce sont de toutes petites zones de peau qui n'ont pas bronzé au soleil. Avec l'âge, ces taches minuscules vont se multiplier et s'accentuer progressivement. Pourquoi? On ne sait pas très bien. Mais peut-être ce défaut de bronzage trahit-il une moins bonne montée de la mélanine en surface de la peau, due... au vieillissement, tout simplement. Il faut s'y faire!

Fiche technique

• Affection de la pigmentation de la peau, très fréquente chez la femme adulte.

- Origine mal connue.
- Non contagieuse.

Pas de traitement.

Vitiligo

Les signaux de la peau

Le vitiligo commence de façon tout à fait banale par une petite tache blanche sur le dos du poignet que vous pouvez découvrir en vous lavant les mains. Pas plus grosse qu'un confetti. Et pas très préoccupante car elle ne gratte pas, ne fait pas mal. Les semaines passent... pas la tache. Elle commence au contraire à s'agrandir, et puis d'autres apparaissent, envahissant les mains et les poignets. Jusqu'où cela va-t-il s'étendre? L'inquiétude naît. Des dartres? Une mycose? Non. Il s'agit d'un vitiligo, c'est-à-dire d'une dépigmentation de peau. Le diagnostic peut se faire à la simple vue de la couleur. La tache n'est ni rosée ni grise : elle est blanche. Parfaitement blanche. Lisse, sans croûte, sans squames en surface. Les contours sont aussi très caractéristiques et confirment le diagnostic. Ils sont comme tracés à la règle, présentant très rarement des encoches en carte de géographie. Et si vous les regardez de très près, vous distinguez entre la tache blanche et la peau voisine un liséré très fin, plus foncé que la peau normale. Au toucher, pas de différence avec celle-ci : égale consistance, égale sensibilité. Dernier phénomène signant le vitiligo : les poils qui se trouvent sur la tache sont devenus blancs, eux aussi.

Ces taches peuvent-elles s'étendre au reste du corps? Hélas, oui. Le vitiligo n'a pas de limites. Les zones du corps le plus souvent atteintes sont les bras, les avant-bras, les mains, mais aussi tout le visage. En fait, toute la peau peut être envahie. Le vitiligo est une maladie parfaitement bénigne qui n'atteint pas la santé. Le préjudice est uniquement esthétique, mais avec toutes les répercussions psychologiques que cela peut entraîner. Un vitiligo très localisé est supportable. Lorsqu'il atteint le visage, il atteint aussi le moral. C'est pourquoi les chercheurs s'activent à trouver une parade à cette maladie. Aujourd'hui, on n'a pas encore remporté de véritable succès. Des traitements existent qui ont une certaine efficacité, et qui peuvent enrayer la progression de la maladie.

Fiche technique

- Maladie relativement fréquente.
- Acquise et non héréditaire.
- Origine mal connue. Pourquoi les mélanocytes, cellules qui fabriquent la mélanine et pigmentent la peau, cessent-ils de travailler, puis disparaissent pour être remplacés par d'autres cellules? Le mystère n'est pas élucidé. Un dysfonctionnement de la glande thyroïde ou des glandes surrénales, ainsi qu'un diabète, pourraient provoquer un vitiligo. Il faut toujours rechercher ces maladies.
- Évolution : variable. Le vitiligo peut se résumer à une simple tache comme il peut envahir tout le corps.

Traitement

Il en existe plusieurs qui sont plus ou moins efficaces.

1. Traitement à l'acide para-amino-benzoïque.

Ce produit doit être pris pendant au moins un à deux ans car la repigmentation, si elle se fait, ne commence qu'au cours de la première année. Les échecs sont fréquents.

2. Traitement aux psoralènes associés aux ultraviolets A (puvathérapie). Les psoralènes, substances issues de certains fruits exotiques, activent le travail des mélanocytes. Le traitement est le même que pour le psoriasis (voir p. 123); prise de psoralènes puis exposition du corps aux ultraviolets, sous contrôle médical strict. La cure psoralènes + u.v.a. doit durer de six mois à un an, de façon continue, avec de brefs arrêts.

Les résultats ne sont pas négligeables : 70 % d'amélioration, mais les récidives sont fréquentes à l'arrêt du traitement. Les deux traitements précédents peuvent être associés. Lorsque le vitiligo est très étendu (vitiligo universalis) avec persistance de petites zones de peau à pigmentation normale, mieux vaut dépigmenter ces dernières que de tenter de repigmenter le reste. Le résultat esthétique est meilleur. Au soleil, la peau doit être protégée par une crème écran total car, sans mélanocytes, elle est aussi sans défense. Risque grave de brûlures.

Albinisme

Les signaux de la peau

Il n'est nul besoin d'être dermatologue ni même médecin pour reconnaître un albinos. Sa peau est blanche, dépourvue des mélanocytes qui pigmentent l'épiderme. Il s'agit là d'une maladie héréditaire, qui peut prendre plusieurs aspects.

Dans sa forme la plus sévère, le sujet est totalement blanc. Peau laiteuse, cheveux et poils blancs. Sa peau est vide de mélanocytes qui, en fabriquant la mélanine, protègent de la lumière et des rayons ultraviolets. L'albinos ne peut donc absolument pas s'exposer au soleil sous peine de brûlures violentes et, à long terme, de cancer de la peau. Cela l'oblige à ne découvrir son corps qu'à l'abri de la lumière. Et à protéger son visage constamment. D'autre part, le sujet souffre d'une atteinte oculaire. Il n'a qu'une vision très faible et une extrême sensibilité à la lumière, ce qui implique le port constant de lunettes à verres grossissants teintés.

Dans une forme moins sévère, la peau est certes blanche, mais elle peut se pigmenter légèrement sous les rayons ultraviolets. Les cheveux du sujet sont blond blanc. L'atteinte oculaire est moins grave. L'iris présente un aspect particulier dit en rayon de roue.

Ces deux formes d'albinisme sont les plus fréquentes. Il en existe d'autres, très rares, et qui sont l'affaire des spécialistes.

Fiche technique

• Maladie génétique héréditaire. La transmission se fait sur un mode récessif. C'est-à-dire que les albinos peuvent avoir des enfants qui ne le sont pas. Un conseil génétique est toutefois nécessaire.

• Évolution : stable.

Traitement

Aucun. La protection est nécessaire pour éviter les brûlures et les cancers cutanés.

Lèpre

Les signaux de la peau

Le premier signe de la lèpre est une tache blanche. Il y a peu de chances aujourd'hui pour qu'un Européen soit atteint de cette maladie terrifiante. Le plus souvent, les lépreux que peuvent voir les dermatologues en France sont des Asiatiques ou des Noirs fraîchement arrivés de leur pays d'origine. La tache blanche de la lèpre ne peut être confondue avec aucune autre. Sa taille est variable, pouvant aller jusqu'à une dizaine de centimètres de diamètre. La couleur l'est aussi : du blanc-blanc du vitiligo à une teinte rosée ou encore jaunâtre mais toujours plus claire que la peau environnante. Le signe caractéristique de la lèpre : cette tache est insensible. Si on la pique avec une aiguille, le patient ne sent rien. Pour confirmer le diagnostic, le dermatologue prélève un petit morceau de peau qu'il fera analyser au microscope. Il arrive que les signaux ne soient pas très nets, notamment l'anesthésie à la piqûre ou au chaud peut n'être pas totale, et la tache peu visible. D'autres éléments doivent être alors pris en compte, et confrontés entre eux. La lèpre diagnostiquée à l'étape de la tache blanche est dite « indéterminée ». Elle peut en effet évoluer vers sept formes différentes.

Deux formes extrêmes sont la lèpre tuberculoïde et la lèpre lépromateuse.

Si la tache blanche s'entoure d'une bordure franchement

rosée et surélevée, devenant foncée sur une peau claire, mais toujours claire sur une peau pigmentée, c'est la lèpre tuberculoïde. Les taches appelées léprides tuberculoïdes se multiplient sur le corps, et ce de façon asymétrique. Cette forme indique que le sujet se défend contre le bacille, elle est peu contagieuse mais grave, car elle atteint précocement les nerfs qui ne peuvent plus commander aux muscles, d'où des paralysies précoces tant au niveau des membres que de la face.

Si, après la tache blanche, apparaissent sur la peau des élevures plus ou moins arrondies, lisses, rouge cuivré ou brunes, très fermes quand on les touche, c'est la lèpre lépromateuse. Les lépromes atteignent tout le corps d'une façon symétrique, et déforment le squelette. Les cartilages du nez s'effondrent (c'est ce que l'on appelle le faciès léonin), les os des membres sont rongés. Cette forme diffuse rapidement dans tout l'organisme, car le sujet à l'état général trop faible ne se défend pas contre le bacille. La lèpre lépromateuse est très contagieuse pour l'entourage, de nombreux bacilles se trouvant au niveau du nez. Les paralysies sont moins fréquentes que dans la première forme.

Entre ces deux types de lèpre existent cinq types intermédiaires dont les aspects se rapprochent, soit de la lèpre tuberculoïde, soit de la lèpre lépromateuse.

Fiche technique

- Maladie infectieuse due au bacille de Hansen qui atteint dix millions d'individus dans le monde.
- Les zones contaminées sont l'Asie (notamment l'Asie des moussons), l'Afrique noire, l'Amérique latine. En Europe, il existe un petit foyer de lèpre au sud de l'Espagne et dans les Balkans.
L'homme constitue le seul réservoir de la maladie. Celle-ci disparaîtra lorsque plus une seule personne ne sera porteuse du bacille (comme cela s'est passé pour la variole).
- La période d'incubation est de deux à cinq ans.
- Seule la forme lépromateuse est contagieuse. Le mode de contamination reste mal connu. Outre les contacts directs entre lépreux, elle peut se faire par piqûre d'insectes vecteurs parasités (la contamination pulmonaire, par inhalation du bacille, ou digestive n'a jamais été prouvée).
- Prévention : l'isolement des lépreux dans une léproserie n'a

jamais empêché la maladie de se répandre. C'est une mesure absurde et inhumaine. Absurde car la grande majorité des lépreux ne sont pas contagieux. Inhumaine car le départ en léproserie coupe le malade de sa vie familiale.

De plus, c'est une mesure inefficace, car de nombreux malades en arrivent à dissimuler leur affection pour éviter l'incarcération. Enfin, c'est une mesure onéreuse. La meilleure solution : les unités itinérantes qui soignent à domicile.

La prévention individuelle est possible par le vaccin B.C.G. contre la tuberculose, les deux bacilles, celui de Koch et celui de Hansen, étant cousins germains.

Traitement

Aujourd'hui la lèpre se soigne bien. Le traitement fait appel à des médications diverses : sulfones, sulfamides retard, lamprène, rifadine.

Le grave problème reste le manque d'argent dans les pays concernés.

Taches de rousseur
éphélides_____

Les signaux de la peau

On les aime ou on les déteste. On les accentue ou on s'efforce de les cacher. Ce sont les taches de rousseur ou éphélides. Parfois grosses comme des têtes d'épingle, parfois plus larges, piquetant le nez et les joues, ou éclaboussant tout le visage. Elles apparaissent dans la deuxième enfance (aux alentours de quatre à cinq ans), le plus souvent chez les « poil de carotte » et faisant, bien sûr, le ravissement des mamans. Elles peuvent plus tard envahir le décolleté, les bras et avant-bras. Trait tout à fait caractéristique des taches de rousseur, et qui les distingue des lentigos et grains de beauté : elles « bronzent » au soleil et deviennent plus larges. L'été les exalte, l'hiver les pâlit. Au moment de la puberté, elles se multiplient encore, faisant parfois le désespoir de l'adolescente qui les camoufle sous du fond de teint. A l'âge adulte, elles s'atténuent, et parfois disparaissent complètement.

Les taches de rousseur sont tout à fait bénignes. Tout de même, il faut signaler que leur très grand nombre et leur stabilité chez certains sujets bruns peut signaler une maladie : le xeroderma pigmentosum. C'est rarissime. Autre rareté : les éphélides situées dans les régions non exposées, comme les aisselles, et qui peuvent être le symptôme d'une maladie : la neurofibromatose de Reckling-Haüsen.

Fiche technique

- Taches pigmentées de la peau.
- Souvent familiales et transmises en dominance régulière (de parents à enfants). Surviennent chez les roux et certains blonds.
- Évolution : le plus souvent tout à fait bénignes. Ne dégénèrent jamais en cancer.

Très rarement, signes révélateurs d'une maladie.

Traitement

Le mieux est de les accepter et d'en faire un atout beauté. Si on ne les supporte pas, il existe un traitement décolorant et décapant, mais il n'est pas très efficace et provoque parfois des réactions locales désagréables (irritations, eczéma, taches blanches).

Ce traitement consiste en l'application de préparations de bichlorure de mercure. On peut aussi faire des attouchements avec de la neige carbonique ou de l'azote liquide. Mais il y a, là aussi, le risque de laisser à la place de la tache de rousseur une tache blanche plus inesthétique. Une touche d'essai s'impose. Le meilleur traitement « blanchissant » : se protéger du soleil avec une crème écran total, même l'hiver. Discrétion assurée.

Grains de beauté
(nævus nævo-cellulaire)

Les signaux de la peau

Plat, bombé, poilu, tête d'épingle ou large placard sur une joue, de couleur beige clair ou marron foncé, ou encore carrément noir, en forme de dôme faisant une vraie saillie sur la peau. Tels sont tous les aspects que peut prendre le grain de beauté ou nævus nævo-cellulaire. Ainsi appelé car l'anomalie touche les cellules dites næviques qui se groupent en amas sous la peau. Ces cellules ont un lien de parenté encore mal élucidé avec les mélanocytes, cellules situées dans l'épiderme et qui fabriquent la mélanine, elle-même formant le hâle lorsqu'on s'expose au soleil.

Le grain de beauté engendre souvent l'inquiétude. Et s'il allait dégénérer... C'est un motif de consultation fréquent. « Docteur, j'ai un grain de beauté qui gratte, qui grossit, qui s'étend, est-ce que c'est dangereux ? Est-ce le signe d'un cancer qui commence ? » La vérité est qu'un grain de beauté qui change ne *va* pas devenir cancéreux, mais qu'il *peut* le devenir.

C'est une évolution rare, mais qu'il faut prendre en compte. En pratique, que faire? C'est simple. Un grain de beauté qui fait parler de lui doit toujours amener à consulter le dermatologue. S'il s'élargit, s'il grossit sur tout ou partie de sa surface, s'il démange, s'il change de couleur avec apparition de zones noir-brun ou claires, il faut le supprimer rapidement. C'est la meilleure garantie contre la cancérisation. D'autre part, si des grains de beauté sont mal placés, en des zones de frottement ou d'irritation constant : plante des pieds, coudes, taille, voire cuir chevelu, il faut aussi systématiquement les enlever, afin qu'ils ne soient pas traumatisés, et ne se mettent pas à saigner.

Il ne faut pas non plus s'imaginer qu'un nævus ne peut être complètement enlevé, qu'il a des racines sous la peau qui le feront repousser. Un nævus n'est pas un arbre. On l'enlève très facilement, dans sa totalité, sans aucun risque de récidive. Après extirpation, le dermatologue fera toujours faire un examen histologique au microscope. Si celui-ci révèle que le nævus est en voie de cancérisation, un traitement sera entrepris (voir mélanome malin, p. 114).

Les grains de beauté peuvent jouer d'autres tours moins alarmants. Par exemple, ils peuvent se mettre tout à coup à gonfler et à rougir. Panique... En fait, il ne s'agit que d'une petite infection se produisant autour d'un poil qui est sur le nævus : on appelle cela une folliculite sous-nævique (à soigner par des antibiotiques, ou plus simplement à supprimer). Autre anomalie fréquente : le halo-nævus. Autour du grain de beauté apparaît une tache blanche arrondie assez large. Le grain de beauté ressemble à une île entourée d'un clair lagon. Petit à petit le lagon va manger l'île. Le nævus disparaît. Ce phénomène particulier et mal élucidé à l'heure actuelle doit attirer l'attention, car il peut y avoir cancérisation. Là encore, le mieux est de l'enlever, ou de le faire surveiller régulièrement.

Fiche technique

• Tumeur pigmentaire bénigne constituée du groupement en amas dans la peau de cellules dites næviques.
• Intéressants par leur grande fréquence, les problèmes esthétiques posés et leur *exceptionnelle* transformation en mélanome malin.

Évolution :

• Apparition dans les premiers âges de la vie. Puis nouvelle poussée au moment de la puberté, et parfois pendant la grossesse. On compte une quarantaine de grains de beauté par personne, en moyenne. Après l'âge de cinquante ans, beaucoup de disparitions spontanées.

• Le plus souvent, les nævi restent bénins. La cancérisation spontanée est rare.

Traitement

– Aucun, si le nævus ne pose pas de problème.

– Exérèse, soit lorsqu'il est inesthétique, soit lorsqu'il est placé dans une zone de traumatisme, soit encore lorsqu'il « fait parler de lui » (changement de forme, élargissement, saignement, etc.).

– L'intervention se fait sous anesthésie locale, au bistouri. Elle est totalement indolore. Quelques points de suture sont posés qui seront enlevés huit à dix jours plus tard.

– L'extirpation des grands nævi, notamment sur le visage, sera suivie d'une greffe de peau ou encore d'une expansion de la peau (nouvelle technique, voir chap. 3, p. 79).

Lentigos

Les signaux de la peau

On les prend pour des grains de beauté (ou nævi). Et il est parfois difficile à l'œil nu de faire la différence. Les lentigos sont de petites taches rondes, bien limitées, grosses comme des lentilles (d'où le nom), de couleur jaune-brun, parfois noires, soit uniformes soit mouchetées. Planes et lisses, on les trouve en n'importe quel endroit du corps. Elles étaient déjà là à la naissance, ou apparaissent au cours de la vie. Le lentigo n'est pas méchant, il ne dégénère pas. Dans quelques cas, les lentigos – de par leur localisation et leur nombre – peuvent signaler une maladie.

Premier cas. Lorsque les lentigos (ou lentigines) sont très nombreux sur le visage, parfois si nombreux autour des yeux et de la bouche (et même sur les lèvres) qu'ils se touchent pour former une grande plaque, ils peuvent signaler une maladie héréditaire décrite par trois médecins : Peutz, Jeghers, Touraine. Cette maladie associe les lentigos à des polypes au niveau du tube digestif. Il faut alors faire des radiographies de l'intestin, car ces polypes peuvent provoquer des hémorragies, une occlusion intestinale et – bien que plus rarement – un cancer.

Deuxième cas. Lorsque les lentigos sont présents dès la naissance, et disposés en ailes de papillon sous les yeux et sur les pommettes, il s'agit d'une maladie héréditaire, la « lentiginose » centro-faciale neurodystrophique, qui se caractérise par des altérations psychiques et des anomalies osseuses.

Les lentigos peuvent parfois révéler une maladie cachée, mais surtout ne vous affolez pas si quelques-uns d'entre eux ornent votre visage. Vous sauriez déjà s'ils étaient du genre nocif! Ne confondez pas lentigos et taches de rousseur. Celles-ci peuvent envahir tout un visage, mais elles se distinguent des lentigos par le simple fait qu'elles foncent au soleil.

Fiche technique

• Taches pigmentées, rondes, de la taille d'une lentille. Extrêmement fréquentes et banales.
• Non héréditaires, sauf certains lentigos qui sont le reflet d'une maladie.
• Évolution : bénigne. Ne dégénèrent jamais en cancer.

Pas de traitement, sauf en cas de lentigos mal placés et vraiment inesthétiques (extirpation au bistouri).

Mélanome malin

Les signaux de la peau

Le mélanome malin est un cancer de la peau. Le plus redouté et le plus redoutable. En fait, il s'agit d'un cancer rare, mais il convient de tout savoir à son sujet afin de consulter très rapidement, dès les premiers signes. Un dépistage précoce, suivi d'un traitement rapide, peut empêcher son extension.

Le mélanome malin commence par une tache brune ou noire, ressemblant à un grain de beauté. Est-ce un grain de beauté préexistant qui dégénère? Il y a dix ans, c'était l'opinion des milieux scientifiques. Aujourd'hui, il semble que la tache noire qui apparaît est huit fois sur dix un cancer d'emblée. Deux fois sur dix seulement, il s'agirait d'un grain de beauté qui se transforme.

Prenons le cas le plus fréquent. Donc, une tache noire apparaît sur la peau, en n'importe quel endroit du corps, et même sur le cuir chevelu. Cela peut se produire à tout âge, mais le plus souvent chez un adulte jeune avant la cinquantaine. Cette tache est plane. Sa taille, tout comme celle du grain de beauté est variable (un à trois centimètres de diamètre). Elle va s'étendre progressivement. Ce qui doit attirer l'attention, c'est d'abord sa couleur. Elle est certes noire, mais si on l'examine à la loupe, elle présente un ensemble de couleurs réalisant un véritable kaléidoscope. Il existe des zones roses et rouges, des zones bleues (bleu-noir, bleu-gris, bleu violacé), au milieu desquelles se trouvent également des zones blanches. Cet aspect polychrome doit attirer l'attention. Autre signal important, les contours de la tache. Un grain de beauté banal est bien circonscrit avec des contours réguliers. Le mélanome malin, lui, a des limites franches mais irrégulières (là encore, c'est à la loupe qu'on peut s'en apercevoir). Arrondie ici, la tache se poursuit là en ligne droite, et présente par endroits de petites encoches comme les golfes d'une île.

En résumé, le mélanome malin se présente sous forme d'une tache foncée polychrome aux contours irréguliers, apparue récemment sur la peau, et qui commence à s'agrandir. Il est urgent alors de consulter un dermatologue car tant que la tache s'étend en superficie – première phase – les chances de guérison (après ablation de la tache) sont très grandes. Pour ainsi dire totales. Cette première phase est dite d'extension horizontale, et elle va durer deux ou trois ans. A ce stade, pratiquement aucune cellule cancéreuse ne va fuir dans l'organisme.

Deuxième phase, il se produit une élevure à la surface de la tache. C'est la phase d'invasion verticale, les cellules cancéreuses vont envahir les couches profondes de la peau. Avec le risque élevé qu'une ou plusieurs d'entre elles disséminent dans l'organisme. Ces cellules migrantes sont appelées des métastases. Les chances de guérison sont alors réduites, surtout si un organe vital est touché, le foie par exemple. Il est donc impératif de supprimer la tumeur avant que la phase d'extension verticale ne commence. Et ne vous inquiétez pas de l'opération. Il n'y a pratiquement aucun risque qu'une cellule cancéreuse échappe au bistouri. Après, il peut être trop tard. Un dermatologue américain, le Dr Breslow, a établi des courbes statistiques qui montrent que plus l'épaisseur de la tumeur dans la peau est élevée, plus réduites sont les chances de survie. En conclusion, toute tache noire apparaissant sur la peau doit être retirée le plus rapidement possible. Et si, par la suite, on vous apprend que « ce n'était pas un cancer », vous n'aurez pas à rougir d'être venu pour rien, mais à vous réjouir d'avoir été aussi prudent.

Naturellement, il faut consulter tout aussi rapidement si, comme il arrive deux fois sur dix, c'est un grain de beauté qui devient cancéreux, ou semble le devenir. Ce peut être le cas lorsqu'il change de couleur, de forme, qu'il s'étale sur la peau, ou se met à saigner. Là encore, ne pas pratiquer la politique de l'autruche, ne pas attendre. La suppression rapide laisse toutes les chances de guérison.

Fiche technique

• Cancer cutané, le mélanome malin est rare. Il représente 1 à 2 % des cancers totaux, mais 20 % des cancers de la peau.
• Évolution : au stade d'extension horizontale de la tumeur : guérison à 100 %. Au stade d'invasion verticale, le pronostic est grave, d'où l'importance du dépistage précoce.

Traitement

– Exérèse de la tumeur dans sa totalité au bistouri.
– Confirmation du diagnostic par l'analyse au microscope.
– Si l'invasion verticale a commencé, exérèse d'une partie plus importante de la masse cutanée sous-jacente à la tumeur.
– En cas de métastases, traitement par chimiothérapie.
– La radiothérapie est inefficace.

Érythème émotif et pudique

Signaux de la peau

En langage moins scientifique, cela s'appelle « piquer un fard ». Ce sont surtout les femmes, et plus encore les adolescentes, qui sont atteintes d'érythème émotif et pudique. Elles rougissent pour un rien, une parole gentille, un compliment, un reproche, ou même lorsqu'on leur dit bonjour. Ce phénomène est parfois vécu comme un véritable supplice. Surtout lorsqu'il s'accompagne de transpiration et que la rougeur atteint le cou, le décolleté. A l'origine de ce phénomène incontrôlable, un léger déséquilibre du système sympathique.

Fiche technique

• Brusque afflux de sang dans les capillaires cutanés à la suite d'une émotion.
• Banale, fréquente.
• En cas de récidive trop fréquente, on peut essayer de limiter les dégâts. Les moyens : séances de relaxation ou de yoga pour obtenir une meilleure maîtrise de ses émotions. Prise éventuelle de légers calmants.

Couperose

Les signaux de la peau

Tout le monde connaît la couperose. Nous sommes nombreux à en être frappés. Ce sont surtout les peaux fines, les peaux de blonds qui sont visées. La couperose se signale par une bonne mine. Pommettes et joues roses, nez rouge. Le front et le menton sont plus rarement atteints. Cette rougeur diffuse, si on l'examine de près, est faite de petits vaisseaux à fleur de peau, dilatés, formant un réseau plus ou moins serré et étendu. C'est ce que l'on appelle des télangectasies. Normalement, ces vaisseaux très fins où circule le sang qui nourrit la peau ne se voient pas. Dans la couperose, ils sont dilatés en permanence, et ont perdu la faculté de se contracter. C'est pourquoi ils deviennent visibles... et plutôt inesthétiques. Autour des vaisseaux, il y a souvent, mais pas toujours, des plaques de rougeur diffuse permanente. La couperose atteint la femme comme l'homme. Chez ce dernier, on l'attribue souvent à l'abus d'alcool, c'est loin d'être toujours le cas. La couperose évolue-t-elle toujours vers l'acné rosacée (voir p. 119)? Lorsque les télangectasies sont associées à une rougeur diffuse, c'est fréquent, mais nombre de couperoses restent des couperoses! Il s'agit là d'une affection parfaitement bénigne, mais qui a tendance à s'amplifier d'année en année. Aussi faut-il la traiter le plus tôt possible, et savoir se protéger des facteurs favorisants.

Fiche technique

• Affection banale, bénigne et très fréquente, qui atteint surtout les sujets à peau claire et fine.
• Causes : hérédité. On se transmet la couperose en famille.
• Facteurs d'aggravation : les expositions solaires prolongées, la chaleur, le froid, les excès de plats épicés et d'alcool.

Traitement

Suppression des vaisseaux dilatés. Plusieurs moyens possibles :
– L'électrocoagulation fine avec un appareil à diathermie à ondes moyennes. On introduit une aiguille très fine dans chaque capillaire sanguin dilaté, et l'on fait passer un courant électrique de faible intensité pour le détruire (sur un temps très court : 1/2 seconde). Il faut parfois piquer un vaisseau en plusieurs endroits pour « l'achever » tout à fait. Si la couperose est étendue, le traitement total comportera plusieurs séances espacées de huit à dix jours. L'opération est désagréable mais pas vraiment douloureuse. Dans les cinq ou six jours qui

suivent, de petites croûtes se forment qui tombent d'elles-mêmes. De minuscules cicatrices peuvent se former sur des peaux qui « marquent » facilement. Mais elles sont rares. Mieux vaut tout de même faire une touche d'essai.

– La scarification linéaire quadrillée. Avec une lame de bistouri, on fait de multiples incisions sur la peau, afin de « saucissonner » les vaisseaux sanguins cutanés. Cette méthode – qui passe pour barbare – n'est pas douloureuse, et peut être très efficace dans les couperoses diffuses, étendues, mal délimitées.

Nouveau : l'électrocoagulation au laser à argon. Il ne semble pas que ce soit un progrès car le rayon laser est tout aussi désagréable que la piqûre d'aiguille, les résultats ne sont pas meilleurs, et les séances sont... plus chères.

Prévention : lorsqu'on est sujet à la couperose, il faut fuir les dilatateurs de vaisseaux sanguins : le soleil (ne l'aborder que bien protégé), le froid (bonne protection de la peau avec une crème hydratante), les mets épicés et l'alcool.

Soins quotidiens de la peau : application de crèmes qui luttent contre les rougeurs diffuses.

Acné rosacée

Les signaux de la peau

Banale et très fréquente chez la femme de quarante à cinquante ans, l'acné rosacée se manifeste d'abord par une rougeur diffuse du visage, survenant surtout après de bons repas constitués de mets épicés et un peu arrosés. Les changements brusques de température peuvent aussi provoquer cette rougeur intempestive (passage du froid au chaud, ou le contraire). En général, le phénomène disparaît après dix minutes, mais il récidive de plus en plus fréquemment. Après quelques mois, ou quelques années, cette rougeur diffuse va se transformer en couperose (apparition d'un réseau de petits vaisseaux dilatés, essentiellement sur les joues, le nez), qui va s'aggraver, donnant un teint rougeaud permanent. Enfin, dernière manifestation de l'acné rosacée, qui va permettre de poser le diagnostic à coup sûr : formation de petits boutons sur le visage. Dans ce type d'acné, et contrairement à l'acné juvénile, il n'y a ni comédons ouverts ni comédons fermés, mais uniquement de petites élevures rouges, arrondies avec parfois – mais pas toujours – un peu de pus se manifestant par un point blanchâtre au centre du bouton. On parlera alors de pustules.

Si l'acné juvénile se produit uniquement sur des peaux grasses, l'acné rosacée, elle, affectionne les peaux sèches, sensibles, facilement irritables et supportant mal des produits cosmétiques. Les hommes peuvent aussi être atteints, avec parfois un aspect plus spectaculaire car l'acné rosacée, chez eux, peut se compliquer d'un empâtement du nez appelé rhinophyma. Le nez grossit, se bossèle et rapidement ressemble à un nez de clown.

Enfin, il faut savoir que les yeux peuvent aussi être atteints par l'acné rosacée. Cela se manifeste par une sensation de sable dans l'œil, et de gêne permanente surtout sous la lumière intense. Cette atteinte de l'œil appelée kératite existe dans 30 à 35 % des cas. Si elle n'est pas soignée, elle va s'aggraver et entraîner à long terme des troubles de la vision pouvant aller jusqu'à la cécité.

Si l'acné rosacée associe en principe rougeur diffuse, couperose et boutons – et parfois kératite –, il existe des formes incomplètes. Le signe le plus important étant la présence de boutons rouges. L'affection évolue par poussées, les guérisons spontanées sont rares. Le traitement est efficace, mais il faut le prolonger plusieurs mois, sous peine de récidive.

Fiche technique

• Affection cutanée survenant surtout chez la femme de quarante à cinquante ans. Plus rarement chez l'homme. Atteint surtout les peaux fines.
• Acquise.
• Origine mal connue. Peut être due à des facteurs endocriniens, et des germes dans la peau.
• Non contagieuse.
• Évolution par poussées successives. Problème le plus important : l'atteinte de l'œil.
La guérison définitive est difficile à obtenir.

Traitement

Par voie générale : antibiotiques (tétracyclines pendant plusieurs mois). Actifs sur l'ensemble de la maladie. Métronidazole, actif sur les pustules. Vitamine B2 ou riboflavine (en cas d'atteinte oculaire). Médicament antituberculeux (isoniazide), en cas de forme particulière.

Traitement local :
– électrocoagulation de la couperose;
– application d'un produit à base de métronidazole. Très efficace et intéressant car on évite ainsi les effets secondaires de la métronidazole pris par voie générale;
– application d'une préparation à base de soufre ou de peroxyde de benzoyle associé à l'érythromicine base, selon le cas.

A éviter absolument : les crèmes à base de cortisone.

Autre possibilité de traitement : une cure thermale dans une station spécialisée (Saint-Gervais, par exemple).

Enfin, en cas de rhinophyma chez l'homme, la dermabrasion (meulage de la peau) qui peut supprimer les bosses du nez. Résultat spectaculaire.

Hygiène de vie : éviter les mets épicés, l'alcool. Protéger son visage du froid et du soleil.

Pytiriasis rosé de Gibert

Les signaux de la peau

Ils sont inquiétants et pourtant il s'agit d'une maladie parfaitement bénigne. En quelques jours, voilà votre corps envahi de deux, trois, puis dix, voire vingt plaques rouges qui atteignent aussi bien votre dos que votre ventre, votre buste que vos bras. Naturellement, vous vous interrogez. Serait-ce une allergie alimentaire? Ou encore un champignon? Mais voilà : les plaques ne démangent pas du tout, ce qui infirme ces deux diagnostics. Alors, essayez de vous souvenir : n'avez-vous pas remarqué sur votre peau, il y a quelques jours, une petite tache ronde ou ovale de couleur rosée, large comme une pièce de cinq francs, et finement squameuse? Si oui, vous êtes atteint d'un pytiriasis rosé de Gibert. Et la première tache, appelée médaillon initial, est le signe annonciateur de la maladie qui explose cinq à quinze jours plus tard. Les taches qui envahissent le corps peuvent être très différentes les unes des autres. Certaines ressemblent au médaillon initial, rosées (le rose étant plus vif sur les contours), d'autres sont rouges aux contours flous, mais toujours desquamantes, leur disposition est aussi tout à fait évocatrice. Dans le dos, par exemple, elles dessinent les branches d'un arbre de Noël! Plusieurs poussées vont se produire pendant quelques semaines.

Mais le pytiriasis rosé de Gibert – comme beaucoup de dermatoses – peut prendre d'autres aspects trompeurs et qui rendent le diagnostic moins évident. Par exemple, le médaillon initial peut manquer, ou au contraire rester la seule lésion (on peut alors le prendre pour un herpès circiné, voir chap. 2, p. 59). Il peut y avoir une éruption généralisée brutale sans médaillon initial, et qui évoque la syphilis. Enfin, les taches peuvent démanger et être attribuées à une allergie alimentaire ou médicamenteuse. Seul le spécialiste pourra faire la différence.

Fiche technique

• Affection très fréquente qui se produit surtout au printemps ou en automne.
• Probablement provoquée par un virus que l'on n'a jamais pu mettre en évidence, et que l'on peut « attraper » n'importe où, n'importe quand, soit par voie digestive, soit par voie respiratoire.
• Pas ou peu contagieuse.
• Évolution : toujours bénigne. Guérison spontanée en quatre à six semaines maximum après apparition du médaillon initial.

Traitement

En cas de démangeaisons, médicaments antiprurigineux.

Psoriasis

Les signaux de la peau

Le psoriasis est une maladie de peau très connue car elle atteint en France près d'un million trois cent mille personnes. Pourtant, à cause des différents visages qu'elle peut prendre, elle n'est pas toujours facile à diagnostiquer, même pour des dermatologues avertis. Dans son aspect le plus courant, pas de problème : une tache rouge, bien délimitée, naît sur la peau. Petite ou grande. De la goutte de rosée (psoriasis guttata) aux grandes plaques en nappe. Au centre de la tache – et parfois sur toute sa surface – une croûte blanc sale, ou blanc nacré, pouvant parfois donner l'aspect de cristaux ou de micas. Cette croûte plus ou moins épaisse s'élimine d'elle-même en petites lamelles, ou en fine poussière que l'on retrouve, soit dans les vêtements, soit dans les draps. Si vous grattez doucement la croûte avec une lame de couteau, elle partira et la lésion blanchira, prenant l'aspect d'une tache de bougie. Si vous grattez plus encore, apparaîtra la tache rouge s'effaçant lorsqu'on la presse d'un doigt, puis réapparaissant dès que la pression se relâche.

Le psoriasis peut envahir n'importe quelle partie du corps, mais il « affectionne » certains endroits que l'on appelle les bastions du psoriasis. Terme vraiment approprié car c'est là, dans ces endroits précis, qu'il est le plus inattaquable, qu'il récidive le plus souvent. Les bastions du psoriasis? Ce sont les coudes, les genoux, le bas du dos, le cuir chevelu, ainsi que les faces antérieures des cuisses et des jambes, les faces externes des bras et avant-bras. Lorsqu'on ne retrouve le psoriasis que dans les plis (du coude, du genou, de la nuque), on parle de psoriasis inversé. Le diagnostic sera renforcé si une ou plusieurs personnes de la famille sont aussi atteintes. En cas de doute, il est confirmé par une analyse histologique (prélèvement de peau sous anesthésie locale, et examen au microscope).

Le psoriasis est une maladie génétique. On naît avec, et dans la mesure où l'on ne peut actuellement manipuler les chromosomes, on le garde toute sa vie. Toutefois, si l'on ne guérit pas d'un psoriasis, on sait aujourd'hui de mieux en mieux soigner les poussées (car il y a des rémissions spontanées). Les poussées se font selon un rythme tout à fait imprévisible et différent, d'une personne à l'autre. Il arrive même que des porteurs de la maladie ne fassent aucune poussée. Ils sont psoriasiques sans le savoir, sauf s'ils souffrent de rhumatisme psoriasique (la maladie attaque alors les articulations). D'autres psoriasiques en revanche ont toute leur vie empoisonnée par la maladie. Tous les cas peuvent se voir, et le dermatologue (qui ne sait pas lire dans une boule de cristal) ne peut assurer à son patient comment va évoluer sa maladie.

A propos du psoriasis – comme pour d'autres dermatoses, l'eczéma, par exemple – on parle de maladie psychosomatique. C'est faux, dans la mesure où la maladie est inscrite dans les gènes, mais peut-être les poussées sont-elles scandées par les stress de la vie : soucis, inquiétudes, chocs émotionnels, anxiété, fatigue, sont des facteurs favorisants. Il n'en reste pas moins vrai que la valeur d'un traitement uniquement « psy » reste à démontrer.

Le psoriasis peut prendre aussi des aspects trompeurs : toucher les ongles par exemple (dans 15 à 25 % des cas). Ceux-ci se criblent de petites dépressions (comme un dé à coudre), et deviennent friables à leurs extrémités, ou s'épaississent de manière importante. Au pire, ils peuvent même tomber. La maladie peut aussi s'étendre à tout le corps. Le malade devient rouge des pieds à la tête. On parle alors d'érythrodermie psoriasique. Dans sa forme grave, il peut entraîner la mort, surtout chez les nourrissons et les personnes âgées.

Parfois la maladie devient pustuleuse, les plaques rouges se recouvrent de petites cloques grosses comme des têtes d'épingles et contenant une substance jaunâtre. Ces pustules restent localisées ou s'étendent sur toute la surface cutanée. Il s'agit là d'une forme grave qui doit être traitée à l'hôpital.

Voilà des formes extrêmes que peut prendre le psoriasis, mais dans la majorité des cas il est limité, bénin. Seul le retentissement psychique est important : le psoriasis est très mal vécu, et c'est pourquoi les spécialistes s'acharnent à combattre cette affection, à mettre au point des thérapeutiques toujours plus performantes.

Fiche technique

- Affection cutanée touchant 1 à 2 % de la population.
- Héréditaire. Le mode de transmission est mal connu.

• Non contagieuse.
• Évolution variable et imprévisible. Débute le plus souvent à l'adolescence. Se manifeste par poussées. Récidive toujours avec des périodes d'accalmie qui peuvent durer des mois ou des années.
• La maladie reste en général bénigne. Mais elle peut atteindre les articulations, et donc devenir invalidante. Le stress pourrait être un facteur déclenchant des poussées.

Traitement

Localement : bains quotidiens. Selon les cas, bains savonneux, alcalins, cadiques, adoucissants, désinfectants. Pour faire tomber les croûtes, application d'acide salicylique. Pour réduire les taches : application de différents goudrons (houille ou coaltar, bois de genévrier ou huile de cade), de chrisarobine, dioxyanthranol, corticoïdes et caryolysine.

Par voie générale :

– *Acide 13 cis rétinoïque ou Etretinate*, médicament nouveau dérivé de la vitamine A. Utilisé uniquement pour les formes graves. Très actif sur les plaques recouvrant 80 % du corps, les érythrodermies, les formes pustuleuses. Bons résultats dans 80 % des cas. Effet maximum six à huit semaines après le début du traitement. Celui-ci doit être stoppé après un mois s'il n'y a pas d'amélioration.

Contre-indications absolue : la grossesse. Il faut donc une contraception bien suivie, et poursuivie un an après arrêt du traitement. Inconvénients : sécheresse de la peau et des muqueuses (lèvres, nez, bouche, etc). Perte de cheveux dans 25 % des cas, mais repousse après l'arrêt du traitement.

– *Puvathérapie*. Ce traitement consiste en séances d'exposition aux ultraviolets de quelques minutes, après avoir absorbé des comprimés de psoralènes (substances favorisant la montée de la mélanine) deux à trois heures avant la séance. Ce traitement se fait sous surveillance médicale stricte car il y a risque de brûlures. Contre-indication : grossesse, insuffisance rénale ou hépatique, cataracte, maladies de la peau déclenchées ou aggravées par le soleil. La puvathérapie peut être associée à la prise d'acide 13 cis rétinoïque. Résultats : très bons à la première cure, dans 71 à 93 % des cas, selon les auteurs. Rechute dans 25 % des cas, malgré un traitement d'entretien.

– *Cure à la mer Morte*. Elles se pratiquent depuis plusieurs années avec succès. Qu'apporte la mer Morte? Trois éléments bénéfiques pour le psoriasique :

– des rayons solaires qui ne sont pratiquement que des u.v.a., les u.v.b. étant filtrés du fait que la mer Morte est située à 400 mètres en dessous du niveau de la mer. Le patient peut donc rester au soleil pendant des heures sans risques de coup de soleil. La mer Morte est semblable à une grande cabine à u.v.a.!

– l'eau de mer qui contient beaucoup de brome qui, passant à travers la peau, a un effet sédatif, donc de diminution du stress;

– le regroupement de personnes ayant le même problème, dans un endroit plaisant et relaxant. Plus de complexe, des échanges bénéfiques.

Ces trois « ingrédients » de la cure contribuent à des résultats excellents. Près de 90 % des malades retrouvent une peau normale en trois à quatre semaines de cure. Et il semblerait que les rechutes soient moins fréquentes, et plus espacées. Malheureusement, c'est un traitement coûteux, et que la Sécurité sociale en France – au contraire d'autres pays européens – refuse de rembourser.

Parapsoriasis en grandes plaques

Les signaux de la peau

Une affection de la cinquantaine. Pas très sympathiques, ces grandes taches qui apparaissent insidieusement sur le corps. Aussi vastes que la paume de la main, et variant du jaune chamois au rouge violacé! Lorsqu'on passe les doigts dessus, la peau n'est pas différente de la peau voisine, mais la surface de la tache est légèrement poussiéreuse, et si vous la grattez elle desquame finement. Ces grandes taches rouges sont en général peu nombreuses – de une à trois – et presque toujours situées sur le tronc, les bras et les cuisses. Très rarement – heureusement! – sur le visage. Jamais sur les mains, les pieds et les jambes. Elles ne grattent ni ne brûlent, et ne s'accompagnent d'aucune fatigue ou fièvre. Malgré toutes les pommades qu'on applique dessus, elles persistent pendant quelques semaines, disparaissent pour reparaître à nouveau. Faut-il s'inquiéter ? Pour le savoir, examinez de près les contours des taches. S'ils sont flous et mal délimités, il est probable que l'affection s'en tiendra là. S'ils sont nets, comme tracés à la règle avec, par endroits, des angles droits, alertez-vous.

Il se peut qu'après une longue évolution ces taches se transforment. A leur surface va apparaître un réseau pigmenté noirâtre, avec de petits vaisseaux dilatés en permanence comme de la couperose, le tout enserrant de petits îlots de peau atrophique déprimés et blancs. Il s'agit alors d'une forme dite poïkilodermique de la maladie qui peut annoncer un cancer (appelé mycosis fongoïde). Cette transformation se fait par apparition de gonflement sur les plaques, les contours de celles-ci devenant de plus en plus nets, comme tracés au cordeau et pouvant former un petit bourrelet enserrant tout ou partie de la tache. En même temps que cette transformation apparaissent des démangeaisons. Cette évolution reste rare (10 % des cas), mais la possibilité de cancérisation implique une surveillance clinique régulière de ces plaques de parapsoriasis, doublée de prélèvements de peau à faire examiner au microscope.

Fiche technique

• Dermatose rare, débutant à l'âge moyen de la vie (quarante à cinquante ans). Plus fréquente chez les hommes que chez les femmes (4 pour 1).
• Origine mal connue qui fait l'objet de discussions.
• Évolution : le plus souvent bénigne et chronique. Dans 10 % des cas, transformation en cancer (mycosis fongoïde), d'où la nécessité d'une surveillance régulière.

Traitement

Rien de bien efficace. Le plus souvent abstention et surveillance. L'emploi de pommades au goudron, de dermo-corticoïdes, aide à l'effacement des taches.

Phénomène de Raynaud

Les signaux de la peau

Le plus souvent, ce phénomène apparaît en hiver. Vous sortez de chez vous par un matin froid, sans gants. Brusquement, vos doigts deviennent blancs, gourds, froids, comme si le sang n'y circulait plus, comme s'ils commençaient à geler. Le phénomène commence à l'extrémité des doigts et gagne la racine. En même temps, vous ressentez des fourmillements et picotements, et une sensation de froid très désagréable. Vous voulez ouvrir la portière de votre voiture? Impossible. Vos doigts n'obéissent plus. Ils paraissent aussi avoir diminué de volume. Impossible de les réchauffer, même en les frottant vigoureusement. Après quelques minutes, ils vont devenir bleus, gonflés, en restant toujours froids. Et vos mains vont devenir moites. La « crise » dure une dizaine de minutes un peu affolantes, puis vos doigts se mettent à reprendre vie, à rougir, à vous faire mal. La douleur est rythmée, très pénible. Ce que vous venez de vivre s'appelle le phénomène de Raynaud. Parfois, il se limite à la première phase : blanchiment des doigts avec sensation d'insensibilité (doigt mort) qui dure plusieurs minutes, ou encore – dernière phase – doigts qui deviennent violets, douloureux dès l'exposition au froid.

Il arrive aussi que le phénomène de Raynaud se prolonge plusieurs heures, ou qu'il récidive fréquemment. Heureusement, c'est très rare, car alors apparaissent des escarres (mortification des tissus formant des zones noires sur les doigts). Le phénomène de Raynaud doit être pris au sérieux, car il peut avoir pour origine une maladie qu'il faut rechercher, et dont la plus grave est la sclérodermie (voir plaque de Morphée, p. 131). Le plus souvent, on ne retrouve aucune cause. Le phénomène de Raynaud reste une des énigmes de la dermatologie. Son évolution? Si la cause est trouvée et que la maladie qui l'a causé est curable, il disparaîtra. Sinon, il deviendra chronique. Il existe tout un arsenal thérapeutique, mais pas toujours très efficace...

Fiche technique

- Trouble de la contraction des vaisseaux sanguins dans les mains déclenchée par le froid.
- Acquis ou héréditaire.
- Se produit essentiellement en hiver.
Origine : plusieurs causes déclenchantes :
- Causes locales : compression des nerfs au niveau du poignet (syndrome du canal carpien). Artérite distale. Traumatisme dû à l'emploi répétitif d'outils vibrants.
- Causes régionales : anomalies de la colonne vertébrale au niveau du cou. Anomalies au niveau de l'épaule.
- Causes générales : maladies dites du système ou collagénoses regroupant la sclérodermie, le lupus érythémateux, le syndrome de Sharp, la polyarthrite rhumatoïde, la dermatomyosite, la périartérite noueuse.
- Causes hématologiques.
- Causes toxiques.
- Évolution : fonction de la cause. Si aucune n'est retrouvée, la maladie de Raynaud peut durer des mois, voire des années.

Traitement

Celui de la cause si elle est trouvée. Sinon, traitement médicamenteux du phénomène lui-même (la liste des médicaments proposés est longue, et affaire de spécialistes).

Livedo

Les signaux de la peau

Encore des taches. Rouge-violet celles-là. Et siégeant essentiellement sur les cuisses et les jambes. Plus rarement sur les avant-bras ou le reste du corps. Leur disposition est très particulière : elles dessinent sous la peau un réseau, comme les mailles d'un filet. On dit d'une femme qui présente un livedo :

elle a les jambes marbrées. En fait, ou ces taches sont parfaitement bénignes, ou – plus rarement – elles révèlent une maladie. Trois tests simples pour le savoir.

Premier test : vous passez la main sur vos cuisses et vos jambes, là où la peau est marbrée. La peau est-elle au toucher exactement la même que sur le reste du corps?

Deuxième test : vous appuyez un doigt sur une marbrure. Disparaît-elle à la pression? Réapparaît-elle tout de suite après?

Enfin, levez les jambes, les taches disparaissent-elles? Réapparaissent-elles lorsque vous abaissez vos jambes à nouveau?

Si ces trois tests sont positifs, vous souffrez d'un livedo réticulaire physiologique qui est le résultat d'un défaut circulatoire absolument sans gravité. Inesthétique, certes, mais ne cachant aucune maladie. Et malheureusement, ne cédant à aucun traitement! C'est un trouble très fréquent chez les jeunes femmes et les adolescentes, qui s'accentue à la station debout et aussi lorsqu'il fait froid. Un espoir avec l'âge : le livedo réticulaire physiologique s'estompe. Si les tests que vous avez faits sont négatifs, c'est-à-dire si la peau marbrée est différente au toucher, légèrement empâtée et infiltrée, si les marbrures ne disparaissent ni à la pression des doigts, ni à l'élévation des jambes, il s'agit alors d'un livedo permanent inflammatoire qui peut signaler un grand nombre de maladies différentes (voir fiche technique). Vous devez alors consulter un dermatologue.

Fiche technique

• Anomalie de la circulation sanguine dans les capillaires situés sous la peau.
• Le plus souvent, il s'agit d'un livedo réticulaire physiologique qui s'atténue avec l'âge.
• Plus rarement, il s'agit d'un livedo pathologique ou livedo inflammatoire signalant une maladie qu'il faut rechercher.
Ces maladies peuvent être : la périartérite noueuse, la dermatomyosite, le lupus érythémateux disséminé, l'artériosclérose, l'hyperparathyroïdisme, la pancréatite aiguë, l'embolie de cristaux de cholestérol, une cryoglobuline, les agglutinines froides, la thrombocytémie, le phéochromocytome, une intoxication par l'amantadine, un cancer de la thyroïde, un collapsus.
• Évolution : dépend de la cause.

Traitement

Si le livedo est physiologique, il n'existe aucun traitement. La patience seulement. Mais mieux vaut ne pas provoquer des situations favorisantes : expositions prolongées au soleil, stations debout prolongées, etc. En cas de livedo inflammatoire, il faut rechercher et traiter la maladie en cause.

Plaque de Morphée
(sclérodermie localisée)

Les signaux de la peau

Tout débute de façon si particulière que l'on a peu de chances de se tromper. Il apparaît sur le visage, ou en n'importe quel endroit du corps, une tache rouge violacé qui s'étend plus ou moins rapidement. A la palpation, cette tache est dure et légèrement infiltrée, même si elle n'est pas en relief sur la peau. Parfois, elle donne une sensation d'échauffement qui se calme. Après une phase d'extension qui dure quelques semaines, suit une phase de régression. A la tache violacée succède une tache de couleur ivoire, ronde ou ovale, de taille variable (un à dix centimètres de diamètre). Et qui présente deux caractéristiques fondamentales. D'une part, ses bords bien nets sont de couleur lilas, témoignant de la rougeur initiale et indiquant que la tache va s'agrandir à nouveau. D'autre part, le centre, blanc ivoire, est de consistance dure, rigide, presque cartonnée et ne se laisse pas plisser sous les doigts. La peau est devenue atrophique.

Ces signaux particuliers permettent d'identifier la plaque de Morphée à la surface de laquelle – détail supplémentaire – les poils ont disparu. La plaque de Morphée peut être unique ou multiple. Mais, quel que soit le cas – et pour plusieurs raisons – il faut absolument consulter le dermatologue. Le plus tôt possible. Les raisons? D'abord, stopper en son début l'évolution de la plaque car elle a peu de chances de disparaître spontanément. Ensuite, faire des examens de laboratoire parce que si, le plus souvent, la plaque de Morphée reste un trouble purement cutané qui ne représente qu'un préjudice esthétique, elle peut aussi être le signe avant-coureur d'une maladie sérieuse : la sclérodermie généralisée. Cette maladie est due à l'apparition dans l'organisme d'anticorps anormaux qui lèsent de nombreux organes. Le pronostic est réservé. Devant une plaque de Morphée, le dermatologue va demander immédiatement une recherche de ces anticorps en laboratoire, ainsi que d'autres examens, afin de confirmer le diagnostic.

Fiche technique

• La plaque de Morphée est une forme particulière de sclérodermie localisée, relativement fréquente.
• Acquise et non contagieuse.
• D'origine mal connue.
Évolution :
• Le plus souvent bénigne, la plaque de Morphée peut cependant être le signe avant-coureur d'une sclérodermie généralisée, affection sérieuse.
• Autre forme de sclérodermie localisée, celle qui touche un membre (le plus souvent la cuisse), aboutissant – en l'absence de traitement – à une atrophie de ce membre.

Traitement

Application locale de corticoïdes (crèmes, pommades ou injections). Prise d'insaponifiables d'avocat et de soja par voie orale.

En cas de sclérodermie généralisée, traitement particulier à commencer en milieu hospitalier.

Lupus érythémateux chronique_____

Les signaux de la peau

Scénario le plus classique : apparition d'une tache rouge sur le visage chez un adulte. Du jour au lendemain, sur la pommette cette tache survient et s'étale. Rouge, sans relief, disparaissant à la pression, puis réapparaissant à nouveau. La tache est de taille variable (environ celle d'une pièce de dix francs), aux bords nets et francs. Quant à la forme, elle est variable aussi. La tache peut être ronde, ovale, ou autre. De prime abord, on pourrait penser à une dartre ou à une tache de psoriasis, ou encore à une lucite (réaction de la peau au soleil), ou même à une syphilis débutante. Qu'est-ce qui va permettre de poser le diagnostic de lupus érythémateux? Une fois de plus, l'observation à la loupe de la tache. A la surface, les orifices d'émergence des poils (du duvet plutôt) sont dilatés et remplis de petites croûtes blanchâtres. Si l'on passe le doigt dessus, cela râpe. Et si l'on gratte les petites croûtes, elles tombent, laissant apparaître de minuscules cratères. C'est ce qu'on appelle une hyperkératose ponctuée. Donc, si vous voyez apparaître sur votre pommette une tache rouge criblée de petites croûtes blanchâtres, ne grattant pas, et n'étant pas douloureuse, vous pouvez être presque sûr qu'il s'agit d'un lupus discoïde du visage (ou chronique).

Cette tache ne disparaît pas spontanément, et l'application de crèmes diverses n'y fera rien. Après quelque temps, au centre, la peau va s'atrophier, prenant un aspect blanc nacré parcouru de petits vaisseaux dilatés, disposés en réseau. Le diagnostic doit être confirmé par un examen histologique. Le lupus érythémateux chronique peut prendre d'autres formes : apparition de plaques symétriques, sur le visage essentiellement. Également sur le corps : mains, tronc, membres, et sur le cuir chevelu (les cheveux finissent par tomber, laissant une plaque de calvitie). Ces plaques peuvent être entièrement cachées par une croûte blanchâtre qui, enlevée, laisse apparaître de petits cônes (ceux-là mêmes qui obturent les orifices pileux). C'est l'aspect « en clous de tapissier ». Autre forme possible : des taches lisses et légèrement bombées (sans croûte). Bref, le lupus érythémateux peut prendre différents aspects. Seuls les examens histologiques et sanguins permettent de trancher. Et notamment d'éliminer un lupus érythémateux disséminé qui, lui, atteint tout l'organisme (voir p. 135). Dernier point : si cette maladie atteint le plus souvent les femmes, elle peut aussi frapper les hommes.

Fiche technique

• Affection de la peau relativement fréquente, dont le nom vient du mot latin *lupus* (le loup) qui fait allusion à l'action rongeante de la maladie.
• Ni héréditaire ni contagieuse.
• Origine : apparition au niveau de la peau de certains anticorps qui s'attaquent aux noyaux des cellules épidermiques, et dont la présence est mystérieuse.
• Évolution : cette affection est bénigne, mais chronique, et représente un préjudice esthétique plus ou moins important. Elle doit être surveillée car, dans quelques cas *rares*, elle annonce un lupus érythémateux disséminé.

Traitement

– D'abord, éviter le soleil à tout prix, car il aggrave les lésions.
– Antipaludéens de synthèse (A.P.S.), médicaments pris normalement pour prévenir ou guérir le paludisme, et dont l'efficacité dans cette maladie est de 80 à 90 % (effacement complet de la tache). On peut s'en servir comme test pour diagnostiquer la maladie.
Inconvénients : les A.P.S. pris pendant longtemps peuvent entraîner des troubles oculaires pouvant aller jusqu'à la cécité définitive (très rare heureusement).
Rechutes fréquentes à l'arrêt du traitement.
– Prise de thalidomide. Ce médicament de triste mémoire, puisque dans les années 60 on s'aperçut qu'il était responsable de malformations fœtales chez des femmes enceintes le prenant alors comme tranquillisant, a été retiré du commerce. Mais son efficacité étant très grande sur le lupus discoïde, il est prescrit par des dermatologues hospitaliers.
– Application locale de corticoïdes qui s'opposent à l'action des anticorps, mais provoquent à long terme une atrophie de la peau, donc discutable.

– Application locale d'azote liquide ou autre produit. Efficacité très médiocre.

Lupus érythémateux disséminé

Les signaux de la peau

Cette affection peut débuter comme un lupus érythémateux chronique (voir p. 133), mais le plus souvent, elle est un peu différente. Elle se manifeste par l'apparition rapide de taches roses ou rouge violacé, mal délimitées, parfois boursouflées, mais fréquemment lisses. Le siège de ces taches et leur disposition est très caractéristique. C'est avant tout le visage qui est atteint. L'aspect le plus classique, une sorte de nappe rouge et boursouflée sur le pourtour des yeux, le nez et les pommettes. Bien entendu, des variantes sont possibles : les petites taches peuvent atterrir en n'importe quelle zone du visage : paupières, front, pourtour ou même lobes des oreilles. D'autres fois, ces mêmes taches envahissent le décolleté, les mains et les pieds. Fait caractéristique aussi : lorsque la paume des mains et la face palmaire des doigts sont atteints, leur couleur rouge violacé évoque des mains trempées dans du vin. La plante des pieds est rarement atteinte, mais les orteils oui. Ainsi que le dos des pieds. Peuvent aussi être touchés les coudes et les genoux. Plus rarement, le tronc, les épaules, les bras et les jambes. Curieusement, ces taches peuvent persister en un même endroit pendant des semaines, ou disparaître du jour au lendemain pour réapparaître ailleurs.

Un autre signal doit attirer l'attention : le livedo (voir p. 129). Les taches s'accompagnent toujours d'un grand état de fatigue, de perte de poids, et de fièvre discrète mais persistante, voire de douleurs articulaires, surtout au niveau des mains. Le lupus érythémateux est une maladie grave car, non seulement la peau est atteinte, mais d'autres organes : cœur, poumon, yeux, système nerveux, et surtout les reins.

Fiche technique

• Le lupus érythémateux disséminé est une maladie peu rare.
• Maladie dite « de système » appelée aussi collagénose, comme la dermatomyosite, la sclérodermie généralisée, le syndrome de Sharp, etc., affections qui ont en commun une caractéristique : l'apparition soudaine et non expliquée dans l'organisme d'anticorps antinucléaires (substances qui attaquent et détruisent les noyaux de certaines cellules dans l'organisme et les rendent inaptes à leur travail, d'où les grands désordres qui s'ensuivent).
• Ni héréditaire ni contagieuse.
• Évolution : bien qu'amélioré par le traitement, le lupus érythémateux disséminé reste grave, et le pronostic réservé.

Traitement

Il est complexe et se fait après hospitalisation. Le traitement principal consiste en l'administration de cortisone et d'antipaludéens de synthèse. Dermatologue, néphrologue, neurologue, pneumologue, rhumatologue, doivent travailler conjointement.

Dermatomyosite

Les signaux de la peau

Une tache rouge, encore une, s'installe lentement et progressivement sur le visage. Plus exactement, sur la zone qui entoure les yeux, dessinant une paire de lunettes. Parfois, elle déborde jusqu'sur les joues, prenant alors l'aspect d'un masque. La couleur de la tache : rouge lilas. Pendant quelques mois, cette grande tache va apparaître puis disparaître, mais le malade se porte bien. Seuls une prise de sang et un examen de la fonction musculaire permettraient de faire le diagnostic.

Mais voici qu'après un certain temps, la maladie se précise avec l'association de quatre signaux. Premier signal : l'aspect de la tache, que l'on pouvait prendre au début pour un coup de soleil, pour une urticaire, voire un lupus, devient tout à fait caractéristique de la dermatomyosite. Elle est rouge lilas avec des bords très nets, chaude lorsqu'on passe la main dessus et donnant parfois une sensation de cuisson. D'autre part, des taches identiques peuvent être retrouvées ailleurs sur le corps, coudes, genoux, et surtout au niveau des mains où elles forment des bandes allongées le long de la face dorsale des doigts.

Deuxième signal : le visage devient bouffi, les paupières gonflent. L'œdème peut aussi atteindre les bras et les cuisses. Il est ferme et douloureux.

Troisième signal : l'atteinte musculaire. Au début, il s'agit simplement de faiblesse (le malade a du mal à se lever lorsqu'il est assis), puis tous ses muscles sont atteints, deviennent durs, gonflés et perdent de leur force. Si les muscles de la gorge et les muscles respiratoires sont atteints, la vie du malade est en danger.

Quatrième et dernier signal : l'altération de l'état général. La fièvre est discrète, mais permanente, la fatigue importante et l'amaigrissement marqué (le malade peut perdre dix à vingt kilos rapidement).

Le diagnostic de dermatomyosite est alors évident. Il est confirmé par une prise de sang (dosage des enzymes musculaires), un électromyogramme (qui mesure l'atteinte musculaire) et l'analyse d'un bout de muscle prélevé sous anesthésie locale. Il s'agit d'une maladie sérieuse, mais qui peut être plus grave encore chez l'adulte car elle est parfois le signal d'un cancer sous-jacent. Ainsi, devant toute dermatomyosite doit-on chercher un cancer dont l'évolution est parallèle à celle de la maladie.

Fiche technique

• Maladie peu fréquente, qui appartient aux maladies de système ou collagénoses, tout comme le lupus, la sclérodermie généralisée, etc.

• Non héréditaire, non contagieuse.

• Origine mal précisée. Il s'agit d'une maladie immune, dans laquelle certains anticorps spécifiques sont retrouvés.

- Peut cacher un cancer que l'on doit toujours rechercher.
- Évolution sévère. Si l'on trouve un cancer, elle est liée au traitement de celui-ci. Si l'on n'en trouve pas, la maladie reste grave à long terme du fait des complications entraînées par le traitement.

Traitement

Il se fait après hospitalisation et repose sur la cortisone injectée à des doses adaptées.

Maladie de Kaposi

Les signaux de la peau

Une tache rouge bien anodine peut être à l'origine de cette maladie dont on parle aujourd'hui beaucoup plus que naguère, car elle peut être une des manifestations du SIDA. Cette tache est de taille variable, de forme plutôt irrégulière, mais aux contours bien nets. La séparation avec la peau voisine est franche. Sa couleur, rouge violacé, ne disparaît que très partiellement sous la pression des doigts. Quant à la surface, elle est soit plane et lisse, soit le plus souvent surélevée comme un plateau de montagne. Elle ressemble tout à fait à un angiome dont la couleur aussi s'atténue sans disparaître sous la pression, et reparaît à nouveau. En fait, cette tache va être la première de toute une série qui surviennent sur les membres inférieurs.

Par la suite, d'autres signaux vont apparaître. Sur les taches, ou même sur la peau saine, se forment des bosselures arrondies, hémisphériques, de même couleur rouge violacé. La consistance est variable, soit dure et élastique, soit molle. Mais, fait important, elles sont plus chaudes que la peau environnante. Parfois, un phénomène curieux se produit : les jambes se mettent à gonfler, de manière diffuse, comme des « poteaux ». Il s'agit d'un œdème. La peau se laisse déprimer lorsqu'on la presse d'un doigt, puis reprend sa place lorsqu'on relâche la pression. Ces trois signaux : taches angiomateuses, bosselures, œdème des jambes (ou seulement l'un des trois) apparaissant chez un adulte doivent faire penser à la maladie de Kaposi. Il y a quelques années, elle était pratiquement inconnue, rarissime sous nos cieux, touchant exclusivement des hommes d'un certain âge, originaires du pourtour méditerranéen ou d'Europe centrale. Elle existe toujours sous cette forme, débutant le plus souvent au niveau des jambes, de manière bilatérale et symétrique, et évoluant très lentement sans mettre la vie du patient en danger.

Mais depuis quelque temps, la maladie de Kaposi a pris une autre tournure et est entrée brutalement dans l'actualité avec cette nouvelle affection qui fait tant parler d'elle : le SIDA. La maladie de Kaposi constitue en effet une des maladies associées au SIDA. Il ne s'agit plus ici de petites taches et élevures angiomateuses évoluant à bas bruit et petits pas, mais d'une véritable explosion de l'affection, qui se produit chez des sujets jeunes atteints du virus du SIDA. Les lésions se trouvent sur le visage, les lèvres, l'intérieur des joues et se multiplient à toute vitesse, en même temps que l'état général du patient s'altère (fièvre, amaigrissement, fatigue). Cet autre aspect de la maladie de Kaposi est aujourd'hui beaucoup plus fréquent que le premier, et l'évolution est plus rapide et plus grave.

Une troisième forme de la maladie de Kaposi, tout aussi aiguë et foudroyante, s'observe en Afrique. Elle touche l'enfant dans ses dix premières années, et plus rarement l'adulte (on en distingue quatre formes ayant un aspect et une évolution particuliers).

Fiche technique

Forme particulière de cancer (décrit en 1872 par le Dr Kaposi) se révélant le plus souvent au niveau de la peau. Il en existe trois formes :
• celle du sujet âgé, peu évolutive, peu grave, que l'on n'est pas obligé de soigner. Survie longue de vingt à trente ans;
• celle de l'enfant observée en Afrique;
• enfin, celle de l'adulte jeune, forme aiguë qui frappe les sujets immuno-déprimés, notamment les personnes atteintes du SIDA. Cette forme est en pleine augmentation.
• Évolution : dépend de la forme; elle peut rester localisée et

quiescente, ou atteindre l'ensemble de l'organisme : système lymphatique, foie, rate, tube digestif, poumons, os et moelle osseuse.

Traitement

Radiothérapie sur les lésions cutanées qui sont très sensibles.

Chimiothérapie : prise de drogues anticancéreuses telles que le chlorambucil et la vinblastine.

6

Il y a du pus!

Dès la plus tendre enfance, dès les premières chutes, dès les premières « couronnes » au genou, dès les premières bagarres, dès les premières coupures, dès les premières piqûres, dès les premiers bobos, on apprend à encaisser les coups et accepter la douleur. Mais très vite aussi on apprend à désinfecter : « Maman, mets-moi du rouge! » Car très vite, on comprend que la blessure n'est rien tant qu'elle reste saine, alors que l'infection provoque rapidement un aspect inquiétant et une souffrance sourde qui annoncent complications et éloignement de la cicatrisation.

« Y a du pus! » C'est l'un des premiers grands classiques de l'auto-diagnostic et il a son importance.

Le risque d'infection, ce suspense qui pèse sur la moindre égratignure permet ainsi aux parents d'enseigner à leurs enfants les rudiments d'une hygiène de base.

Mais le pus n'est pas toujours seulement un risque, il est souvent une brusque réalité, violente comme une bombe. Et la peau, dans certaines affections purulentes, ressemble d'ailleurs à un terrain miné où le mal éclate ou ne sait où, on ne sait quand.

Très fréquente l'acné pustuleuse! Les adolescents en savent quelque chose qui essaient jour après jour de dissimuler ces boutons sans cesse renouvelés (qu'il ne faut surtout pas presser sous peine d'essaimer le mal). Autre bouton « blanc », l'orgelet qui fait si mal à voir et si mal à l'œil. Il y a encore le furoncle et l'anthrax (agglomérat de furoncles) qui sont peut-être les boutons les plus douloureux, de vrais foyers de douleur. Dans le langage populaire on parle de « clou » tant ils s'enfoncent dans la peau.

Responsables de tous ces boutons purulents : des germes (staphylocoques et streptocoques), quelquefois des champignons. Leur ennemi juré : les antibiotiques qui les font disparaître, vite fait.

Les signaux de la peau

Tout le monde a eu au moins une fois dans sa vie un petit bouton de folliculite. Il se distingue des autres par le fait qu'il se forme toujours autour d'un poil, visible ou imperceptible. Et surgit en n'importe quel endroit du corps : cuir chevelu, visage, dos, thorax, bras, jambes... Partout, sauf sur les paumes des mains et les plantes des pieds, les lèvres, enfin toutes zones entièrement dépourvues de poils. C'est d'abord une tête d'épingle rouge et douloureuse, puis une cloque d'un blanc jaunâtre, elle-même entourée d'une petite tache rouge. Le bouton de folliculite peut alors évoluer de deux façons différentes. Ou il se dessèche en formant une croûte qui tombera d'elle-même en quelques jours, ou il s'ouvre à la peau (surtout si vous l'avez pressé!) produisant du pus qui, en général, va sécher lui aussi sous forme d'une croûte jaunâtre. Dans les deux cas, la guérison est spontanée et ne laisse aucune cicatrice. Donc, pas de problème. Si. Un problème tout de même : les boutons de folliculite sont très laids, parfois nombreux, et ils ont la vie longue. Et ils récidivent. Un vrai poison!

Deux endroits de fréquentes récidives : le visage et le dos. Chez l'homme, lorsque le visage est atteint, cela pose le problème du rasage. Le rasage mécanique s'impose avec application d'une lotion antiseptique et d'une mousse à raser antibactérienne. En général, les boutons diminuent. Lorsque ce n'est pas le cas, il arrive que l'homme soit obligé de se laisser pousser une barbe cache-misère. Dans le dos, le problème n'est pas plus facile à résoudre. L'application de crème est fastidieuse et les récidives décourageantes. Le meilleur remède : le soleil qui, en quelques jours, fait tout disparaître. Bonjour l'été, adieu folliculite!

Un cas particulier de la folliculite : l'orgelet. Le bouton se forme autour d'un cil. Inesthétique, douloureux, mais heureusement à régression rapide avec une crème antibiotique.

Si la folliculite reste le plus souvent superficielle et bénigne, elle peut parfois s'aggraver, s'approfondir et former un petit abcès dit en « bouton de chemise », boule douloureuse, lancinante, surmontée de petites cloques remplies de pus et qui peut persister des semaines ou des mois, puis régresser lentement et disparaître. Le problème de la folliculite est – on l'a vu – sa récidive avec une régularité désespérante. Il faut se traiter très longtemps. D'autre part, elle peut évoluer vers le furoncle ou l'anthrax (voir p. 145, 147).

Fiche technique

• Infection avec formation de pus autour d'un poil, due soit au staphylocoque (doré, blanc), soit à certains champignons (folliculite trichophytique).
   Peut atteindre tout le corps sauf les paumes des mains et les plantes des pieds.
Évolution : disparition spontanée.
Problème majeur : la récidive sur des terrains favorables. Mais la folliculite, comme l'acné, finit par disparaître totalement.

Traitement

Application locale d'antiseptiques ou d'antibiotiques. Sur le cuir chevelu, application de produits à base de goudrons. Profiter du soleil qui fait disparaître les boutons.

Impétigo

Les signaux de la peau

On associe souvent l'impétigo à la malpropreté. C'est loin d'être toujours le cas. En revanche, il peut être associé à la malnutrition. L'impétigo frappe les enfants de cinq à six ans. Autour du nez et de la bouche apparaissent de petites plaques rouges arrondies, bientôt recouvertes d'une croûte couleur miel. Le bord de ces croûtes est parfois légèrement décollé, témoignant d'une petite cloque initiale contenant du pus et qui a passé inaperçu, car très éphémère. Signal très caractéristique de l'impétigo : la forme arrondie de la plaque, due à cette cloque sous-jacente. Dans quelques cas, de véritables cloques assez grosses ressemblant à une brûlure de cigarette peuvent surgir. Elles sont remplies de pus. L'impétigo n'est pas douloureux mais il gratte et a tendance à se disséminer sur le reste du corps de place en place. L'enfant n'est ni fiévreux ni fatigué. Quoi qu'il en soit, il faut agir car cette infection ne guérit pas sans traitement, et on la passe à son voisin de pupitre.

Fiche technique

- Dermatose bulleuse infectieuse.
- Origine microbienne. Soit staphylococcique (dans le cas de plaques rouges), soit streptococcique (dans le cas de grosses cloques).
- Très contagieuse.
Évolution : non traitée, extension progressive des lésions et possibilité de complications (lymphangite, septicémie, glomérulonéphrite). Traitée avec des antibiotiques, guérison sans séquelles en quelques jours.

Traitement

Antibiotiques adaptés, locaux et généraux.

Furoncle

Les signaux de la peau

Vous savez sûrement ce qu'est un furoncle car, soit vous en avez déjà eu un ou plusieurs, soit quelqu'un de votre famille ou de votre entourage a été victime de ce désagréable bouton. Le furoncle apparaît en n'importe quel endroit du corps et du visage. Rouge, douloureux, dur sous les doigts, empâté. Il va très rapidement prendre du volume, s'étendant en profondeur aussi bien qu'en surface. Dans le langage populaire on l'appelle aussi un « clou »! Le furoncle peut atteindre le volume d'une petite mandarine, voire d'une grosse orange. Le signal indiquant qu'il s'agit bien d'un furoncle est l'apparition au sommet de ce dôme rouge et douloureux d'une cloque remplie de pus. Celle-ci va très rapidement, en quelques jours, se rompre et se vider. A l'intérieur, on aperçoit alors une substance jaunâtre appelée bourbillon, qui correspond aux tissus morts. Les furoncles de la face, autour du nez et de la bouche (sur la lèvre), peuvent être suivis de graves complications, notamment au niveau des sinus. Ils sont à traiter de manière urgente. D'autres furoncles sont douloureux comme ceux qui surviennent dans le conduit auditif, où ils compriment les parois.

Et puis, il y a le problème préoccupant des patients qui font furoncle sur furoncle. Cela s'appelle la furonculose, faite de « poussées » survenant à des intervalles rapprochés. Un aspect particulier de la furonculose est l'atteinte de la barbe (appelée sycosis staphylococcique). A partir d'une folliculite (voir p. 143), le rasage favorise la dissémination du microbe. Résultat : sur les joues se forment de larges placards plus ou moins étendus, irréguliers, chauds, douloureux et parsemés de cloques remplies de pus. Des lésions nouvelles apparaissent avant même que les anciennes soient guéries.

Fiche technique

• Affection dermatologique banale et très fréquente. Survient chez les adolescents et les adultes jeunes. Touche surtout les zones séborrhéiques et les zones de frottement.
• Origine : infectieuse. Due à une bactérie : le staphylocoque. Celui-ci vit dans des sites naturels (narines, mains, cuir chevelu, conduit auditif externe, bas-ventre). Ce germe très répandu sur la peau peut rompre le *statu quo* de bonne entente avec celle-ci, et devenir agressif.
• Facteurs favorisants : défaut d'hygiène, diabète, obésité, immunodépression, fatigue.
Évolution : traité, le furoncle disparaît; non traité : risque de complication comme l'anthrax (voir p. 147). Guérison spontanée laissant une cicatrice.
Un problème : celui des récidives, c'est la furonculose.

Traitement

– D'un furoncle : recherche d'un facteur favorisant. Toilette et lavage fréquent des mains. Antiseptique et antibiotiques locaux. Antibiotiques par voie générale en cas de gros furoncle et de mauvaise localisation. Pas d'incision chirurgicale, sauf s'il y a fluctuation. Pas de manipulation locale;

– D'une furonculose : soins quotidiens prolongés : bains ou douche avec un savon antiseptique. Application d'antiseptique. Lavage des mains, et brossage des ongles après les soins. Port de sous-vêtements en coton que l'on lave à part à une température de 90°. Pommade antibiotique à appliquer dix jours par mois au niveau des narines et du pourtour anal. Antibiotiques par voie générale en cas de grosse poussée. Ne pas manipuler les furoncles.

Anthrax

Les signaux de la peau

Tout commence par un furoncle. Et l'on pourrait penser que cela va s'arrêter là. Mais non. Tout autour de ce furoncle vont en apparaître d'autres. Le phénomène s'amplifie et prend de l'extension. La tuméfaction devient énorme, chaude, douloureuse. Vous vous sentez de plus très fatigué, pas dans votre assiette, la fièvre monte jusqu'à 38°. Au sommet de chaque furoncle, éclôt une cloque remplie de pus. Ces cloques vont se creuser, laissant derrière elles autant de petits cratères dans lesquels on aperçoit le fond des furoncles qui, entre-temps, se vident de leur pus...

Fiche technique

• L'anthrax est un agglomérat de furoncles.
• Évolution : non traité, risque de complications infectieuses

(lymphangites, septicémie, etc.). Guérison spontanée possible, mais au prix d'une cicatrice très inesthétique.

Traitement

Antibiotiques par voie générale.

Acné pustuleuse

Les signaux de la peau

Une des formes de l'acné. Aux points noirs, points blancs, kystes, viennent s'ajouter – pour compléter le tableau – de petites cloques arrondies, hémisphériques, remplies d'un liquide blanchâtre qui n'est autre que du pus. Ces cloques envahissent surtout la ligne médiane du visage, les épaules, mais parfois aussi le haut du dos et de la poitrine. Elles signalent que dans cette forme d'acné, c'est le facteur infectieux qui prédomine. Il faut frapper vite et fort.

Fiche technique

• L'acné pustuleuse est la forme la plus inesthétique de l'acné, et aussi celle qui risque de laisser des cicatrices ou des marques.
• Due à des bactéries qui se développent dans les lésions d'acné (dont le *Corynebacterium acnes*).
Évolution : sans traitement, il y a risque de séquelles, cicatrices, dépressions de la peau, fort inesthétiques.

Traitement

Il repose essentiellement sur les antibiotiques (tétracyclines, dont la mynocycline), en association avec des traitements locaux.

Psoriasis pustuleux_____

Les signaux de la peau

Le psoriasis peut prendre de multiples masques (voir chap. 6, p. 149) et notamment devenir pustuleux. Dans la forme mineure, le phénomène ne se produit que sur les mains et les pieds. Sur la peau voisinent des taches rouges plus ou moins recouvertes de croûtes blanchâtres, et de petites cloques profondément enchâssées dans la peau et remplies d'un liquide blanchâtre comme du pus. Ce sont des pustules. Paumes des mains, plantes des pieds, faces latérales des pieds, talons, parfois toute la surface des pieds et des mains, sont touchées. Mais ce peut être aussi seulement l'extrémité d'un doigt. Affection capricieuse... Curieusement, quelle que soit la surface atteinte, il n'y a ni gêne, ni douleur, ni démangeaisons. Le psoriasis pustuleux est absolument silencieux. Après quelque temps, les pustules vont se dessécher, former des croûtes brun jaunâtre qui finiront par tomber en quelques jours, sans traitement.

Mais il y aura récidive. Dans sa forme la plus grave, le psoriasis pustuleux atteint le corps en entier. D'emblée, sans signal avant-coureur, à partir d'une toute petite plaque, le malade devient rouge des pieds à la tête et présente une fièvre à 40°, des maux de tête, une extrême fatigue, des douleurs articulaires, ainsi qu'un malaise général marqué. Sur cette rougeur appelée érythrodermie, apparaît rapidement une multitude de pustules blanc grisâtre, aplaties, superficielles, confluant parfois en nappes jaunâtres. Puis, en général après quelques heures, ces cloques disparaissent en se desquamant, laissant une rougeur qui s'estompera peu à peu. Le psoriasis pustuleux généralisé est une forme spectaculaire, et sévère aussi, du psoriasis. Parfois, elle met la vie du patient en danger.

Fiche technique

• Forme particulière du psoriasis. Si les pustules ressemblent cliniquement à celles qui contiennent du pus, l'analyse histologique ne montre aucun pus microbien mais une sorte d'éponge remplie de cellules mortes et désintégrées.

● Non contagieux.

● Évolution : les formes localisées sont invalidantes. La forme généralisée est grave.

Traitement

Il est efficace, mais n'empêche pas les récidives (voir traitement du psoriasis, chap. 5, p. 123).

7
Ça gratte

Se gratter, c'est vraiment vulgaire, et très inquiétant pour l'entourage. Sur la tête, on pense aux poux, sur le corps on pense aux puces – si ce n'est aux punaises, le comble du laissez-aller social! Une maladie contagieuse? Autre motif de recul. Une pulsion névrotique? Cela n'attire pas plus les sympathies... Bref, il faut se soigner avant que le grattage ne provoque le mal (la poule et l'œuf, l'œuf et la poule) et que l'agent chatouilleur ne provoque l'action grattouilleuse. Un parasite, un virus, un aliment, un bijou, un vêtement... Il suffit de débusquer l'hôte importun. Facile à dire : parfois l'ennemi se cache si bien qu'il faudrait des mois et des examens très sophistiqués pour le découvrir. Heureusement, des traitements fulgurants et des calmants puissants annihilent, parfois aveuglément mais toujours efficacement, la demande de grattage. Interrompant ainsi le cycle infernal. Et de l'eczéma à l'urticaire, de trois mois à soixante-dix-sept ans, ce peut être la guérison.

Gale

Les signaux de la peau

Vous avez passé des vacances campagnardes dans la France profonde, couché chez l'habitant, dans des refuges, de petits hôtels ou des auberges de la jeunesse. Un sympathique été. Mais au retour, voilà que ça gratte. Et ça gratte terriblement. Allergique à la reprise du travail? Ou à un aliment quelconque? Pas du tout : vous êtes galeux! Comment? La gale! Cette maladie qui n'atteint que les chiens et les miséreux. Vous qui vous douchez tous les jours, vous êtes indigné et honteux. Déculpabilisez-vous. La gale est une affection ultracontagieuse, et qui peut toucher tous les milieux sociaux. En 1986, nous sommes même en pleine épidémie mondiale!

Comment se manifeste la gale? D'abord et avant tout, par la gratte. Et surtout la gratte de nuit. A tel point que les démangeaisons vous empêchent de dormir. C'est entre les doigts, sur le dos des poignets et sur les fesses que c'est le plus intolérable. Vous avez le moyen de poser vous-même le diagnostic de cette affection. Examinez de près l'espace entre deux de vos doigts. Vous apercevrez un petit sillon blanc grisâtre de trois à dix millimètres de long. Avec un stylo, déposez une goutte d'encre sur le sillon. L'encre va s'étaler partout. Attendez quelques secondes, puis nettoyez doucement votre main avec une compresse ou un morceau de coton imbibé d'alcool. L'encre disparaîtra sauf dans le sillon, qui n'est autre qu'un tunnel creusé par le parasite où l'encre s'est engouffrée.

Autre symptôme de la gale – mais tout à fait inconstant celui-là : de petites masses arrondies, fermes, rouge sombre, peuvent apparaître autour des organes génitaux. Elles sont appelées nodules scabieux et ressemblent fort aux nodules de la syphilis secondaire. La gratte nocturne, les tunnels entre les doigts, les nodules scabieux, ces trois éléments signent la gale. Il ne faut pas attendre pour se faire soigner car à force de se gratter, on peut déclencher des lésions d'eczéma qui se surinfectent. Il conviendra alors de traiter l'eczéma avant la gale, ce qui retarde d'autant la guérison.

Fiche technique

• Affection cutanée très fréquente et très contagieuse.
• Due à un parasite appelé *Sarcoptes scabei*. La femelle se loge dans l'épiderme où elle creuse un tunnel pour y pondre deux ou trois œufs par jour. Un sujet infecté est en général porteur de dix à douze femelles adultes.
• Il existe des gales transmises par les animaux (chat, chien, cheval) ou par les céréales (blé, orge, vanille, dattes, etc.). Les symptômes sont les mêmes.

Traitement

Application au pinceau d'un produit antiparasitaire, soit du benzoate de benzyle ou du benzochloryl, sur tout le corps, du cou jusqu'aux orteils. A renouveler une heure plus tard, puis vingt-quatre heures plus tard. Bains et douches interdits pendant quarante-huit heures. Le traitement ne doit pas être prolongé au-delà, sous peine d'apparition de lésions eczémateuses.

Les démangeaisons persistantes sont dues à l'irritation de la peau par le produit. Elles disparaissent très vite.

Tous les membres d'une famille doivent être traités en même temps. Le linge familial doit être désinfecté avec des poudres D.D.T.

Les poux

Les signaux

Le plus souvent, cela commence au retour des vacances. Votre enfant se gratte la tête, et immédiatement vous êtes prise d'un soupçon : il a des poux! Pour en être sûre, c'est très simple : examinez ses cheveux de près, au niveau de la nuque. s'il s'agit de poux, vous allez découvrir sur la tige des cheveux (et non sur le cuir chevelu) de petites pellicules comme de petits sacs en besace, bien accrochées au cheveu : les lentes.

Ces lentes sont les œufs pondus par les poux femelles à raison de dix par jour, et qui vont bientôt éclore. Lorsque la tête est infestée depuis quelques semaines, on peut voir les poux courir sur le cuir chevelu. Petite bête de deux à trois millimètres de long, et qui a trois paires de pattes, le pou pique le cuir chevelu et c'est sa piqûre qui provoque les démangeaisons. Ces piqûres se manifestent par de petites taches rouges légèrement gonflées, dites urticariennes.

En général, le diagnostic est simple. Toutefois, il est possible que vous n'aperceviez pas grand-chose sur la tête de votre enfant, et puis, il faut l'avouer, vous vous refusez à penser qu'il s'agit de poux. Avec l'hygiène parfaite que vous lui imposez (lavage des cheveux au moins une fois par semaine), comment une telle chose serait-elle possible? Le médecin pressé peut aussi passer à côté du diagnostic. Il prescrit une lotion à la cortisone pour calmer les démangeaisons dans la nuque. Cela marche pendant quelque temps, puis la gratte reprend. Le dermatologue, lui, ne s'y trompe pas : les démangeaisons dans la nuque chez un enfant sont presque toujours le signe de pédiculose. Il va rechercher les lentes qu'il vous montrera. N'ayez surtout pas honte. Les poux ne sont pas l'apanage des malpropres et... pouilleux. Tous les enfants peuvent en attraper un jour ou l'autre. Si les poux s'attaquent surtout au cuir chevelu, ils peuvent aussi s'en prendre aux autres poils du corps. Dans ce cas, on les appelle « morpions » et ils se communiquent d'une personne à l'autre au lit, au chaud... Les piqûres de morpion donnent des taches bleu ardoisé.

Fiche technique

• Parasitose très contagieuse. En recrudescence de nos jours. Touche tous les milieux sociaux.

Traitement

Application de poudre antiparasitaire (D.D.T. ou hexachlorocyclohexane). La poudre est appliquée sur toute la tête que l'on recouvre ensuite d'un bonnet à garder toute la nuit. L'opération est à recommencer huit jours plus tard. Lavage soigneux des cheveux et passage d'un peigne fin trempé dans l'eau vinaigrée pour faire tomber les lentes. Celles-ci n'étant en effet pas tuées par le produit. L'entourage aussi doit être traité.

Urticaire superficielle ou vulgaire

Les signaux de la peau

Que de fois vous êtes-vous précipité chez un médecin en disant : « Docteur, j'ai une crise d'urticaire, c'est le poisson que j'ai mangé hier. » Rien de plus fréquent, rien de plus facile à diagnostiquer qu'une crise d'urticaire. Cela commence très brutalement, pratiquement d'une minute à l'autre, par l'apparition d'une plaque rouge qui gratte abominablement. Pourtant, pour être bien sûr de son diagnostic, il faut prêter attention aux signaux de la peau. L'urticaire se manifeste ainsi : ici et là sur la peau, en n'importe quel endroit du corps, des plaques surgissent, les unes petites, les autres plus grandes, toujours surélevées par rapport à la peau voisine, et extrêmement bien délimitées à leur périphérie, comme tracées au crayon. Chaque plaque est rouge, très rouge sur ses bords, plus claire au centre. Si vous appuyez un doigt sur la plaque, elle s'efface totalement pour réapparaître aussitôt que la pression cesse. Le nombre de plaques? Il varie selon les cas, mais surtout d'un moment à l'autre, car ici c'est le règne de la mobilité et de la fugacité. Une plaque apparaît ici, puis disparaît en quelques heures pour être remplacée par une autre ailleurs.

Lorsque les plaques sont fixes et permanentes, elles doivent faire penser à des facteurs déclenchants bien précis. L'urticaire va évoluer en une à plusieurs crises durant de quelques minutes à quelques heures, et pouvant se renouveler pendant plusieurs semaines, voire plusieurs mois consécutifs. Entre chacune de ces crises, la peau redevient normale. Cette urticaire aiguë, superficielle, peut parfois être associée à une urticaire profonde. C'est le fameux œdème de Quincke (voir chap. 13, p. 256), dangereux lorsqu'il touche la langue et les voies respiratoires, car il peut provoquer l'asphyxie. S'il est extrêmement facile de diagnostiquer une urticaire, il est beaucoup plus ardu d'en déceler la cause. On sait qu'il s'agit d'une réaction allergique, mais à quoi? L'urticaire, c'est le casse-tête des dermatologues et des allergologues. Un allergologue éminent a dit un jour : « Plutôt me trouver devant un tigre que devant une urticaire. » Boutade qui reflète bien la vérité. On peut parfois, après un vrai interrogatoire de police, mettre le doigt sur le coupable, mais le plus souvent l'enquête très fastidieuse ne mène à rien. Et il n'existe aucun moyen biologique (par prise de sang, notamment) de trouver le responsable. C'est pourquoi, dans la majorité des cas, on applique le traitement sans chercher la cause, et tout rentre dans l'ordre.

Si par malheur la crise dure depuis plus de deux mois, l'urticaire devient chronique (le terme de deux mois a été décidé arbitrairement, certains le repoussent à six). L'urticaire chronique est très invalidante, et empoisonne la vie de tous les jours. Dans ce cas-là, le patient est souvent hospitalisé, afin d'essayer, à l'aide de différentes méthodes et dosages sophistiqués du sang – et plus par tâtonnement que par affirmation – de trouver l'agent responsable.

Fiche technique

• Dermatose allergique extrêmement fréquente. Très facile à reconnaître.
• Non contagieuse.
• Peut être déclenchée par de nombreux facteurs. Parmi les plus fréquents : médicaments, parasites, piqûres d'hyménoptères (taons, abeilles, guêpes), de méduses, de chenilles, etc., certaines maladies infectieuses. Parmi les moins fréquents, des éléments physiques : urticaire à la pression, aux vibrations, urticaire cholinergique après l'hypersudation, urticaire à la chaleur, à l'eau, au froid, au soleil (très rare); des aliments : les plus fréquemment concernés : thon, crustacés; l'inhalation de certaines substances.
Enfin, des causes génétiques, héréditaires. Il faut savoir que 30 à 80 % des urticaires sont dues à des causes... inconnues.

Traitement

Élimination de la cause, si on l'a trouvée.
Médicaments antiallergiques (antihistaminiques, antisérotoniques, anticholinergiques, cromoglycate disodique), kétotifène, alpha-bloquants, beta +, cortisone (seulement quand il y a un risque vital, *sinon*, *jamais*).

Eczéma familial

Les signaux de la peau

Ils sont fort clairs, et pourtant tout le monde s'y trompe, médecins comme patients! Le scénario classique : bébé a trois ou quatre mois et il se gratte. Signe très important car, sans démangeaisons, il n'y a pas d'eczéma. Évidemment chez un bébé, il n'est pas toujours facile d'identifier les démangeaisons. Il peut manifester que ça le gratte en se tortillant dans tous les sens, en s'agitant beaucoup, en dormant mal la nuit. La topographie de l'eczéma est immuable. Il va atteindre essentiellement le visage sur les zones en relief : front, menton, joues. Aussi le corps en des endroits très précis : épaules, dos, fesses, faces externes des bras et avant-bras, face antérieure des jambes et des cuisses. Quant à l'aspect de la peau, il est caractéristique aussi, mais seul le dermatologue va identifier l'eczéma au premier coup d'œil.

En effet, dans la crise aiguë d'eczéma, on distingue quatre phases en théorie successives mais qui sont parfois imbriquées. Première phase : rougeur diffuse de la peau; deuxième phase : apparition de petites cloques grosses comme des têtes d'épingle, emplies d'un liquide clair. Ces cloques sous les petites mains qui grattent, ou sous les tortillements, vont se rompre, donnant alors, troisième phase : une peau rouge, humide, suintante, avec apparition très progressive (quatrième phase) de petites croûtes sèches qui tombent en quelques jours, laissant une peau neuve. Ainsi se passe la première crise, en théorie. Mais dans la réalité, les phases se catapultent. Sur le visage, on peut en être au stade des croûtes, et sur le corps au stade des cloques, etc.

Donc, il faut savoir que, chez un bébé, une peau qui devient rouge, croûteuse et suintante en certains endroits du corps, et qui démange fortement, traduit un eczéma familial, dit encore constitutionnel ou, plus médicalement, « atopique ». En général, les parents, grands-parents, frères et sœurs, ou cousins de cet enfant ont eu dans leur enfance soit de l'eczéma, soit de l'asthme, soit encore le rhume des foins, trois maladies appartenant à la même famille. Si l'eczéma familial se déclare dans près de 80 % des cas, vers l'âge de trois ou quatre mois, il peut toutefois apparaître plus tardivement. Vers l'âge de trois ou quatre ans, il s'agit le plus souvent d'un eczéma sec. On voit de grandes plaques de peau blanchâtres, desquelles se détache une fine poussière faite de petites squames. Les lieux des poussées sont différents aussi. Ce sont les plis qui sont atteints : coudes, poignets, cou, genoux, aines. Un signal important à rechercher : la fissure sous le lobe de l'oreille qui démange particulièrement. Avec ce seul signal, on recherchera les antécédents familiaux.

La maladie peut encore apparaître plus tard dans la vie, mais peu souvent après l'adolescence. D'autres signaux accompagnent l'eczéma : la sécheresse de la peau pratiquement constante, la propension de l'enfant à avoir des infections cutanées (impétigo ou autre), des éruptions de *Molluscum contagiosum* (voir chap. 11, p. 225). Dans ce cas, la toilette doit se faire avec des savons antiseptiques.

Fiche technique

• Dermatose très fréquente, chronique évoluant par poussées.

• Héréditaire. Eczéma, asthme, et rhinite allergique (rhume des foins) appartiennent à la même famille de maladies héréditaires dites atopiques.

• Évolution : étant donné la notion de « terrain » allergique héréditaire inscrit dans les chromosomes, la maladie ne va jamais guérir complètement.

Le terrain atopique, on l'a pour la vie... Ce qu'il faut soigner ce sont les poussées. L'évolution se fait différemment selon les cas : lorsque l'eczéma apparaît vers l'âge de trois ou quatre mois, poussées plus ou moins nombreuses, et plus ou moins étendues selon l'individu, puis disparition spontanée dans 87 % des cas avant l'âge de cinq ans. 92 % des cas avant l'âge de dix ans. Risque de rechute inférieur à 10 % des cas, sinon persistance avec atténuation jusqu'à l'âge adulte. Les éléments de mauvais pronostic sont l'apparition à un âge tardif (après l'âge de deux à trois ans) et la topographie inversée des lésions. A l'âge adulte, la survenue d'une des deux autres manifestations atopiques (asthme et rhinite allergique) est possible : 20 à 40 %.

Traitement

– Antiseptiques locaux ;
– antibiotiques en cas de surinfection, pris par voie générale ou localement ;
– corticoïdes locaux. A diminuer progressivement lorsqu'il y a régression ;
– pas de désensibilisation ;
– pour atténuer les démangeaisons : antihistaminiques par voie orale ;
– gammaglobulines (médicaments antiallergiques) ;
– un nouveau traitement pour les plus de trois ans : le kétotifène ;
– crénothérapie : cure thermale à Saint-Gervais, après l'âge de deux ou trois ans.

Conseils d'hygiène de vie :
– application de crèmes et pommades hydratantes en permanence. Toilette avec un pain dermatologique ou antiseptique ;
– aucun régime alimentaire ;
– port de vêtements de coton plutôt que de laine (qui favorise les démangeaisons) ;
– vacances au soleil et au chaud recommandées, car elles améliorent l'eczéma ;
– toutes les vaccinations sont autorisées, sauf celles de la variole en cas aigu.
A *éviter* : les stress. L'eczéma a en effet une forte composante psychique. Un enfant angoissé (ou qui ressent l'angoisse de la mère) va faire une poussée nouvelle, ou entretenir une poussée déjà présente.

Eczéma de contact

Les signaux de la peau

Le coup classique : vous vous êtes laissé tenter par une jolie paire de boucles d'oreilles. Ni en or ni en argent, mais en « toc ». Un bijou fantaisie comme on aime bien en acheter de temps en temps, le coup de foudre! Seulement voilà, après quelques jours de port de votre nouvel achat, les lobes de vos oreilles se rebellent : ils rougissent, se couvrent de petites cloques, commencent à suppurer et à se couvrir de croûtes. Vous pensez à une infection, surtout si vous vous êtes fait percer les oreilles. En fait, il s'agit d'un eczéma de contact du métal sur la peau. Du jour au lendemain, et sans qu'il y ait d'explication, vous êtes devenue allergique au nickel, alliage très résistant qui entre toujours dans la composition des bijoux fantaisie. Seul l'or jaune, l'argent et le platine ne contiennent pas de nickel. Le diagnostic sera confirmé par un allergologue, grâce à des tests cutanés dont l'un consiste à appliquer sur la peau du sulfate de nickel mélangé à de la vaseline, et à le maintenir par un pansement adhésif. Dans un laps de temps de quarante-huit à soixante-douze heures, si vous êtes bien allergique au nickel, un petit eczéma va se produire à l'endroit de l'application. Il n'existe malheureusement aucun traitement. Vous n'avez plus qu'à dire adieu aux bijoux fantaisie. A vous l'or, l'argent, le platine, les perles! Mais aussi le plastique lorsque vous n'êtes pas en fonds.

L'allergie au nickel peut parfois empoisonner la vie : chaînes, bracelets, agrafes de soutien-gorge, bracelets montre, montures de lunettes, pièces de monnaie, à travers la poche, alliance en or gris (qui contient du nickel), et même le bouton du jean, peuvent provoquer une allergie! Quoi qu'il vous en coûte, il faut éviter le contact avec le nickel sinon l'eczéma peut envahir tout le corps. Bien d'autres métaux peuvent donner de l'eczéma de contact, mais le nickel reste l'ennemi n° 1.

Fiche technique

- L'eczéma de contact est une réaction allergique locale de la peau au contact d'un objet.
- Non héréditaire, non contagieuse.
- Le nickel, métal servant aux alliages, est l'allergène le plus courant, mais d'autres produits peuvent aussi provoquer des eczémas de contact. Par exemple des cosmétiques, tels que les teintures capillaires ou les vernis à ongles.

Traitement

Application de crèmes ou pommades cortisonées pour enrayer l'eczéma; éviction de l'allergène.

Parfois, malheureusement, le sujet devenu allergique à un produit qu'il utilise dans sa profession (comme la teinture pour un coiffeur) doit changer de métier.

Lichen plan

Les signaux de la peau

Depuis quelques jours, sont apparues sur la face interne de vos poignets de petites taches rouges qui progressivement prennent du volume, formant de véritables boutons. Ça gratte terriblement : vous pensez à l'urticaire. Mais peut-être s'agit-il d'un lichen plan. Il est facile de vous en assurer. Le lichen plan a une forme et une couleur tout à fait caractéristiques. La couleur? rouge, mais d'un rouge particulier que l'on appelle violine, et que l'on obtient en mélangeant deux tiers de peinture rouge et un tiers de peinture bleue. Très important pour faire le diagnostic : l'aspect brillant des boutons à jour frisant. Pas toujours facile à repérer : même les dermatologues s'y trompent parfois! La forme maintenant : ces boutons sont différents les uns des autres : il y en a de grands, de petits, d'allongés, d'arrondis, d'ovales. Ils peuvent être groupés ou isolés. Examinez un bouton isolé de près, à la loupe, c'est mieux. Si les bords du bouton, que l'on appelle papule, sont polygonaux, avec des pans coupés, si la surface en est plate, il s'agit bien d'un lichen plan.

Cette affection peut aussi atteindre les muqueuses, et notamment la face interne des joues, et même le palais et les gencives, et le dessous de la langue. On peut détecter le lichen plan buccal en examinant avec un bon éclairage l'intérieur de la bouche. La face interne des joues présente des sillons de couleur ivoire dessinant des figures variées. Une feuille de fougère ou un filet de pêcheur, ou encore des anneaux. Parfois

– et plus souvent sur le dos de la langue – le lichen plan se manifeste par de petites élevures ivoire pointues, très serrées, qui évoquent un tissu de velours blanc. Elles peuvent être très nombreuses, et se rejoindre pour former des plaques. Plus rarement, on trouve des plaques rouges qui saignent légèrement. Il s'agit alors d'un lichen plan érosif, qui peut évoluer vers un cancer.

Il existe encore d'autres manifestations du lichen plan que seul un spécialiste peut reconnaître. Cette affection peut même prendre un aspect si particulier que le seul moyen de poser le diagnostic est de pratiquer une biopsie, c'est-à-dire de prélever sous anesthésie locale une petite partie des lésions et de la faire analyser au microscope. Quel que soit le type de lésion, s'il s'agit d'un lichen plan, l'image microscopique sera toujours la même.

Fiche technique

• Affection relativement fréquente de la peau et des muqueuses.
• Non héréditaire.
• Non contagieuse.
• Origine mal connue. Des hypothèses sont avancées, mais jusqu'à présent aucune n'est confirmée : on attribue le lichen plan soit à un virus (qui n'a pas été isolé), soit à un choc affectif (il s'agirait alors d'une maladie psychosomatique), soit à une anomalie immunitaire, soit à la prise de certains médicaments, ou encore à la manipulation de produits chimiques. Il faut essayer de trouver la cause déclenchante :
1. La prise d'un médicament, d'abord. L'un des produits suivants peut provoquer un lichen plan : les sels d'or (dans le traitement de la polyarthrite rhumatoïde), les antipaludéens de synthèse (médicaments pour prévenir et traiter le paludisme), les médicaments antituberculeux, la quinine, les phénothiazines, entre autres.
2. Un produit chimique manipulé, tels le paraphénilène-diamine, l'aminotoluène, le monochloride, l'oxyde d'antimoine.
3. Une maladie associée (diabète, hypertension, maladie de Crohn, rectocolite hémorragique, hépatite chronique active, cirrhose biliaire primitive, etc.).
• Évolution : affection bénigne mais qui nécessite une surveil-

lance régulière en cas d'atteinte des muqueuses afin de ne pas laisser les lésions évoluer vers un cancer (carcinome spino-cellulaire, voir chap. 11, p. 229).

Traitement

– Général : cortisone (mais risquée à cause des effets secondaires, et récidive souvent à l'arrêt), étrétinate (dérivés de la vitamine A), griséofulvine (médicament antimycosique), sédatifs et antiprurigineux, puvathérapie;

– Local : dermo-corticoïdes, rétinoïde aromatique (dérivés de la vitamine A), acide trichloracétique.

8
Quelle bête m'a piqué?

Pour les citadins, la campagne est pleine de bêtes prêtes à piquer, dangereuses, mais dont le pouvoir agressif est souvent littéraire, imaginaire. Pour les ruraux, toutes ces bêtes piqueuses sont bien répertoriées : ils en connaissent les justes risques, sans fantasmagorie.

Pour les uns comme pour les autres, mêmes réactions aux mêmes piqûres, mêmes douleurs, mêmes dangers. Et mêmes remèdes, heureusement.

Il faut les connaître, sans affolement. D'une part parce que la prévention et la rapidité d'action évitent les grands drames. D'autre part, c'est encore le calme qui dans les cas de piqûres bénignes – la plupart – donne le climat nécessaire à l'effacement de la douleur et de l'irritation.

Il faut aussi lutter contre toute une mythologie qui accuse certains animaux, une mythologie qui engendre la peur panique. Le scorpion, par exemple, celui de notre Midi, n'est vraiment pas dangereux. La morsure de vipère, elle aussi terrorisante, est rarement mortelle.

Pourtant, la Nature n'est pas si douce, même en France. Il faut vraiment savoir qui nous pique et se tenir prêt à la parade.

Piqûres d'hyménoptères
(abeilles, guêpes, frelons, bourdons)

Les signaux de la peau

Tout le monde se fait piquer un jour par une guêpe, une abeille, un frelon. Même si l'on y prend bien garde. Cela arrive le plus souvent en cueillant des fleurs, ou en ramassant des fruits. La guêpe, dérangée dans ses agapes, vous pique. On ressent une vive douleur provoquée par la pénétration de l'aiguillon et du venin sous la peau. Aussitôt, la minuscule piqûre s'entoure d'un halo gonflé, blanchâtre, qui va ensuite diminuer et laisser la place à une rougeur s'étendant largement, et donnant une pénible sensation de cuisson. Généralement, tout s'efface en quelques heures. Ce n'est pas toujours le cas. Un promeneur malchanceux ou distrait qui a dérangé une abeille près d'une ruche peut être pris en chasse par l'essaim et piqué par des dizaines d'abeilles, et se trouver en danger de mort. Si cela arrive, il faut une hospitalisation d'urgence. Parfois une seule piqûre peut être très dangereuse, lorsque la guêpe ou l'abeille, ayant pénétré dans la bouche, a planté son dard dans la gorge. Par exemple, lorsqu'on ramasse un fruit, qu'on le mange sans savoir qu'il est habité. Le gonflement est immédiat et l'asphyxie est proche si l'on n'intervient pas d'urgence. Enfin, troisième danger, la réaction allergique au venin qui se manifeste par un choc anaphylactique.

Cette allergie ne se déclare pas à la première piqûre, mais lors d'une nouvelle piqûre de guêpe. Si la première fois il n'y a pas eu de problème, cette fois tout est différent. Quelques minutes après la pénétration du dard, la victime est prise de démangeaisons au niveau des mains. Son cou et son décolleté sont envahis d'une rougeur diffuse. Ces deux signaux indiquent que le processus de choc anaphylactique est enclenché. Très vite alors le malade a du mal à respirer, son souffle devient court, rapide, son cœur bat la chamade, il est au bord de l'asphyxie. Là encore, soins d'urgence. Mais si le choc anaphylactique est spectaculaire et source d'extrême angoisse pour la victime et son entourage, il ne met pas toujours la vie du malade en jeu, heureusement. Le plus souvent, les signes respiratoires s'atténuent. Sur tout le corps apparaît une rougeur diffuse, voire une urticaire, le patient est pris de nausée et de vomissements ou de diarrhée. En attendant les secours, pratiquer le bouche-à-bouche. Si ce genre d'accident vous est arrivé, ou à l'un de vos proches, vous devez toujours avoir avec vous les médicaments pour vous traiter (emportez-les en voyage).

Fiche technique

• Les piqûres d'hyménoptères peuvent être graves.
• Évolution : très variable selon les cas.

Traitement

– En cas de piqûre unique : extirpation de l'aiguillon en prenant soin de ne pas comprimer le venin sous la peau qui y reste attachée. Désinfection, puis application d'une pommade corticoïde qui apaise les douleurs.

– En cas de piqûres multiples ou de piqûre dans la gorge, ou de choc anaphylactique, appel immédiat des secours. Si les troubles respiratoires sont graves, pratiquer le bouche-à-bouche en attendant ceux-ci. Après un choc anaphylactique, la désensibilisation aux venins est recommandée. Elle se fait en milieu hospitalier dans un service d'allergologie.

Prévention : tout sujet ayant fait une allergie aux venins doit avoir une trousse d'urgence contenant de l'adrénaline injectable et un spray d'Aleudrine (pour dilater les bronches).

A noter : il n'y a pas que les venins qui peuvent provoquer un choc anaphylactique. Aussi certains médicaments (antibiotiques, anti-inflammatoires, anesthésiques, produits de contraste iodés, aliments). Si vous êtes allergique à quelque médicament, le mieux est de porter sur vous une carte le signalant.

Piqûres de moustiques, poux, punaises... et prurigo strophulus

Les signaux de la peau

En général les piqûres de moustiques, poux, puces, etc., se signalent par une rougeur et des boutons plus ou moins fugaces. Trois petites grattes et puis s'en vont... Il peut tout de même arriver – c'est rare – que ces bestioles transmettent une maladie que l'on appelle le prurigo strophulus. Et qui est le plus souvent confondue avec une varicelle chez les enfants. Scénario classique, votre enfant présente sur les jambes le plus souvent une ou plusieurs petites élevures rouges, centrées par une cloque, le tout grattant très fort. Sous l'influence du grattage, la cloque est remplacée par une petite croûte rouge-brun, laquelle va faire place à une élevure plus importante, surmontée d'une cloque plus grosse que la précédente. Cela ressemble à une goutte de cire chaude posée sur la peau. La cloque rompt, le bouton disparaît en quatre ou cinq jours, laissant une tache brunâtre qui s'atténuera en quelques semaines. Et puis la crise se répète. Tout à fait la varicelle! Ce qui permet de faire la différence, ce sont les trois signaux suivants : absence totale de fièvre, absence de boutons dans le cuir chevelu et dans la bouche, atteinte des zones découvertes du corps uniquement.

Fiche technique

• Les piqûres de moustiques, poux, punaises, sont le plus souvent sans conséquences. Elles peuvent toutefois provoquer une dermatose bénigne survenant chez l'enfant de deux à sept ans. Évolue par poussées ressemblant à une varicelle : le prurigo strophulus.
• Non contagieuse.
• Causes déclenchantes : les parasites visibles (moustiques, poux, puces, punaises) et aussi les parasites microscopiques : acariens, parasites des plumages d'oiseaux (pigeons, animaux de basse-cour qui pénètrent la nuit dans les chambres attirés par la chaleur humaine, et piquent surtout les jambes), rougets

ou vendangeurs qui abondent dans les prairies en automne, parasites de la gale du chien, du chat et de la paille.
• Évolution : la sensibilité de la peau à l'agression de ces insectes et parasites passe avec l'âge.

Traitement

Pour lutter contre les surinfections : antiseptiques ou antibiotiques. Pour diminuer les démangeaisons : antihistaminiques généraux (jamais locaux car ils donnent des eczémas de contact), pommade aux corticoïdes. Mesures prophylactiques : pulvériser des poudres antiparasitaires sur les animaux familiers, sur le rebord des fenêtres, dans la literie et les vêtements. Mettre dans la chambre une plaque insecticide.

Morsures de chats et de chiens

Les signaux de la peau

Qui ne s'est jamais fait mordre ou griffer par un chien ou par un chat? Si la morsure est étendue et profonde, il faut bien entendu faire poser des points de suture par un médecin, après désinfection, ainsi qu'injecter un sérum contre le tétanos si l'on n'est pas déjà vacciné (ou si le dernier rappel remonte à plus de cinq ans). En principe, si l'on prend ces précautions, plus de problème. Toutefois, il est de rares cas où les morsures ou la griffure d'un chien ou d'un chat peuvent entraîner une affection particulière : la pasteurellose.

Voici les signaux de la maladie : peu de temps après l'accident, le sujet ressent une vive douleur et, en quelques heures, la plaie douloureuse devient rouge et chaude. Quarante-huit heures plus tard, un liquide purulent s'en écoule, la fièvre monte. Si la morsure a eu lieu à la main, la douleur envahit l'avant-bras, le coude, le bras. Sous la peau, on peut sentir un cordon qui aboutit à des ganglions au niveau du coude et sous l'aisselle. Douleur, aspect de la plaie, apparition des ganglions, ces trois signes doivent faire penser à la pasteurellose. Un traitement aux antibiotiques soulagera vite le malade. Sinon, après une rémission de quelques jours, les douleurs articulaires reprennent de plus belle, à tel point qu'on ne peut plus remuer le bras. C'est la phase chronique de la maladie. Attention, il ne faut pas confondre pasteurellose et maladie des griffes du chat (ou lymphoréticulose bénigne d'inoculation). Dans cette dernière, pas de plaies ni de douleur caractéristique. En revanche, apparition, comme dans la pasteurellose, de gros ganglions qui vont s'ouvrir à la peau. Le traitement antibiotique, dans les deux cas, va venir à bout de ces maladies transmises par nos animaux familiers.

Fiche technique

• Les morsures et griffures de chiens et de chats sont en règle générale fréquentes et bénignes. Toutefois, elles peuvent déclencher certaines maladies dont la pasteurellose et la maladie des griffes du chat.
• Ces deux affections sont peu fréquentes.
• Le diagnostic est confirmé par l'isolement du germe (au niveau de la plaie) et le sérodiagnostic (prise de sang).

Traitement

– En cas de morsure, désinfection de la plaie, points de suture si nécessaire, prévention du tétanos.
– En cas de pasteurellose ou de maladie des griffes du chat, antibiotiques (tétracyclines) pendant dix jours.

Piqûres de tiques

Les signaux de la peau

La piqûre de la tique est insensible mais la bête est tenace. Une fois qu'elle s'est accrochée à votre peau, elle y reste parfois solidement implantée par son rostre et se gorge de votre sang pendant huit à soixante-douze heures. Parfois plus, si vous ne l'apercevez pas. Les tiques sont la plupart du temps transmises à l'homme par les chiens et les animaux herbivores qui en sont porteurs. Elles peuvent aussi s'agripper à nous au cours d'une promenade en forêt. Si la tique tombe d'elle-même, gorgée de sang, elle laisse sur la peau une petite élevure rouge, centrée par un point noir. La réaction peut être plus intense si la tique découverte a été arrachée sans précaution. La peau gonfle, devient rouge et démange fortement.

En général, cela guérit tout seul en quelques jours. Mais ce n'est pas toujours le cas car ces bestioles sont porteuses de virus ou de bactéries pouvant entraîner plusieurs maladies qu'elles apportent de l'animal sur lequel elles se nourrissaient. C'est le cas des rickettsioses (voir fièvre boutonneuse méditerranéenne, chap. 2, p. 64). C'est le cas aussi d'une maladie de peau que l'on appelle l'érythème chronique migrant de Lipschütz (appelée par les Américains maladie de Lyme), due à une bactérie : au début, il y a la tache rouge de la piqûre à laquelle vous prêtez peu d'attention car elle est indolore et ne démange pas. Cette tache va s'étendre, puis se transformer en une véritable plaque ronde, à peine rosée, entourée d'un mince anneau rouge parfois très légèrement en relief. En l'absence de traitement, rien ne semble pouvoir arrêter l'élargissement de cette plaque. Après quelques semaines, elle peut avoir des dizaines de centimètres de diamètre. Par endroits, elle se fragmente, laissant croire à tort qu'il y a plusieurs anneaux. En général, la « victime » se porte bien. Parfois, un peu de fièvre, des ganglions ou des douleurs articulaires... Cette plaque peut subsister pendant des mois, voire des années. Heureusement il y a un traitement. Signalons que de nombreuses maladies dermatologiques présentent cet aspect d'anneau unique ou multiple à bordure rouge, mais de petits signes permettent de faire la distinction entre les maladies.

Les tiques peuvent aussi transmettre des maladies virales telles que la méningite avec un trouble de mobilité des membres. Mais elle n'est que transitoire, et l'évolution se fait favorablement (guérison entre quatre et huit mois). Si l'homme piqué par une tique n'est pas en danger, en revanche l'animal peut être gravement atteint par la « paralysie ascendante de la tique ». Une maladie redoutée par les vétérinaires et les amis des chiens, mais heureusement contre laquelle un vaccin vient d'être mis sur le marché.

Fiche technique

• Les piqûres de tiques sont fréquentes, tant chez les animaux que chez les hommes.
• Cet insecte parasite appartient à la famille des acariens. Il est porteur de virus ou bactéries pouvant entraîner diverses maladies (fièvre boutonneuse méditerranéenne, érythème chronique de Lipschütz, méningoradiculite).
• Évolution : variable selon les cas. Toujours bénigne, sauf chez les animaux.

Traitement

Élimination de la tique. La meilleure façon : asphyxier la bestiole avec un coton imbibé de pétrole, d'essence, d'éther, que l'on maintient cinq à dix minutes sur la peau. L'extirpation de l'animal « sonné » est ensuite facile. Contre l'érythème chronique migrant de Lipschütz, prises d'antibiotiques (macrolide, pénicilline).

Morsure d'araignée

Les signaux de la peau

Vous passez vos vacances dans le midi de la France. En soulevant une pierre au cours d'une promenade, ou pour enlever des mauvaises herbes du jardin, vous ressentez soudain une morsure. L'agresseur : une araignée de petite taille, globuleuse, luisante, au ventre noir profond et marqué de points rouges. C'est la malmignatte, variété de latrodecte vivant en France, dont la morsure est moins grave que celle de la « veuve noire » vivant en pays tropicaux. Cette mésaventure arrive trois fois sur quatre non pas dans le jardin, mais dans les... w.c. du fond du jardin, là où l'araignée a tissé tranquillement sa toile et vous attend. Elle vous mord alors à l'endroit que vous devinez. Après la morsure, la peau gonfle et devient rouge, puis, après quelque temps, vire au noir, ce qui signifie que la peau est morte (c'est ce que l'on appelle une escarre). Les douleurs n'apparaissent au point d'inoculation qu'après un délai de deux ou trois heures. Ce sont des contractures douloureuses des membres inférieurs et du ventre qui donnent souvent l'alerte. S'ajoutent maux de tête, puis nausées, vomissements, diarrhée, avec bien sûr un sentiment d'angoisse partagé par l'entourage. Mais non justifié.

Tout cela n'est pas vraiment grave. En quarante-huit heures, tout va disparaître, ne laissant qu'une fatigue générale qui va durer quelque temps. La cicatrisation va se faire en quelques semaines. Il existe en France d'autres araignées qui, sur leur ventre noir, portent des croix dorées ou crème, mais leur morsure est moins nocive que celle de la malmignatte : simple irritation locale avec gonflement et escarre.

Fiche technique

• La morsure d'araignée est bénigne sous nos climats.
• La malmignatte est la plus commune dans nos régions (midi de la France).
• Évolution bénigne, malgré la fièvre, les douleurs articulaires et la formation d'escarres.

Traitement

Pas de sérum spécifique. Injection de gluconate de calcium en intraveineuse (20 ml à répéter toutes les trois ou quatre heures). On associe les antihistaminiques, voire des corticoïdes pour lutter contre l'éventuel choc provoqué par le venin.

Morsure de vipère

Les signaux de la peau

Lors d'une promenade dans un bois, vous avez posé le pied sur une fougère et ressenti une très vive douleur au mollet, comme une piqûre d'aiguille. Puis vous avez entendu comme un glissement dans les fourrés. Vous avez tout de suite pensé à une vipère. Mais est-ce bien cela? C'est très facile de le vérifier. La vipère laisse les traces de ses crochets sur la peau : deux petites plaies distantes de cinq à dix millimètres, rapidement entourées d'une bordure rouge, et laissant sourdre un liquide légèrement rouge. Parfois, on ne voit qu'une seule plaie, parfois trois ou quatre. Mais cela ne doit pas mettre le diagnostic en doute. Et même si la douleur s'estompe, il faut agir au plus vite. Que va-t-il se passer en effet? Tout est possible.

Dans les cas graves, heureusement les plus rares, apparaît dans les dix minutes qui suivent un gonflement de la morsure qui va progressivement s'exagérer et s'étendre à la jambe et aux cuisses. En même temps surviennent des douleurs intenses dans la jambe mordue. La peau, d'abord livide, devient violette. Dans les heures suivantes apparaissent crampes d'estomac, nausées, vomissements, diarrhée. L'angoisse monte et peut s'accompagner d'une agitation allant jusqu'au délire. Le sujet a du mal à respirer et son cœur bat la chamade. Quelques jours plus tard, la fièvre apparaît. Est-on en danger de mort? Rarement. Celle-ci peut survenir soit chez des sujets âgés ou des enfants à la suite de troubles cardiaques, soit si le venin a été directement injecté dans une petite artère. Mais dans 95 % des cas, le trouble se résume aux petits signes locaux autour de la morsure, accompagnés de signes généraux sans caractère de gravité et à dominante d'angoisse. Il faut dédramatiser la morsure de vipère, mais surtout ne pas la négliger.

Fiche technique

• La morsure de vipère est un accident relativement rare en France.
• Évolution : bénigne dans 95 % des cas (deux ou trois décès par an, pour cent à deux cents morsures).

Traitement

– Premiers gestes sur place : tranquilliser le sujet mordu. Le placer en position allongée car l'agitation et la marche accélèrent la diffusion du venin.

– Désinfection de la plaie, si possible.

– Pose d'un bandage serré tout le long du membre mordu jusqu'à sa racine (par exemple avec une chemise ou un pantalon). Pas de garrot, dangereux.

– Consultation rapide d'un médecin.

– Sérum antivenin : il a tendance à être abandonné en cas de morsure de vipère européenne, étant donné le risque de choc anaphylactique (voir piqûres d'hyménoptères, p. 167). La survenue de celui-ci, quand les moyens de le traiter sont absents, peut avoir des conséquences dramatiques, alors que le risque mortel de la morsure est minime. Dans 16 % des cas, les réactions à la sérothérapie sont plus ou moins graves. En tout cas, le sérum ne doit être administré que par un médecin qui saura seul traiter le choc anaphylactique s'il survient.

– Héparine : c'est le traitement de choix. Dans la demi-heure qui suit la morsure, injection de 0,25 ml de calciparine pour un adulte de soixante kilos, en sous-cutanée près de la morsure. Plus tard, héparine en intraveineuse. Les résultats sont très satisfaisants sur l'œdème, le choc, la durée de l'évolution et les séquelles.

– Corticoïdes, utilisés par quelques médecins.

– A la demande, antalgiques, sédatifs et traitements de choc (corticoïdes, adrénaline).

– Prophylaxie du tétanos.

– Dans les cas graves, hospitalisation et traitement par pénicilline.

Piqûre de scorpion

Les signaux de la peau

On rencontre des scorpions dans les pays tropicaux, mais aussi dans le midi de la France. Et l'on peut se faire piquer par inadvertance en posant le pied ou la main où il ne faut pas! La douleur est violente (comme après une piqûre d'abeille). Il se produit immédiatement un gonflement rouge qui s'estompe en quelques minutes sans signe général inquiétant.

Fiche technique

En France, les piqûres de scorpion sont absolument sans gravité, qu'il s'agisse du scorpion jaune du Languedoc, ou des deux espèces de scorpions noirs du littoral méditerranéen.

Traitement

Prise d'un antalgique.

Piqûres de chenilles processionnaires

Les signaux de la peau

La chenille processionnaire attaque le promeneur ou le chasseur qui passe dans les sous-bois, col de chemise ouvert. Brusquement, une démangeaison violente le prend à la nuque. Son compagnon de balade voit alors apparaître de petits boutons rouges centrés par une cloque comme s'il avait été effleuré par une branche d'ortie. Très rapidement apparaissent les signes dits généraux : violents maux de tête, fièvre, et souvent gonflement des yeux et larmoiement. Tout ce mal vient du venin de la chenille processionnaire tombée malencontreusement de son nid dans le col de chemise! A noter : ce nid est le plus souvent situé dans les pins ou les chênes.

Fiche technique

• Réaction cutanée due à la pénétration dans la peau de poils venimeux de diverses chenilles.

• La piqûre survient lors d'une promenade sous les pins ou les chênes.
• Évolution : aucune gravité. Guérison spontanée en quelques heures.

Traitement

Antihistaminique pour calmer les démangeaisons. Corticoïde local pour calmer l'irritation.

Tularémie

Les signaux de la peau

Il était une fois un chasseur, un chasseur sachant chasser qui tua un lièvre dans un pré. Jusque-là l'histoire est banale et se répète chaque année pendant la saison de la chasse. Mais continuons-la. Le chasseur rapporte le lièvre chez lui, le prépare et le mange. Suite logique de l'histoire dont voici maintenant la fin, moins banale. Quatre jours plus tard, le chasseur est pris de fièvre, de douleurs diffuses dans les articulations. La grippe, pense-t-il. Mais il constate alors sur l'une de ses mains la présence d'une minuscule plaie qui, bientôt, va devenir rouge, congestive, et s'ouvrir, laissant sourdre un liquide qui va sécher sous forme de croûte. Plus haut, sous le bras, voici qu'un ganglion douloureux apparaît qui roule sous la peau. Sans traitement, ce ganglion s'ouvre aussi, laissant sourdre un liquide blanchâtre. Là, plus de doute, c'est la tularémie, maladie infectieuse transmise au contact du lièvre.

Fiche technique

• La tularémie est une épizootie des rongeurs, c'est-à-dire une maladie infectieuse rare, transmise par le contact ou la morsure d'un animal contaminé.

• Due au germe appelé *Francisella tularensis*. En France, 95 % des cas du tularémie sont dus au contact de la peau d'un lièvre malade (aux U.S.A., c'est le daim).

• Le diagnostic repose sur les signaux cliniques, l'isolement du germe après ponction des ganglions, et sur le séro-diagnostic.

• Évolution : pratiquement toujours bénigne.

Traitement

Antibiotiques (streptomycine). Un à deux grammes pendant vingt jours, avec surveillance de l'appareil auditif (car l'antibiotique peut atteindre l'oreille interne).

Piqûres d'oursins et granulome à corps étranger

Les signaux de la peau

On croit pouvoir les éviter car, en général, on les distingue très bien sous l'eau, dans les rochers; mais un beau jour, on met le pied ou la main en plein dans un nid d'oursins... Aussitôt les aiguillons noirs s'enfoncent sous la peau. Si cette mésaventure vous arrive, sachez qu'il est très important de les extraire tous, même si vous devez y passer des heures. Car un aiguillon d'oursin laissé dans la peau peut faire parler de lui des mois plus tard... Vous allez voir apparaître sur les paumes de vos mains (en général c'est là que les aiguillons subsistent) de petites élevures blanchâtres, rosées ou rouges, et toujours indolores, qui ressemblent à des verrues. C'est ce que l'on appelle un granulome à corps étranger. Inesthétique et tenace : il ne disparaît jamais spontanément...

Fiche technique

• Les piqûres d'oursins sont fréquentes et bénignes. Toutefois, si l'on néglige d'enlever les aiguillons des oursins, il peut se produire plus tard un granulome à corps étranger.
• Ce granulome peut survenir avec n'importe quelle substance introduite accidentellement dans la peau. Le corps étranger s'entoure de tissu cutané de façon plus ou moins importante.
• Évolution : aucune disparition spontanée, aucune dégénérescence.

Traitement

– Précoce : après désinfection, enlever un à un les fragments des aiguillons d'oursin jusqu'au dernier ;
– en cas de granulome : intervention chirurgicale sous anesthésie locale.

Piqûres de méduse

Les signaux de la peau

La Méditerranée était bleue, transparente et merveilleusement chaude. Vous nagiez tranquillement et prudemment, pas loin du bord, lorsque vous avez ressenti une violente douleur, comme une décharge électrique sur la jambe. En scrutant la mer autour de vous, vous avez aperçu, nageant entre deux eaux, une méduse presque transparente. Dès votre sortie de l'eau, vous constatez une ligne rouge qui gonfle votre peau. Cela brûle et démange à la fois. C'est une réaction urticarienne qui va durer de quelques heures à quelques jours. Une piqûre de méduse n'est pas grave, mais de multiples piqûres peuvent déclencher un état de choc avec évanouissement, baisse de tension artérielle, nécessitant une hospitalisation rapide. Lorsque les méduses se déplacent en bancs (par centaines ou par milliers), mieux vaut éviter la baignade !

Fiche technique

• Les piqûres de méduse sont douloureuses, mais le plus souvent bénignes.

Traitement

   – Par voie locale : application de dermocorticoïdes en pommade ;
   – par voie générale : prise d'antihistaminiques pour calmer les démangeaisons ;
   – hospitalisation en cas de choc.

9

Les soucis d'un transpireur

Centrale d'épuration, mission d'élimination des substances nocives pour l'organisme, protection de la peau contre le dessèchement, régulation thermique..., la transpiration est très utile et tout à fait nécessaire. La transpiration est un phéno- mène normal. Mais trop c'est trop. Et lorsque – en dehors de la pratique d'un sport, ou sous 45° à l'ombre, ou encore dans un sauna – la peau continue à « pleurer » continuellement, cela devient une gêne, voire un véritable handicap, aussi bien dans le travail que dans les relations avec les autres. On plaint le transpireur, mais on l'évite aussi. Pas moyen de stopper totalement la transpiration (cela n'est d'ailleurs pas souhaita- ble) mais on peut la réduire à des doses raisonnables. D'une part par des produits-freins, mais aussi par l'utilisation de sédatifs. Plus l'on est ému, plus l'on sue, c'est connu! Mains moites, pieds humides, ont donc leur traitement. Et quand rien n'a vraiment réussi, restent les solutions chirurgicales : on peut éliminer quelques glandes sudoripares sans dommage...

Hyperhidrose axillaire

Les signaux de la peau

C'est surtout la chemise qui signale une hyperhidrose axillaire, par une auréole inesthétique juste sous les bras. L'hyperhidrose se produit surtout l'été, dans les pièces surchauffées, ou au cours de l'activité physique. Là encore, certaines personnes sont plus sujettes que d'autres. L'anxiété ou le surmenage, ou les chocs émotionnels, peuvent aggraver une hyperhidrose par un déséquilibre du système sympathique qui régule la fonction de transpiration.

Fiche technique

• L'hyperhidrose axillaire, ou hypersudation est un phénomène extrêmement fréquent et banal (25 % des Français en souffrent), mais qui peut devenir très gênant dans la vie courante. Elle est due à l'hyperactivité des glandes sudorales, souvent déclenchée par la chaleur et les émotions.
• Évolution : l'hyperhidrose axillaire, sans traitement, reste stable, mais elle peut régresser avec l'âge.

Traitement

Ils sont multiples.
Traitements généraux : prise de médicaments ayant une action sédative et tranquillisante ou atropinique (action sur le système sympathique).
Traitements locaux : de nombreux produits « antitranspirants » peuvent être appliqués. Ils ont une action soit antisécrétoire, soit antiexcrétoire (produits à base d'alun, de benjoin, de formol...), leur action ne dure que quelques jours. Ce traitement doit donc être régulièrement appliqué.
Traitements chirurgicaux :
– sympatectomie. L'intervention consiste à supprimer les nerfs sympathiques régulant la sudation des aisselles. Traitement aujourd'hui abandonné car il se produit des rechutes.

D'autre part, il apparaît une hyperhidrose corporelle compensatrice;
— excision des glandes sudorales. Traitement réservé aux hyperhidroses ayant résisté aux traitements locaux. Le résultat est excellent et définitif, mais les cicatrices résiduelles peuvent être importantes.

Mauvaise odeur axillaire

Les signaux de la peau

Ils sont évidents et bien inconfortables, souvent plus pour l'entourage que pour le sujet lui-même qui n'en a pas toujours conscience. Personne n'est à l'abri de ce désagrément, même si l'on est hyperpropre. Il existe toutefois certains « terrains » prédisposés. Et la mauvaise odeur axillaire peut être un vrai handicap dans la vie professionnelle. Aujourd'hui, heureusement, il existe des solutions qu'il faut parfois faire connaître, avec délicatesse, à son entourage.

Fiche technique

• La mauvaise odeur axillaire, ou bromidrose, est très fréquente.
• Origine : lors de la transpiration, les glandes apocrines situées sous les aisselles sécrètent des matières grasses. Celles-ci n'ont pas d'odeur, mais les bactéries qui vivent sur la peau, les dégradent et les transforment en produits comme l'ammoniaque et les hydroxyacides, qui, eux, sentent mauvais.

Traitement

Après le bain ou la douche, matin et soir, destruction de la flore bactérienne avec un antiseptique (hexamidine ou chlorhexidine). La transpiration se fait normalement, mais sans dégager d'odeur.

Hypersudation des pieds
(Hyperhidrose plantaire)_____

Les signaux de la peau

Transpirer des pieds, rien de plus normal. Surtout lorsqu'on a une activité physique importante. Mais la transpiration peut prendre des proportions exagérées et fort gênantes. En général, l'hypersudation débute dès l'enfance et s'accentue à la puberté. Elle peut être si intense que les pieds sont toujours humides, ce qui favorise l'apparition de mycoses. Les champignons affectionnent toujours les lieux humides et chauds (voir athletic foot, chap. 2, p. 61). Et ces mycoses récidivent régulièrement après arrêt du traitement. Autre désagrément, la transpiration excessive peut « bousiller » une paire de chaussures de cuir en quelques semaines. Si à cela s'ajoute une mauvaise odeur – ce qui n'est pas toujours le cas – le tableau est complet... Là encore, heureusement, le phénomène s'atténue avec l'âge. Et en attendant, il existe des solutions.

Fiche technique

• Phénomène tout à fait banal qui devient handicapant lorsqu'il est exagéré.
• Évolution : peut débuter dans l'enfance ou à la puberté. En général, disparaît spontanément avant l'âge de vingt-cinq ans. Dans certains cas, toutefois, il peut persister.

Traitement

L'hygiène d'abord... Savonnage des pieds matin et soir. Port de chaussettes ou de collants non synthétiques. Abstention de chaussures hermétiques (bottes, par exemple). Marcher pieds nus le plus possible.
Bains de pieds dans du thé infusé fort (contenant des tanins qui assèchent). Un remède de bonne femme qui donne de bons résultats. Application des produits « antitranspirants ». Le traitement est plus efficace que pour les mains car le produit reste au contact du pied pendant toute la journée.

Hypersudation des mains

Les signaux de la peau

Les mains moites..., quelle source de complexes pour celui ou celle qui est atteint d'hypersudation palmaire! Ce n'est pas rare malheureusement. Chaque fois qu'il faut dire bonjour à quelqu'un, c'est la honte, et sous l'empire de l'émotion les mains deviennent plus moites encore. Ce phénomène peut gêner beaucoup la vie professionnelle. Peut-on imaginer un pianiste, un coiffeur, une esthéticienne aux mains moites? Heureusement, ce phénomène s'atténue avec l'âge et il existe des solutions, autres que le simple mouchoir pressé dans les paumes!

Fiche technique

- Anomalie cutanée extrêmement fréquente, et plus ou moins marquée.
- Origine : un déséquilibre du système sympathique qui commande à la fonction de sudation.
- Évolution : l'hypersudation palmaire peut débuter dans l'enfance, se compliquer parfois d'eczéma ou de dishydrose. Elle s'atténue pour disparaître vers l'âge de vingt-cinq ans. Plus rarement, elle débute à la puberté et ne s'atténue que vers l'âge de quarante ans. La température élevée et les émotions aggravent le phénomène. Le repos le fait disparaître.

Traitement

– Local : le plus efficace, chlorure d'aluminium sous pansement occlusif gardé toute la nuit.

– Général : prise de sédatifs. Dans les cas graves, invalidants, et s'il y a persistance après l'âge de vingt-cinq ans, on peut faire une sympathectomie cervicale (suppression des nerfs sympathiques régulant la sudation des mains). Cette intervention ne doit être faite qu'après échec des autres thérapeutiques locale et générale. En tout état de cause, elle doit se limiter à un seul côté, correspondant à la main dont on se sert le plus. Il y a souvent un effet bénéfique sur le côté opposé.

Hypersudation généralisée

Les signaux de la peau

Certaines personnes sont affligées d'une sudation généralisée à tout le corps. De façon plus ou moins permanente, et en tout cas au moindre effort et à la moindre émotion. Rien de plus désagréable que de se retrouver « en eau » surtout pendant sa journée de travail. Le linge est humide, colle à la peau, et parfois de mauvaises odeurs viennent encore aggraver les choses. Une hypersudation généralisée peut être le signal de quelques maladies.

Fiche technique

• L'hypersudation (ou hyperhidrose) généralisée, est normale dans certaines conditions. Au cours d'une grosse fièvre, ou dans un sauna, par exemple. En dehors de ces circonstances, c'est un phénomène pathologique.
• Causes possibles : obésité, crises d'hypoglycémie, émotivité, ménopause.
• Évolution : elle se fait en fonction de la cause et du traitement.

Traitement

Celui de l'obésité ou des crises d'hypoglycémie. Si c'est un trouble de la ménopause, traitement hormonal. En cas d'hyperémotivité : sédatifs, tranquillisants. Enfin, pour assécher, diminuer la transpiration, médicaments atropiniques (anticholinergiques). Inconvénient : assèchent les muqueuses.

Dyshidrose

Les signaux de la peau

Voilà une affection très fréquente et qui vous précipite chez le dermatologue, car elle est source de gêne et d'inquiétude. Brutalement, apparaissent sur vos doigts des pieds et des mains des cloques, petites, dures, bien enchâssées dans la peau, qui démangent terriblement. Ces mêmes cloques, en plus grand format, peuvent également envahir la paume des mains, la plante des pieds, voire les pieds et les mains entiers... Comme cela gratte, vous pensez à la gale ou à un maudit champignon. Il ne s'agit en fait que d'une dyshidrose – une forme d'eczéma – qui va disparaître si elle est traitée en huit à dix jours. Toutefois, cette affection peut cacher quelques maladies qu'il faut rechercher.

Fiche technique

• Dermatose des mains et des pieds fréquente et saisonnière, considérée comme une forme particulière d'eczéma.
• Non contagieuse.
• Devant une dyshidrose, on doit rechercher : un athletic foot (voir chap. 2, p. 61), un eczéma atopique (chap. 7, p. 158), une dermite d'irritation à certains produits manipulés, un choc émotionnel.
• Évolution : à court terme, disparition spontanée accélérée par le traitement. Les vésicules se dessèchent rapidement. A long terme, poussées se répétant pendant les saisons chaudes, au même rythme chaque année. Aggravation avec les stress émotionnels.

Traitement

Celui des causes favorisantes, si on les trouve. Antiseptiques. Dermocorticoïdes en pommade.

Anomalie de la couleur de la sueur
(Chromidrose)_____

Les signaux de la peau

Ça alors! Vous vous apercevez un jour, en fin de journée, que votre chemise, sous les bras, a pris une couleur bleue, jaune ou noire. Et à y regarder de plus près, vous constatez que cela provient de votre sueur. Si vous n'avez pris aucun médicament particulier qui aurait pu teinter votre sueur, et si ce n'est pas la teinture de votre vêtement qui se dissout avec la transpiration, ou encore des microbes qui la coloreraient, vous êtes atteint de chromidrose. Ce n'est pas grave, mais peut être durable.

Fiche technique

• Affection rare. Due à un pigment (lipo-fuchsine) sécrété par les glandes apocrines des aisselles.
• Évolution : survient à n'importe quel âge, persiste parfois longtemps.

Traitement

Pas d'autre solution que la chirurgie, comme dans les hypersudations axillaires prononcées.

10
Les mauvaises fréquentations

Signe des temps et glissement du vocabulaire : on ne parle plus aujourd'hui de péril vénérien (de Vénus, déesse de l'Amour) mais de maladies sexuellement transmissibles (ou M.S.T.). Avant tout pour déculpabiliser et permettre un dépistage précoce, plus que jamais nécessaire : les « maux d'amour » atteignent en effet la zone d'alarme. L'Organisation mondiale de la santé estime que tous les quarts de seconde, quelqu'un, quelque part dans le monde, contracte une M.S.T.! La blennorragie par exemple (ou gonococcie) prolifère d'une manière fulgurante : elle fait 5 à 800 000 nouvelles victimes chaque année en France, 3 millions aux États-Unis, et dit-on, jusqu'à 20 000 par jour au Brésil! Pis : l'extension de ces M.S.T. n'est pas du tout contrôlée. Certaines bactéries sont devenues plus agressives, des virus nouveaux sont apparus. Ajouter à cela les brassages de population et les voyages exotiques (les M.S.T. sont de véritables fléaux à Rio de Janeiro, Manille, Sri Lanka, etc.). Quant à la prévention, elle est difficile : il n'existe à l'heure actuelle aucune mesure prophylactique efficace à 100 % (ni vaccin!). Au moment où le SIDA devient un fléau international, il est nécessaire pour chacun, pour chacune, de réviser ses problèmes de morale et surtout les plus élémentaires règles d'hygiène.

Gonococcie

Les signaux de la peau

Connue, très connue, cette maladie sexuellement transmissible est appelée aussi plus vulgairement la « chaude-pisse » — car le signal le plus important est une brûlure ressentie en urinant. Le scénario classique : un homme se lève un matin, il constate un écoulement de pus à sa verge et a cette impression, lorsqu'il urine, de « pisser des lames de rasoir ». Image très évocatrice de la douleur. Parfois cependant, la brûlure n'existe pas, mais seul ce pus jaunâtre qui ne tarit pas. La gonococcie se déclare trois ou quatre jours après un rapport sexuel avec une femme contaminée. Le médecin consulté en urgence (on s'en doute), va constater les faits, rechercher un ganglion (souvent absent) et interroger le patient sur l'ancienneté de ses rapports sexuels (entre deux et six jours, il y a de fortes chances pour qu'il s'agisse d'une blennoragie à gonocoque ou gonococcie); mais il va prescrire des examens (prélèvement et prise de sang) pour s'assurer qu'il n'y a pas une syphilis associée. En attendant le traitement est tout de suite entrepris et, si possible, le traitement de la partenaire.

Chez la femme, malheureusement, l'infection gonococcique est très discrète, parfois tout à fait silencieuse (quelques brûlures en urinant, quelques pertes insignifiantes ou une légère démangeaison). Mais les conséquences sont graves car, si l'infection n'est pas traitée à son début, elle peut gagner les trompes et provoquer une stérilité définitive.

Il est donc impératif de rechercher la ou le partenaire sexuel de l'homme contaminé et de les traiter en même temps.

Fiche technique

- Maladie sexuellement transmissible. Extrêmement fréquente. Due à une bactérie, le diplocoque.
- Incubation : deux à six jours (trois jours en moyenne).
- Très contagieuse par contact direct.
- Évolution sans traitement : nombreuses complications, tant chez l'homme que chez la femme (comme la stérilité).

Traitement

Antibiotiques par voie générale. Plusieurs antibiotiques possibles :

– spectinomycine : c'est le traitement « minute » très efficace, mais ne traite pas une syphilis associée;

– mynocycline : bon traitement, mais action douteuse sur la syphilis. En revanche, traite les chlamydiae et les mycoplasmes souvent associés;

– bêta-lactamines : efficace sur la gonococcie en général (certaines souches restant néanmoins résistantes). Traite aussi une syphilis débutante.

Prophylaxie fondamentale : interruption des rapports sexuels tant que l'on n'est pas guéri.

Recherche et traitement éventuel des partenaires sexuels pour briser la chaîne de contamination.

Syphilis

Les signaux de la peau

Pendant les siècles qui ont précédé le nôtre, ce fut une véritable malédiction. Une maladie honteuse, et qui décimait les familles. Sans merci et sans recours. Il y a moins d'un siècle encore, certains médecins étaient syphilographes et ne soignaient que cette maladie appelée aussi la grande vérole. Aujourd'hui, d'autres maladies sexuellement transmissibles, comme l'herpès ou le SIDA, tiennent le devant de la scène, mais la syphilis n'est pas pour autant vaincue et elle est comme toutes les maladies sexuellement transmissibles (M.S.T.) en augmentation, même si elle ne fait plus la une des journaux. Chacun sait que la syphilis évolue en trois stades ayant chacun des signaux propres à les identifier. Pourtant, nombre de médecins – dermatologues et vénérologues compris! – passent encore à côté de celle qu'on surnommait autrefois « la grande simulatrice »... C'est qu'elle peut prendre des masques divers et troublants.

Premier stade de la maladie : le chancre. Quelques jours après le contact sexuel avec une personne contaminée, apparaît en un endroit de la sphère génitale une petite tache rose superficielle et indolore qui peut tout à fait passer inaperçue. De forme ronde ou ovale, cette tache de deux à trois centimètres de diamètre va s'élargir et se creuser. Si on la palpe – ce qui est déconseillé car elle fourmille de microbes! – on sent une induration. Mais on ne déclenche aucune douleur. Quatre ou cinq jours plus tard, on peut sentir dans l'aine un ganglion rouler sous les doigts. Ces deux signaux doivent faire penser à une syphilis. Des examens très simples peuvent alors confirmer le diagnostic et un traitement précoce va stopper le cours de la maladie. Si elle est négligée, le chancre va disparaître en trois à six semaines, mais ce n'est pas pour autant la guérison.

La maladie entre alors dans sa deuxième phase, dite secondaire. Soit elle évolue silencieusement (on parle alors de syphilis sérologique car les seuls éléments diagnostiques se trouvent dans le sang), soit elle se manifeste par différents signaux. En premier, la roséole. De minuscules taches roses, rondes ou ovales, parfois à peine visibles, envahissent le thorax, l'abdomen, voire les membres. Bien séparées les unes des autres, ne faisant aucune saillie sur la peau et ne grattant pas. Fort peu gênante, cette roséole peut être ignorée. Comme le chancre, elle disparaît en quelques semaines (huit au maximum). Peu après, vont apparaître les syphilides secondaires (environ quatre mois après le chancre) qui vont être, elles, un motif de consultation : ce sont en effet de vrais boutons saillants, fermes au toucher et hémisphériques, d'un franc rouge cuivré. Ils sont indolores, ne démangent pas. Leur siège sur le corps est tout à fait caractéristique : on les trouve surtout sur le visage, autour de la bouche (menton et pli naso-génien), sur les organes génitaux et, signe très révélateur, sur les paumes des mains et plantes des pieds. Ces boutons apparaissent et disparaissent par vagues successives. Les muqueuses sont atteintes aussi : muqueuse de la bouche, muqueuses génitales. Des plaies se forment, rouges, érosives, souples et indolores, fourmillant de microbes, donc hautement contagieuses. Paradoxe, le malade se porte bien. Pas de fièvre, pas de fatigue. Encore une fois, même sans traitement, les signaux vont apparaître en quelques semaines. Mais la maladie poursuit son cours et le microbe son œuvre destructrice. Des années plus tard, le cerveau est atteint, le système nerveux, le cœur, voire d'autres organes. A ce stade, les lésions sont irréversibles, le traitement peu efficace.

Fiche technique

- Maladie sexuellement transmissible (M.S.T.) due à une bactérie : le tréponème pâle.
- Trés fréquente encore de nos jours.
- L'incubation varie entre dix jours et trois mois (moyenne vingt et un jours).
- Très contagieuse.
- L'évolution spontanée se fait en trois phases. Phase primaire qui dure de trois à six semaines. Secondaire, débute quarante-cinq jours après l'apparition du chancre et dure un an. Tertiaire : non systématique, se produit des années plus tard. Avec traitement, la maladie évolue vers la guérison mais il peut y avoir des récidives si l'on entre à nouveau en contact avec le tréponème pâle. Donc, pas d'immunité.
- Le diagnostic repose sur les lignes cliniques (mais ne pas trop s'y fier car les formes incomplètes et non conformes sont légion) et sur les examens sérologiques qui sont obligatoires en France.

Traitement

La pénicilline, très efficace. En cas d'allergie à cet antibiotique, emploi d'érythromycine, tétracyclines ou spiramycine...

Herpès génital
(première infection)

Les signaux de la peau

C'est souvent lors d'une première aventure amoureuse que l'on contracte le virus. Que ce soit chez le garçon ou chez la fille, la primo-infection se déroule de la même manière. Une semaine après le contact sexuel avec une personne atteinte, on ressent une grande sensibilité de la peau, au niveau des organes sexuels, mais aussi des zones avoisinantes, fesses, cuisses, parfois même jambes, ainsi qu'une fatigue générale. Puis apparaissent une sensation de brûlure, suivie en un endroit quelconque de l'appareil génital d'un gonflement et rougissement de la peau qui se transforme rapidement en un bouquet de petites cloques à liquide clair. Ces cloques se rompent, laissant à leur place de petites plaies rouges arrondies (ulcérations) spontanément douloureuses, et plus encore au toucher. Sur l'aine, on peut sentir rouler sous les doigts une petite boule élastique. C'est un ganglion. Si toute l'histoire se déroule ainsi, on est à peu près sûr qu'il s'agit d'une primo-infection herpétique. En revanche, si l'on ne s'aperçoit de quelque chose qu'au stade des ulcérations, il faut penser avant toute chose à la syphilis qui peut prendre cet aspect.

La guérison de cette première infection génitale herpétique se fera en quinze à vingt jours, ce qui est relativement long. Elle peut aller jusqu'à sept semaines chez la femme enceinte. A l'occasion de la primo-infection, le sujet élabore des anticorps destinés à empêcher le virus de se remanifester. Ce scénario classique n'est pas toujours aussi net. Tout peut se résumer à deux ou trois cloques passant inaperçues ou à une petite ulcération douloureuse. Et dans 20 % des cas, la primo-infection herpétique passe totalement inaperçue. Le problème le plus aigu est celui de la femme enceinte qui fait une primo-infection herpétique (voir chap. 15, p. 284).

Fiche technique

• Maladie virale sexuellement transmissible. Extrêmement fréquente. Due à l'herpès virus H.V.S. 2 (162 000 consultations en 1985).
• L'incubation de la primo-infection varie de deux à vingt jours (six jours en moyenne).
• Évolution : la guérison demande une vingtaine de jours. Récidives fréquentes.

Traitement

Voir herpès récidivant (chap. 14, p. 264).

Infections à chlamydiae_____

Les signaux de la peau

Le plus souvent, c'est un homme qui vient consulter. Il se plaint soit d'un écoulement de liquide clair à la verge qui tache légèrement son caleçon mais qui n'est pas douloureux, soit de douleurs violentes, permanentes au niveau des bourses. C'est ce que l'on appelle l'épididymite aiguë. Ces deux types de signaux indiquent une infection à chlamydiae. Chez la femme, les signaux sont beaucoup plus discrets, voire absents. Il peut y avoir quelques pertes s'accompagnant de brûlures en urinant. Plus rarement, des douleurs aiguës du bas-ventre ou de petites douleurs persistantes qui indiquent une salpingite. Une femme doit être extrêmement attentive à ces quelques signaux, discrets ou non, car une infection à chlamydiae non soignée peut entraîner des complications dont la plus grave est la stérilité, par obturation des trompes.

Fiche technique

• Maladie sexuellement transmissible, peut-être la plus fréquente aujourd'hui, due à une bactérie : le *Chlamydia trachomatis*. En recrudescence à l'heure actuelle.
• Incubation : dix à soixante jours.
• Très contagieuse.
• Diagnostic : il se fait par prélèvement à la curette, urétral profond chez l'homme, cervical chez la femme (sur le col). Puis étude des cellules au microscope. Ou encore par test de micro-immunofluorescence sur lame.
• Évolution : si l'infection n'est pas traitée, elle peut être à l'origine d'affections uro-génitales (urétrite, cervicite), mais aussi de maladies d'évolution plus préoccupante (épididymite, prostatite pour l'homme, salpingite aiguë chez la femme, avec comme séquelle la stérilité). Ne confère pas l'immunité.

Traitement

Antibiotiques (tétracyclines, macrolides). Tous les partenaires doivent, si possible, être traités en même temps.

Mycoplasmes

Les signaux de la peau

Les signaux d'une infection à mycoplasmes sont sensiblement les mêmes que ceux d'une infection à chlamydiae. Écoulement au niveau de l'urètre chez l'homme comme chez la femme. Cet écoulement est fluide, clair, peu abondant et non douloureux. Chez l'homme, tout peut se limiter à une petite goutte matinale. Exceptionnellement, l'écoulement peut être abondant et douloureux, comme dans une gonococcie. Autres signaux, discrets également : envies d'uriner fréquentes et impérieuses, et gêne à uriner. Très rares sont les douleurs des bourses et du bas-ventre qui signalent des atteintes de l'épididyme et de la prostate. Tous ces signaux sont évocateurs d'une infection génitale, non gonococcique. Mais seuls les prélèvements peuvent confirmer l'origine de l'infection.

Fiche technique

• Maladie sexuellement transmissible (M.S.T.) due à des germes proches des bactéries.
• Incubation : dix à soixante jours.
• Diagnostic après prélèvement.
• Évolution : bonne sous traitement. Ne confère pas l'immunité.

Traitement

Tétracyclines, érythromycine.

Trichomonas

Les signaux de la peau

Encore une maladie sexuellement transmissible, mais qui – pour une fois – se ressent plus vivement chez la femme. Les signes : démangeaisons, brûlures de la muqueuse vaginale qui est irritée et de couleur rouge violacé, « pertes » mousseuses, d'odeur âcre et désagréable. Parfois, il n'y a ni douleurs ni démangeaisons, seulement des pertes. Chez l'homme, un écoulement discret qui peut passer inaperçu. Seuls les prélèvements vont confirmer le diagnostic.

Fiche technique

- Maladie sexuellement transmissible, fréquente en France.
- Due à un germe, le *Trichomonas*.
- Très contagieuse.
- Le diagnostic repose sur les prélèvements directs.
- Évolution : les complications sont rares mais possibles. En l'absence de traitement, on peut voir des infections de la vessie, de la prostate, des trompes.
- Ne confère pas l'immunité.

Traitement

Dérivées de l'imidazole (antiparasitaire). Contre-indiqué chez la femme enceinte. Dans ce cas, seul est permis un traitement local.

Crêtes-de-coq
(condylomes acuminés ou végétations vénériennes)_____

Les signaux de la peau

L'affection commence sournoisement. La peau, au niveau des organes génitaux, se surélève d'un ou deux « boutons » arrondis ou hémisphériques de couleur rosée ou blanchâtre. Ces boutons ne disparaissent pas. Bien au contraire, ils grossissent et se multiplient. Et finissent par former une excroissance de peau à surface irrégulière dentelée comme une crête de coq. Tout à fait indolore, et qui ne gratte pas. Sans traitement, cette « crête-de-coq » va se transformer en une sorte de chou-fleur blanc-gris comme posé sur la peau. Et qui essaime. Toute la sphère génitale (chez l'homme comme chez la femme) peut être envahie. Malheureusement, chez la femme, le phénomène est moins visible car il peut avoir lieu à l'intérieur du vagin. Seul un examen au spéculum peut alors le révéler. Plus grave encore, le virus responsable gagnant de proche en proche peut pénétrer dans le rectum. Le médecin consciencieux fera toujours une rectoscopie.

Chez la femme, le col de l'utérus doit aussi être examiné. Il existe en effet une forme particulière de végétations vénériennes, plates, microscopiques, peu visibles à l'œil nu, qui siègent sur le col. On les détecte par application d'un colorant suivi d'une colposcopie (examen avec un appareil grossissant qui permet de voir le col). Cette recherche est très importante car on sait depuis peu que le papovavirus (impliqué dans cette affection) peut être responsable de cancer du col de l'utérus. Il faut donc absolument traiter les végétations vénériennes présentes en cet endroit.

Fiche technique

• Maladie sexuellement transmissible, due à un virus appelé papovavirus.
• Contamination par contact direct.
• Incubation : un à douze mois (six semaines en moyenne).
• Contagiosité : elle est importante, mais pas systématique. Il faut un terrain « sensible ».

• Évolution : en général bénigne (toutefois, possibilité de cancer du col de l'utérus des années plus tard si l'affection n'a pas été traitée). Aucune tendance à la guérison spontanée. Sans traitement, dissémination de l'affection.

Traitement

Aucun médicament par voie orale n'est efficace (puisqu'il s'agit d'un virus).

– Coagulation au bistouri électrique ou sous anesthésie locale au laser. C'est la meilleure technique. Disparition radicale et définitive des lésions. Cicatrisation en huit à dix jours.

– Cryothérapie : application d'azote liquide (produit très froid à – 173°) qui « brûle » les végétations. Les applications doivent être répétées tous les huit à dix jours. Inconvénient : le traitement est douloureux et difficile à supporter en cas de lésions nombreuses. Il est insuffisant pour les lésions volumineuses.

– Résine de podophylline : application en solution ou en pommade. Produit qui détruit les végétations, mais nécessite de nombreuses courtes applications (deux à trois heures en fonction de la tolérance) car le produit est irritant. A répéter tous les trois à six jours. Réservé aux éléments de petite taille et nombreux. Inconvénient : traitement long (minimum un mois) pendant lequel le malade reste contagieux. Contre-indiqué en cas de grossesse.

En cas de végétations vénériennes rectales : il faut consulter un proctologue, seul armé pour les traiter correctement.

Impératif : pour empêcher la dissémination de cette M.S.T., le ou les partenaires doivent être traités en même temps.

Candidose génitale

Les signaux de la peau

Une affection sexuellement transmissible qui se manifeste plus vite et plus fort chez l'homme que chez la femme. C'est souvent un homme marié qui consulte. Il se plaint d'une rougeur diffuse à l'extrémité de la verge, rougeur légèrement en relief, humide et qui se couvre d'enduits blanchâtres. Cela démange un peu, et c'est très désagréable. A-t-il pris des antibiotiques? Est-il diabétique? Sa femme est-elle enceinte? Le médecin cherche le facteur déclenchant de cette affection très répandue : la candidose génitale. Chez la femme les signes peuvent être, soit extrêmement discrets (petites pertes insignifiantes), soit aussi violents que chez l'homme (muqueuse génitale rouge, gonflée et douloureuse). Ça brûle, ça gratte, et d'épaisses pertes blanches surviennent.

Le champignon responsable est encore le *Candida albicans* que nous avons rencontré dans cette affection du nouveau-né : le muguet. Ce champignon, saprophyte, vit normalement dans l'intestin où il fait un travail particulier, utile à l'organisme. La population de *Candida albicans* est stable, car il y a autorégulation. Mais, dans certaines circonstances, elle se multiplie de façon importante et déborde... soit vers le haut, atteignant la bouche (c'est le muguet), soit vers le bas pour gagner un milieu propice à son développement, le vagin. C'est la candidose génitale. Lors d'un contact sexuel, le partenaire en hérite...

Fiche technique

• La candidose génitale peut être classée dans le cadre des maladies sexuelles transmissibles (m.s.t.).
• Due à un champignon : le *Candida albicans* saprophyte (et non parasite), vivant dans les muqueuses digestives.
• Facteurs favorisant sa migration hors des muqueuses : un état général déficient (notamment chez l'enfant prématuré, ou chez les patients atteints d'affections malignes telles que cancer, SIDA). Des déséquilibres hormonaux (diabète, grossesse, maladies endocriniennes). L'âge (les deux extrêmes de la vie). Des facteurs locaux (humidité, macération). Prise de médicaments (antibiotiques, corticoïdes, pilule anticonceptionnelle).
• Diagnostic clinique et par prélèvement (examen au microscope, puis mise en culture).

Traitement

Antifongiques.
– Localement : dérivés des imidazoles, amphotéricine B, Nystatine.
– Par voie générale : kétoconazole. Contre-indiqué en cas de grossesse et d'hépatite virale.

Maladie de Nicolas-Favre_____

Les signaux de la peau

Le plus souvent, le consultant est un Africain qui présente une tuméfaction à l'aine, se présentant comme une grosse boule sous une peau rouge. La palpation – qui est douloureuse – permet de sentir sous les doigts de petites masses réunies les unes aux autres, et qui sont en fait des ganglions très inflammatoires. Si l'on ne fait pas de traitement, la peau se perce en de multiples endroits, laissant échapper un liquide blanchâtre exactement comme une pomme d'arrosoir. Chez la femme, cette maladie est beaucoup plus discrète car les ganglions atteints sont situés dans le bas-ventre, et ne donnent au début que des douleurs intermittentes. Le diagnostic se fait par ponction des ganglions, culture et examen du sang.

Fiche technique

• Maladie sexuellement transmissible (M.S.T.). Rare en France. Due à des germes *Chlamydiae trachomatis* (sérotype L 1, L 2, L 3).
• Incubation cinq semaines environ.
• Très contagieuse.
• Zones d'endémie : Amérique du Sud, zones tropicales et subtropicales, zone ouest de l'Afrique, Caraïbes, Extrême-Orient, Afrique du Nord.
• Le diagnostic repose sur la ponction des ganglions, l'examen

direct au microscope, la culture du pus, les anticorps circulant dans le sang.

• Évolution : guérison sous traitement. Ne confère pas l'immunité.

Traitement

Antibiotiques (tétracyclines) et sulfamides.

Chancre mou

Les signaux de la peau

Un souvenir de vacances en Afrique peut-être, ou d'une simple virée dans un quartier chaud de la capitale. Toujours est-il qu'un jour vous découvrez, monsieur, sur une partie intime de votre corps une petite tache rouge, surmontée d'une cloque vite rompue et qui laisse apparaître un cratère de un centimètre environ : le chancre. Ce chancre, contrairement à ce qui se passe dans la syphilis ou la donovanose (voir p. 196 et p. 208), est douloureux, à la fois spontanément et lorsqu'on le touche. Il est profond, avec des bords bien nets, souvent décollés. En l'examinant de près, on peut voir sur les bords un double liséré jaunâtre à l'intérieur, rouge-violet à l'extérieur. A la palpation, la chancre n'est pas induré. Autre signal possible (mais inconstant), la présence d'un ganglion dans l'aine. Non traité, le chancre mou va s'étendre, pouvant entraîner des complications locales. Il finira par disparaître, mais au prix d'une cicatrice indélébile et mutilante. Heureusement, le traitement précoce est efficace.

Fiche technique

• Maladie sexuellement transmissible, très rare en France, due à un bacille.

- Très contagieuse.
- Zones d'endémie : Afrique du Nord (notamment le Maroc), Afrique noire. A réapparu en France de façon brusque en 1973.
- Le diagnostic repose sur l'examen direct par frottis du chancre, et par culture de la sérosité.
- Évolution : guérison spontanée avec cicatrice mutilante. Ne confère pas l'immunité.

Traitement

Antibiotique (streptomycine) et sulfamides. La pénicilline est inefficace.

Donovanose

Les signaux de la peau

Cette maladie sexuellement transmissible peu connue se contracte surtout dans les pays tropicaux (Inde, Moyen-Orient, Antilles). Elle peut être un mauvais souvenir de vacances pour celui qui a succombé aux charmes indigènes. Quinze jours après le contact amoureux, apparaît sur les organes génitaux une petite élevure rouge et arrondie qui va rapidement se creuser en son milieu et s'élargir, formant une ulcération. Celle-ci est totalement indolore (contrairement au chancre mou). Petit à petit, elle prend l'aspect d'une margelle de puits : le centre est lisse, les bords surélevés. On peut alors penser à la syphilis, mais le chancre n'est pas dur, et surtout il n'apparaît aucun ganglion dans l'aine. Sans traitement, cette lésion ne fera que s'étendre et pourra atteindre des proportions considérables, mais, bien entendu, le patient affolé va consulter tout de suite.

Fiche technique

- Maladie sexuellement transmissible (M.S.T.), due à un bacille gram négatif.
- Très contagieuse.
- Incubation : quelques semaines à quelques mois (dix-sept jours en moyenne).
- Les zones d'endémie sont les pays tropicaux (Moyen-Orient, Amérique centrale et du Sud, Antilles). Jadis rare en France, elle y a réapparu depuis quelques années, tant à cause des voyages des Français à l'étranger que de l'arrivée de certains immigrés.
- Le diagnostic se fait après prélèvement et examen direct au microscope (on retrouve les « corps de Donovan ») et après examen histologique.
- Évolution : pas de guérison spontanée. Ne confère pas l'immunité.

Traitement

Plusieurs antibiotiques sont efficaces : streptomycine, auréomycine, terramycine. La pénicilline est inefficace.

SIDA

Les signaux de la peau

Bien que cette maladie touche pour le moment essentiellement des groupes sociaux précis (homosexuels et drogués), elle fait trembler tout le monde et la naissance de bébés atteints du SIDA auxquels leur mère a transmis le virus pendant la grossesse, a causé une grande émotion. Jusqu'où cette maladie, considérée comme le fléau de la fin du XXe siècle, va-t-elle s'étendre? Le SIDA peut se manifester – entre autres signaux – par certaines affections cutanées auxquelles le dermatologue doit prêter une grande attention. Tout d'abord le sarcome de

Kaposi (voir chap. 5, p. 138). Près de 35 % des patients atteints du SIDA développent un Kaposi qui se signale par sa violence, sa rapidité d'extension et sa topographie particulière (atteinte du visage et des extrémités des membres).

Mais le SIDA peut être aussi marqué par d'autres affections cutanées dues à des infections de l'organisme (dites opportunistes) par des virus, des champignons, des microbes, etc. D'abord des herpès buccaux et génitaux à répétition, aussi violents et sévères que dans une primo-infection herpétique (voir p. 198), et qui témoignent de la baisse de l'immunité. Aussi de petites plaques rouges légèrement surélevées débutent sur le tronc et envahissent les membres, évoquant la rougeole. Elles sont dues à un virus (le cytomégalovirus) profitant lui aussi de la faiblesse du patient. Ce virus provoque également chez le malade atteint du SIDA des fissures et des tumeurs au niveau des orifices génitaux, de la bouche et des gencives (gingivite chronique). Le malade atteint du SIDA peut également présenter un muguet ou une candidose génitale dus au champignon *Candida albicans* (voir chap. 4, p. 84 et p. 204).

Plus récemment, des dermatologues américains auraient découvert un signal cutané « spécifique » du SIDA et présent chez 20 % des malades. Ce sont des petites élevures coniques larges de deux à cinq millimètres, de la même couleur que la peau normale, et qui peuvent gratter ou non. Par centaines, elles envahissent le visage, le cou, la partie supérieure du thorax, restant séparées les unes des autres.

Enfin, chez un grand nombre de malades atteints du SIDA apparaît une dermite séborrhéique « explosive » sévère, très inflammatoire (voir chap. 14, p. 263).

En dehors des atteintes cutanées, le SIDA s'inscrit dans un contexte de maladie grave avec fatigue, amaigrissement rapide et important, fièvre, démangeaisons généralisées, diarrhée importante et persistante, toux rebelle, et présence de nombreux ganglions dans le cou, aux aisselles et à l'aine.

Fiche technique

• Le SIDA (ou syndrome d'immuno-déficience acquise) est dû à un virus (rétrovirus).
Historique :
– Ce virus a été isolé en premier par l'équipe du professeur

Montagnier à l'Institut Pasteur qui l'a dénommé LAV. C'est le même que celui appelé H.T.L.V. III découvert aux États-Unis par le professeur Gallo et ses collaborateurs.

– Le virus H.T.L.V. III – LAV, s'attaque à certaines cellules du système immunitaire (les lymphocites T4) qui ne peuvent plus assurer les défenses de l'organisme, lequel va être attaqué de toutes parts par d'autres germes (les infections opportunistes), et va développer également des cancers, dont le Kaposi.

– Les premiers cas de SIDA ont été remarqués et mis en évidence en 1981 aux États-Unis, au centre de contrôle des maladies à Atlanta, à partir de pneumopathies à pneumocystis et de sarcomes de Kaposi survenant chez des homosexuels mâles préalablement en bonne santé. Des cas de plus en plus nombreux d'infections opportunistes furent découverts dans les mois qui suivirent, dans les communautés homosexuelles des grandes villes américaines. C'est ainsi que le Centre d'Atlanta a défini un nouveau syndrome : AIDS en anglais, SIDA en français.

– La provenance de la maladie reste discutée. L'origine africaine est assez probable. Il existe un foyer important de SIDA au Zaïre où la maladie a peut-être fait son apparition. Date-t-elle d'il y a dix ans, ou est-elle plus ancienne? Toujours est-il qu'elle a quitté il y a environ dix ans des foyers géographiques où elle était confinée. Le passage vers les États-Unis où les homosexuels furent les premières victimes, reste mal élucidé. Une étape de l'épidémie en Haïti – où de nombreux cas de SIDA sont recensés – est possible.

Propagation : aujourd'hui d'autres groupes humains que les homosexuels sont atteints par le virus du SIDA : les personnes subissant des transfusions sanguines et essentiellement les hémophiles, les toxicomanes, les prostituées, les femmes vivant avec des hommes bisexuels, les Haïtiens et Africains des deux sexes. Il semble que le virus puisse atteindre maintenant n'importe quelle population.

Mode de contamination :

– transmission sexuelle par l'intermédiaire du sperme. Elle touche essentiellement les communautés homosexuelles masculines des grandes cités. C'est le nombre élevé de partenaires qui constitue un facteur de risque très net;

– transmission par voie sanguine, lors de transfusions de sang contaminé par des porteurs du virus LAV, ou lors d'injection de drogues avec une seringue partagée avec un porteur du virus. C'est le cas chez les toxicomanes;

– la salive et les larmes ne seraient pas source de contagion.

Il semble à l'heure actuelle totalement exclu que le virus puisse être transmis à l'occasion de contacts sociaux normaux avec des patients atteints de SIDA ou avec des patients porteurs du virus et en bonne santé.

Incubation : les anticorps décelables dans le sang par le test Elisa apparaissent deux semaines à deux mois environ après le contact. La présence d'anticorps LAV spécifiques – test Elisa positif – indique uniquement que le sujet a été en contact avec le virus. On ne peut pas en déduire qu'il porte encore le virus et qu'il est donc contagieux, ni qu'il va développer un SIDA dans un avenir proche ou lointain. Le test permet d'éliminer ces sujets lors de dons du sang.

Conséquences de l'infection par le virus LAV :

– la majorité des personnes infectées par le virus restent en bonne santé;

– certaines études donnent les résultats suivants : sur 100 personnes séropositives, surveillées pendant deux ans, 75 sont restées en bonne santé, 20 ont présenté un syndrome lympho-adénopathique ou un syndrome associé au SIDA, 5 ont développé un SIDA dont deux sont morts après deux ans;

– plus récemment, les Américains ont déclaré que 30 % des personnes séropositives développeront un SIDA dans les cinq ans qui suivent la contamination.

Quelques chiffres :

Au 1ᵉʳ mars 1986 : environ 17 000 cas de SIDA aux États-Unis. 392 cas en France. Ces personnes se répartissent de la façon suivante :

mâles homosexuels ou bisexuels	73 % des cas
toxicomanes	17 %
hémophiles	0,72 %
transfusés	1,5 %
hétérosexuels	1 %
aucun des groupes précédents	6,4 %

Ces chiffres vont inévitablement changer, et l'on verra probablement une augmentation des groupes de population peu exposés.

Pronostic : la mortalité par SIDA déclaré reste élevée : 70 à 80 % des malades. Temps de survie moyen : sept à dix-huit mois. Il existe cependant des cas de rémission prolongée.

Traitement

– traitement au coup par coup des infections opportunistes aussi précocement que possible;

– traitement du syndrome de Kaposi : interféronalpha;

– traitement contre le virus LAV. Plusieurs sont en expérimentation : HP 23, Suramine, Ribavirine. Mais les succès sont rares et transitoires;

– le vaccin reste à trouver;

– la prévention est essentielle pour enrayer la propagation de l'épidémie.

11
Les boutons qui durent

Petis pois grêlés, taches rouges qui persistent, boule de graisse qui fait bosse, vilain bouton qui surgit sur le nez ou minuscules semis blancs qui parsèment le visage... Il y a des boutons qui s'installent tranquillement sur notre peau. Et qui durent. Leur devise semble être : « J'y suis, j'y reste. » Parfois même : « J'y grossis. » Bénins dans la plupart des cas, leur défaut majeur est bien sûr d'être inesthétiques, et parfois d'enfler de manière têtue. Attention, on finit par s'y faire! Avec eux, pourtant, la meilleure solution est la plus radicale : le bistouri du chirurgien. Et même, dans de rares cas, mieux vaut ne pas remettre au lendemain. Car ce genre de petits bobos persistants peut être l'amorce de cancers débutants d'une espèce pas méchante mais qu'il ne faut pas négliger.

Il peut y avoir aussi des boutons persistants qui signalent un désordre dans l'organisme. Par exemple cet amas de graisse blanche sous les yeux qui annonce justement un excès de graisse dans le sang... Décidément les signaux de notre peau ont de bons diagnostics et ont très souvent leur utilité.

Les signaux de la peau

Qui n'en a jamais eu? Et qui ne sait pas les reconnaître? C'est l'affection cutanée la plus banale qui soit. Atteignant aussi bien les enfants que les adultes, c'est le pain quotidien des dermatologues. Il en existe plusieurs sortes. Les plus classiques sont les verrues des mains. Petites élevures rondes, au diamètre variable (de quelques millimètres à un centimètre), sèches, dures, plutôt rugueuses et de couleur grisâtre, jaunâtre, voire brun foncé. Elles siègent indifféremment sur les doigts, le dos ou la paume des mains. Ne sont douloureuses que lorsqu'elles sont situées sous les ongles. Si on laisse évoluer ces verrues, elles grossissent, se multiplient et peuvent devenir coalescentes pour former de véritables placards.

Tout aussi fréquentes sont les verrues des pieds qui « s'attrapent » lorsqu'on marche pieds nus au bord des piscines, dans les salles de gymnastique, etc. Elles peuvent passer inaperçues jusqu'au jour où elles deviennent douloureuses à la marche. De près, la verrue plantaire se présente comme une pastille arrondie, plane, jaunâtre, hérissée sur toute sa surface de petites digitations serrées les unes contre les autres. Elle semble profondément enchâssée dans la peau comme un clou. Dans certains cas, la verrue n'ayant pas encore éclos à la surface de la peau, on aperçoit une tache jaunâtre ou brunâtre, légèrement douloureuse à la pression.

En dehors de cette verrue fréquente appelée myrmécye, il est une forme plus insidieuse, et non douloureuse, de verrues plantaires que l'on appelle verrues en mosaïque, car elles dessinent des plaques striées sur la surface de la peau et confluent entre elles de manière très superficielle. Plus rares, moins connues, sont les verrues filiformes que l'on voit surtout sur le visage (lèvres, paupières et zone de rasage chez l'homme). Indolores, de couleur grisâtre, elles ressemblent à un point d'exclamation (base étroite et tête plus large), bien décollé de la peau. Enfin, il y a les verrues planes qui touchent surtout les enfants et les adolescents. Elles apparaissent brutalement sur le front, le menton, les joues, plus rarement sur les mains : petits confetti rosés, à peine en relief, très lisses qui ne grattent pas et ne sont pas douloureux.

Fiche technique

• Les verrues sont des tumeurs bénignes cutanées extrêmement fréquentes, dues à des virus (human papilloma virus) qui se développent dans la peau.
• Contagieuses, par contact direct avec le virus. Toutefois, il existe des « terrains » prédisposés. Il y a des gens à verrues et d'autres qui n'en attraperont jamais.
• Durée d'incubation très variable (quelques semaines à quelques mois).
• Évolution : bénigne. Les verrues ne dégénèrent jamais. Mais les récidives sont très fréquentes.

Traitement

A ne pas faire :
– Radiothérapie de contact. Largement pratiquée dans les années cinquante, c'est une méthode abandonnée car un cancer cutané peut se développer des dizaines d'années plus tard, à l'endroit même des lésions.
– Ablation chirurgicale sous anesthésie générale, encore pratiquée par certains chirurgiens. En aucun cas on ne doit faire prendre le risque d'une anesthésie générale (avec toutes les conséquences possibles) pour des tumeurs parfaitement bénignes.

A faire :
– Application d'azote liquide.
– Application de produits kératolytiques (qui « mangent les verrues »), tels que l'acide salicylique et l'acide lactique.
– Injection intralésionnelle de bléomycine avec prudence, il peut se produire des incidents secondaires.
– Laser CO2; il est encore d'un emploi peu répandu mais semble être efficace dans les cas difficiles.
Beaucoup d'autres traitements sont essayés contre les verrues, tels que la suggestion, l'homéopathie, la radiothérapie fonctionnelle axillaire, inguinale, la lysine et le magnésium. Ils agissent comme un placebo (« substance neutre que l'on substitue à un médicament pour contrôler ou susciter les effets psychologiques accompagnant la médication »).

Grain de milium

Les signaux de la peau

Tout le monde en a eu ou en aura! Ce sont de petits points blancs durs au toucher, gros comme une tête d'épingle et qui s'installent surtout sur le visage dans la zone supérieure : front, contour des yeux, pommettes. Parfois très nombreux, ils surgissent presque du jour au lendemain, et n'ont aucune tendance à disparaître spontanément. Le dermatologue les supprime sans problème.

Fiche technique

• Petites lésions dermatologiques très fréquentes qui sont en fait des microkystes correspondant souvent à l'oblitération du canal d'une glande sébacée.
• Non héréditaires.
• Non contagieux.
• Évolution : ne dégénèrent pas, mais aucune tendance à la disparition spontanée.

Traitement

Extraction par le dermatologue qui pince la peau entre deux doigts puis effectue une excision très superficielle avec une lame de bistouri.
Si ces grains de milium sont une des manifestations de l'acné, adjoindre un traitement complémentaire de façon à éviter les récidives.

Loupe
Kyste épidermique du cuir chevelu_____

Les signaux de la peau

Rien de plus facile à identifier qu'une loupe. En vous peignant ou en vous passant la main dans les cheveux, vous sentez une grosseur sur la peau. Comme un petit pois. Parfois, c'est votre coiffeur qui vous alerte. Cette boule sphérique, ferme ou élastique sous les doigts, n'est jamais douloureuse ni spontanément ni à la pression. Elle soulève la peau du cuir chevelu, sans plus. On pourrait prendre la loupe pour un lipome (voir p. 222), mais à l'inverse du lipome qui est très mobile sous les doigts, la loupe adhère à la peau. Une loupe peut grossir, et atteindre la taille d'une orange! Aussi faut-il consulter un dermatologue et la faire enlever.

Fiche technique

• Tumeur bénigne extrêmement fréquente, contenant le plus souvent des amas graisseux.
• Souvent familiale, bien que cela ne soit pas une affection héréditaire.
• Presque toujours localisée sur le cuir chevelu, parfois sur le corps où l'on peut la confondre avec un kyste sébacé.
• Évolution : elle se fait par poussées. Il peut y avoir accroissement du volume de la loupe, ou l'apparition d'autres loupes. Dégénérescence exceptionnelle, et même discutée par certains spécialistes.

Traitement

Exérèse sous anesthésie locale, à la fois du contenu de la poche et de la « coque » si l'on veut éviter la récidive. Les points de suture sont gardés huit jours.

Kyste sébacé
ou tanne

Les signaux de la peau

Vous avez de l'acné, et voilà qu'un jour apparaît sur votre visage ou sur votre cou, ou encore dans votre dos, une petite grosseur qui se développe rapidement. Elle peut atteindre la taille d'une olive ou – dans les pires cas – celle d'une mandarine! La peau est surélevée, distendue mais garde sa couleur normale. Aucune douleur. A la palpation, cette grosseur est molle, élastique, pâteuse, adhérant à la partie superficielle de la peau. Ce qui la distingue de la loupe du cuir chevelu, c'est parfois la présence à son sommet d'un petit orifice obturé ou non par un point noir. En pressant cette grosseur – ce qui est fortement déconseillé – vous ferez sortir une substance blanchâtre, graisseuse et malodorante. Le kyste sébacé a tendance à s'enflammer. Il grossit alors rapidement, devient rouge et douloureux, et n'est plus mobilisable avec les doigts. Il faut alors vite consulter le médecin.

Fiche technique

- Tumeur bénigne très fréquente.
- Non contagieuse.
- Évolution : pas de tendance à la disparition spontanée. Ne dégénère pas (ou de façon tout à fait exceptionnelle).

Traitement

Après anesthésie locale, le dermatologue vide le kyste et enlève la poche qui contenait l'amas graisseux.

Lipome

Les signaux de la peau

Un jour, en faisant votre toilette, vous sentez tout à coup une petite bosse sous vos doigts, le plus souvent sur votre bras. Tout à fait indolore à laquelle vous ne faites pas attention. Mais, insidieusement, cette minuscule bosse grossit et, un beau jour, elle vous inquiète. Elle s'est transformée en boule très légèrement mobile sous les doigts et qui peut atteindre la taille d'une mandarine. Toujours pas de douleur, la couleur de la peau est normale et, quand on la pince, la boule est, soit légèrement molle, soit élastique. Serait-ce une tumeur? ou un kyste sébacé? Mais aucun orifice n'est visible à la surface de la grosseur et aucun écoulement ne s'est manifesté. En fait, il y a de fortes chances pour qu'il s'agisse d'un lipome, simple boule de graisse. Si d'autres boules du même type apparaissent sur votre corps (le dos, les cuisses, la nuque, les reins, essentiellement), il s'agit bien de lipomes. L'ennuyeux est que ceux-ci n'ont aucune tendance à disparaître spontanément. Ça ne grossit plus, mais ça ne fond pas!

Fiche technique

• Tumeur bénigne fréquente, constituée d'une poche remplie d'amas graisseux.
• Non héréditaire.
• Évolution lente. Aucune tendance à la disparition spontanée, mais ne dégénère jamais.

Traitement

– soit abstention : on garde le lipome, ce qui peut être gênant;
– soit extraction : après une anesthésie locale, le dermatologue pratique une petite incision qui permet d'ôter le lipome en totalité. Cette intervention nécessite un certain doigté. Mieux vaut ne pas tenter d'extraire les lipomes situés sur un rebord osseux. Ils sont indélogeables!

Botriomycome

Les signaux de la peau

Le plus souvent, ce sont les doigts qui sont touchés. Une petite tuméfaction apparaît brusquement et prend en quelques jours l'aspect d'une framboise arrondie et hémisphérique. Puis la couleur rosée va devenir noire (la framboise devient mûre!) tout simplement parce que au moindre effleurement la petite tumeur se met à saignoter. Le sang séché forme une croûte noirâtre un peu inquiétante. Pas de douleur, ni de démangeaison, mais si c'était un cancer? Peut-être un mélanome malin? Un signal de la peau peut tout de suite vous rassurer. Examinez la base de cette grosseur, vous y remarquerez un sillon d'étranglement comme si la tumeur était prise au collet. Cet étranglement est tout à fait significatif d'une petite tumeur inflammatoire tout à fait bénigne : le botriomycome. S'il siège avec prédilection sur les doigts et notamment dans les replis de l'ongle (incarné ou non), le botriomycome peut se retrouver aussi ailleurs, en priorité sur le visage : les lèvres, la langue, le cuir chevelu, les oreilles. Le point commun entre toutes ces zones : ce sont les plus sujettes aux blessures et aux plaies. Or, c'est souvent après une petite blessure, parfois bien cicatrisée, qu'apparaît le botriomycome. Mais le lien n'est pas souvent fait entre les deux phénomènes.

Non traitée, cette tumeur bénigne reste là, continuant à saignoter et parfois à grossir. Il faut donc la faire enlever.

Fiche technique

- Petite tumeur inflammatoire très fréquente.
- Origine microbienne probable.
- Survient souvent de quelques jours à quelques semaines après une petite plaie infectée ou non.
- Évolution bénigne non cancéreuse. Mais pas de disparition spontanée.

Traitement

Ablation de la totalité de la tumeur, sous anesthésie locale avec un bistouri électrique ou à lame.

Molluscum contagiosum

Les signaux de la peau

Une goutte de rosée sur la peau. Voilà à quoi ressemble un bouton de molluscum contagiosum. Malheureusement, les gouttes de rosée se multiplient rapidement et l'enfant – car le plus souvent il s'agit d'un enfant – se gratte beaucoup. La mère peut elle-même faire le diagnostic si elle observe de près les petites lésions. Le bouton est de forme arrondie, hémisphérique, blanchâtre ou rosé et légèrement translucide. Un signe capital permet de l'identifier : une petite dépression centrale qu'on appelle ombilication (tout comme la dépression de l'ombilic par rapport à la peau), et qui est visible sur un certain nombre de boutons. Il faut avoir l'œil! Aussitôt le diagnostic fait, vite courir chez le dermatologue car, comme son nom l'indique, cette affection cutanée est très contagieuse. On se la passe entre enfants, et le grattage multiplie le nombre des lésions.

Fiche technique

• Tumeur bénigne très fréquente. Banale chez l'enfant, non exceptionnelle chez l'adulte.
• Due au développement dans la peau d'un virus (pox virus).
• Très contagieuse.
• Évolution : ne dégénère jamais. Peu de disparitions spontanées.

Traitement

En principe, étant donné qu'il s'agit d'un virus, les antibiotiques sont inefficaces. Le meilleur traitement : extirpation à la curette des éléments un à un. Intervention peu douloureuse, mais en général peu appréciée des enfants, d'où l'intérêt de traiter tant qu'il y a peu de lésions. Le petit saignement qui s'ensuit peut être arrêté par application immédiate de nitrate d'argent. Consultation de contrôle pour vérifier qu'il ne reste pas un ou deux éléments à partir desquels tout recommence-rait.

Autre traitement possible : application d'azote liquide avec un coton tige. Inconvénients : l'opération est douloureuse et peut laisser sur la peau une marque d'hypo ou d'hyperpig-mentation. A réserver aux zones où l'emploi de la curette est périlleux.

Dans les éruptions très profuses (plusieurs centaines d'élé-ments) : la prise de certains sulfamides (sulfapyridine, sulfa-diazine) peut donner de bons résultats, ainsi que celle de deux antibiotiques (auréomycine, terramycine) qui, paradoxale-ment, font parfois tout disparaître en quelques jours sans que l'on puisse expliquer le mécanisme par lequel ils agissent.

Molluscum pendulum

Les signaux de la peau

« Docteur, j'ai des bouts de chair qui poussent sur mon cou, pouvez-vous m'en débarrasser? » Vus de près, ces " bouts de chair " ressemblent à de petites besaces, plates, comme vidées de leur contenu. Ou encore à des grains de raisin dont on aurait exprimé la pulpe. Ils se détachent bien de la peau, formant comme des points d'exclamation. Au début, on en compte deux ou trois, puis ils se multiplient envahissant le cou. C'est franchement inesthétique. Rassurez-vous, les molluscum pendulum – c'est leur nom – ne sont pas contagieux à l'inverse des verrues filiformes (voir p. 217) qui leur ressemblent mais sont en général plus petites. De plus, ils ne dégénèrent pas. Toutefois, il faut leur prêter attention car ils peuvent signaler une maladie.

Fiche technique

• Anomalie de la peau, très fréquente, apparaissant à l'âge adulte (vers la quarantaine ou la cinquantaine).

• Origine mal précisée. Mais l'apparition de nombreux molluscum pendulum sur le corps (aisselles, plis inguinaux, paupières), à un âge jeune, doit faire penser à une maladie : la neurofibromatose de Reckling-Haüsen.

• Non contagieuse.

• Évolution : ils restent stables le plus souvent. Une augmentation de volume et l'apparition d'autres éléments est possible à l'occasion d'une grossesse, ou après la ménopause, ou encore sans raison apparente. La disparition spontanée est rare. Parfois le molluscum saigne, noircit et tombe de lui-même.

Traitement

– Chez soi : on peut supprimer le molluscum pendulum avec un fil à coudre que l'on serre fortement à sa base. En quelques jours, le molluscum tombe de lui-même.

– Chez le dermatologue : brûlage au bistouri électrique.

Histiocytofibrome

Les signaux de la peau

Une petite tumeur de la peau des plus fréquentes, et qui apparaît le plus souvent sur la jambe. De couleur plus ou moins noirâtre ou brunâtre, très légèrement en relief sur la peau, elle se développe lentement en quelques années pour atteindre le diamètre d'une pièce de cinq à dix centimes. Comment distinguer l'histiocytofibrome d'une autre tumeur, et surtout du mélanome malin (voir chap. 5, p. 114)? C'est très simple. Un signal très particulier le caractérise : si vous pincez cette tache entre le pouce et l'index, vous constaterez qu'elle « a du corps ». C'est comme un petit disque ou une pastille dure que vous pouvez mobiliser sous la peau. Ce signal doit rassurer pleinement. Il ne s'agit pas d'une tumeur maligne. L'histiocytofibrome peut rester stable, ou s'agrandir, ou régresser, laissant derrière lui une tache légèrement pigmentée. Quoi qu'il arrive, mieux vaut consulter un dermatologue pour s'assurer du diagnostic.

Fiche technique

- Petite tumeur bénigne d'une grande banalité chez l'adulte. Plus fréquente chez la femme. Siège dans 80 % des cas sur les membres. Très rarement sur le visage (2 %).
- Non héréditaire, non contagieuse.
- Évolution : variable mais ne dégénère jamais.

Traitement

Abstention thérapeutique possible si l'on est absolument sûr du diagnostic.

En cas de doute sur la nature de la tumeur, ablation chirurgicale au bistouri, et examen histologique. Inconvénient : la cicatrice est très souvent inesthétique.

Autre possibilité : le traitement de la tumeur par application d'azote liquide. Le froid détruit la tumeur en une ou deux applications espacées de trois semaines à un mois. La disparition est totale et ne laisse aucune cicatrice. Tout au plus peut-il demeurer une légère tache hypo ou hyperpigmentée.

Épithélioma baso-cellulaire

Les signaux de la peau

Peut-être ne vous êtes-vous pas inquiété de cette petite élevure rouge qui est apparue sur votre pommette. Parce qu'à votre âge (la soixantaine ou plus), vous ne vous souciez plus d'esthétique. Vous avez toutefois remarqué qu'en la grattant un peu, elle disparaît, saigne légèrement, puis se reforme dès que la croûte tombe. C'est ainsi que très discrètement commence un épithélioma baso-cellulaire. De disparition – après grattage – en réapparition, la petite élevure s'agrandit lentement. Et un beau jour, après des mois ou des années, vous finissez par consulter un dermatologue.

En fait vous pouvez faire le diagnostic vous-même en examinant de près cette plaque : elle est arrondie ou ovalaire, légèrement en relief et souvent recouverte de petites croûtes. Mais le signal caractéristique de l'épithélioma baso-cellulaire est la présence en périphérie de la lésion d'élevures rosées ou blanchâtres ressemblant à de petites perles. Il se peut d'ailleurs que cette affection se présente d'emblée sous la forme d'une perle isolée de couleur opaline, presque translucide et grossissant très lentement, sans douleur, en silence. Ou encore qu'elle se développe sur une kératose actinique formant alors une plaque blanc jaunâtre, dure au toucher, et qui s'étend lentement. Ailleurs, l'épithélioma baso-cellulaire va creuser d'emblée la peau, formant comme un puits. Bref, une affection à multiples masques! La présence de « perles », la persistance et l'extension de la lésion doivent vous amener à consulter un dermatologue. L'épithélioma baso-cellulaire est en fait un petit cancer cutané, curable presque à 100 %, qui n'essaime qu'exceptionnellement dans l'organisme, mais qui doit être enlevé.

Fiche technique

• L'épithélioma baso-cellulaire est un cancer de la peau (le plus fréquent de ces cancers). Il peut siéger partout sur la peau, sauf sur les muqueuses (à l'inverse de l'épithélioma spino-cellulaire, voir p. suivante).
Facteurs favorisants :
• l'albinisme;
• l'exposition répétée au soleil pendant de nombreuses années;
• la kératose actinique;
• l'intoxication chronique à l'arsenic (tanneurs, travailleurs de l'étain), aux hydrocarbures (mineurs);
• la radiothérapie.
• Évolution : malignité purement locale. Les métastases sont rarissimes (0,1 %). L'épithélioma baso-cellulaire est la tumeur cutanée cancéreuse la plus facilement curable à son début.

Traitement

– l'exérèse chirurgicale au bistouri à lame sous anesthésie locale est le meilleur traitement;
– également utilisables : les pommades anticancéreuses (technique discutable) et la radiothérapie pour les formes étendues chez les personnes âgées, ainsi que pour certaines lésions mal placées sur le visage. A déconseiller chez les sujets jeunes (rarement atteints).

Épithélioma spino-cellulaire

Les signaux de la peau

Rare chez le sujet jeune, l'épithélioma spino-cellulaire survient surtout après la soixantaine. Le scénario classique : un petit bobo apparaît sur l'oreille, recouvert d'une croûte qui, lorsqu'on l'enlève avec l'ongle, laisse apparaître une plaie saignotante. Aussitôt partie, la croûte se reforme. Cette lésion – par ailleurs parfaitement indolore – si elle n'est pas enlevée va continuer à creuser la peau, formant en quelques mois un petit trou surmonté d'un bourrelet, comme une margelle de puits, recouvert de croûte et dur au toucher. Il est possible alors qu'en palpant la peau autour de l'oreille on sente un ganglion.

Tous ces signaux suffisent à diagnostiquer l'épithélioma spino-cellulaire, qui n'est autre qu'un cancer cutané. Celui-ci peut se développer ailleurs que sur l'oreille, par exemple sur la lèvre inférieure, le cou, le tronc, les membres, l'intérieur de la bouche chez les fumeurs. En revanche, il ne touche jamais la paume des mains et la plante des pieds. A l'inverse de l'épithélioma baso-cellulaire, ce cancer cutané ne prend que deux aspects : soit la tumeur creuse, soit une tumeur bourgeonnante comme un chou-fleur.

Très caractéristique est son apparition sur une ancienne cicatrice ou une kératose actinique (voir chap. 1, p. 51). Quelle que soit la forme prise par l'épithélioma spino-cellulaire, et quel que soit son emplacement, il faut très rapidement consulter un dermatologue afin de le supprimer.

Fiche technique

- Cancer cutané relativement fréquent (20 % des cancers de la peau).
- Siège sur la peau comme sur les muqueuses et demi-muqueuses (lèvres).
Facteurs favorisants les plus fréquents :
- âge (à partir de soixante ans, rare avant);
- abus d'expositions au soleil;
- kératose actinique;
- intoxication par l'arsenic ou les goudrons;
- dermatoses inflammatoires chroniques (lupus chronique, ulcère des jambes, lichen érosif de la bouche, brûlure ou gelure ancienne).
- Évolution : assez rapide et envahissante, avec possibilité de métastases (contrairement à l'épithélioma baso-cellulaire), donc de plus grande gravité.

Traitement

Exérèse totale de la tumeur avec contrôle histologique. En cas de métastases, curage ganglionnaire ou irradiation.

Prévention : destruction systématique des kératoses actiniques, protection antisolaire pour les gens exposés (pêcheurs, marins, etc.), surveillance des peaux âgées.

Xanthomes

Les signaux de la peau

En général, c'est après la cinquantaine qu'apparaissent les xanthomes, et plus souvent chez la femme que chez l'homme. Il en existe différents types, les plus fréquents étant les xanthélasmas. Ceux-ci siègent autour des yeux, sur la paupière supérieure ou inférieure, et plus souvent dans l'angle interne de l'œil formant une tache, soit plane, soit légèrement bombée. La couleur : jaune blanchâtre, tout à fait caractéristique, signale un amas de graisse accumulée sous la peau. Avec le temps, la tache va s'agrandir, d'autres vont apparaître de façon bilatérale. Aucune chance de voir disparaître un xanthélasma sans traitement !

Autres formes du xanthome : plaques planes ou en relief surgissant en n'importe quel endroit du corps, ou bosse soulevant la peau et formant un dôme arrondi et hémisphérique, parfois se détachant même de la peau comme un pédicule. Mais toujours de cette couleur blanc jaunâtre très évocatrice, et que l'on voit bien apparaître en pressant dessus. Il existe des xanthomes de toutes tailles, de la grosseur d'une lentille à celle d'une orange ! Un xanthome doit être pris très au sérieux car il peut signaler un excès de graisses circulant dans le sang (cholestérol ou triglycérides). Lesquelles se déposent sur les parois des artères et peuvent les boucher en partie. C'est alors l'athérosclérose pouvant aboutir à l'infarctus (infarctus du myocarde mésentérique, cérébral, etc.). Devant tout xanthome, il est donc impératif de faire un bilan des graisses sanguines.

Fiche technique

• Petites tumeurs bénignes cutanées très fréquentes, dues à la présence dans la peau (le derme) de dépôts graisseux, surtout riches en cholestérol.
• Certaines formes sont héréditaires, d'autres acquises. Tous les xanthomes ne sont pas en relation avec une élévation des graisses dans le sang. Mais, par prudence, il faut toujours faire pratiquer un bilan lipidique.
• Non contagieux.
• Évolution : disparition spontanée (rare) ou persistance. Ne dégénère pas.

Traitement

Celui de l'hyperlipidémie sanguine, si elle existe. Sinon, suppression possible par différentes méthodes : électro-coagulation, neige carbonique, badigeons d'acide trichloracétique ou ablation chirurgicale.

Tumeur glomique

Les signaux de la peau

En vous cognant la main, vous avez ressenti une violente douleur sous l'ongle de l'index. Douleur tout à fait disproportionnée par rapport au coup. Vous remarquez alors que votre ongle est légèrement surélevé et, à travers lui, en transparence, vous voyez une petite tache arrondie bleutée. Ces deux signaux, la douleur violente, la petite tumeur bleutée sous l'ongle, sont suffisants pour affirmer qu'il s'agit d'une tumeur glomique. L'ongle est la localisation la plus classique, mais non pas la seule de la tumeur glomique. On peut en voir aux extrémités des doigts, ainsi qu'au niveau des oreilles et des poignets. La consultation s'impose toujours, car couleur ou douleurs ne sont pas toujours évidentes et, d'autre part, c'est ainsi que peut débuter un mélanome malin (voir chap. 5, p. 115).

Néanmoins, pas d'affolement. Allez tranquillement consulter un médecin, il y a fort à parier qu'il s'agit bien d'une tumeur glomique.

Fiche technique

• Tumeur bénigne non rare, formée de vaisseaux sanguins dilatés, entourée de cellules dites « glomiques ».
• Non héréditaire, non contagieuse.
• Évolution : aucune tendance à disparaître spontanément mais ne dégénère jamais.

Traitement

Ablation chirurgicale. A faire exécuter par un chirurgien spécialiste des os car un curetage de l'os, seule garantie d'une guérison définitive, est nécessaire.

Chéloïde

Les signaux de la peau

« Docteur, depuis quelques semaines, j'ai la peau du bras qui pousse juste à l'endroit de ma cicatrice. » « Docteur, j'ai un bourrelet de peau là où l'on m'a fait un vaccin il y a trois semaines... » C'est souvent sur une cicatrice, plus ou moins grande, que peut se développer une chéloïde. La peau se met à gonfler progressivement, pour former un bourrelet hémisphérique, arrondi ou ovale. Rosée au début, la chéloïde prendra ensuite la couleur de la peau environnante. Elle est d'abord sensible puis devient indolore, mais rien ne paraît devoir stopper son développement.

Un exemple fréquent et frappant de chéloïdes, celles qui se développent sur les lobes des oreilles lorsqu'elles ont été percées. Et essentiellement chez les femmes à peau noire ou métissée. Quelques semaines après l'opération « oreilles percées », la jeune Antillaise ou Africaine voit ses lobes d'oreilles grossir, se boursoufler, devenir énormes et très inesthétiques. Mais les chéloïdes peuvent aussi survenir sur des cicatrices d'appendicectomie, la peau gonflant autour de la cicatrice. Plus rarement, elle apparaît sur la peau saine non cicatricielle.

L'évolution ? Après un certain temps, la chéloïde cesse de se développer et forme une tuméfaction inesthétique qui ne disparaît spontanément que très rarement. Il arrive pourtant qu'elle se dégonfle, laissant un bout de peau, vide de son contenu.

Fiche technique

• Anomalie cutanée fréquente, surtout sur les peaux noires ou métissées. Soit spontanée, soit se développant sur une zone de peau qui a été traumatisée (cicatrice).
• Le mécanisme est mal élucidé, mais proche d'une anomalie exagérée de la cicatrisation. Bien que la chéloïde se distingue d'une simple cicatrice hypertrophique dite « chéloïdienne ».
• Évolution : ne dégénère jamais. Régression spontanée très rare.

Traitement

– Préventif : si l'on a déjà eu une chéloïde, ou si la famille est prédisposée, éviter autant que possible de traumatiser sa peau. Par exemple, ne pas se faire percer les oreilles. Si la peau est traumatisée, appliquer un pansement compressif, très adapté à la plaie.

– Curatif : lorsque la chéloïde est constituée, le traitement est difficile. Il faut éviter l'ablation chirurgicale qui peut aggraver les choses en créant une autre chéloïde encore plus inesthétique que la première, à moins de mettre en place un pansement très compressif et de le garder très longtemps. Mais les résultats sont aléatoires.

Injection de corticoïdes locaux qui atrophient les chéloïdes en quelques semaines. C'est la méthode la plus employée. Cryothérapie ou traitement par le froid : application d'azote liquide ou de neige carbonique sur la chéloïde. Traitement douloureux et qui ne donne pas de très bons résultats.

– Contre-indiquée : la radiothérapie, car il y a risque de cancer cutané secondaire.

Kérato-acanthome

Les signaux de la peau

Un vilain bouton qui apparaît sur le nez vers la quarantaine. Et presque du jour au lendemain. Au début c'est une petite élevure de la peau, rosée, dure au toucher, grosse comme une lentille. C'est d'abord ennuyeux, mais pas inquiétant. Et puis voilà qu'en dix jours cette modeste lentille se transforme en pois chiche et prend une couleur rouge violacé. C'en est trop! En outre, au centre de ce gros bouton, existe une petite cavité occupée par une croûte grisâtre. Lorsqu'on enlève la croûte, apparaît un vrai cratère. Si vous le traitez par le mépris, ce bouton va mûrir pendant un mois puis commencer vers la cinquième semaine sa régression. Vous allez le voir disparaître comme il est arrivé. Il diminue en largeur, en hauteur, et la croûte s'étend et finit par tomber. Commence alors la cicatri-sation qui va durer de deux à trois mois. Il ne vous restera plus comme souvenir qu'une petite marque – souvent inesthétique – en forme d'étoile. Ainsi naît, vit et meurt cette petite tumeur qui peut aussi surgir sur les joues ou le dos des mains. C'est l'évolution rapide qui permet de diagnostiquer le kérato-acanthome. En cas d'évolution très lente sans régression spontanée, il faut penser à un petit cancer de la peau (notamment un épithélioma). Il est donc nécessaire de consul-ter un dermatologue.

Fiche technique

• Tumeur bénigne, peu fréquente, surtout observée dans les régions industrielles et minières.
• Origine inconnue.
• Non contagieuse.
• Évolution spontanée vers la régression, mais la consultation et la surveillance s'imposent car il faut s'assurer qu'il ne s'agit pas d'un épithélioma (cancer cutané).

Traitement

Même si le kérato-acanthome disparaît spontanément, mieux vaut le faire enlever par un dermatologue. Pour deux raisons : d'abord l'examen au microscope de la lésion permet-tra de s'assurer du diagnostic. Ensuite, la cicatrice laissée par l'excision sera moins visible que celle laissée par le kérato-acanthome.

12

Les sales coups du soleil

Ce sacré vieux soleil... Chaque été, il nous joue de sales coups. Et pourtant on ne peut s'en passer. Il nous réchauffe le moral comme le corps. Et nous embellit. Ses sales coups? C'est d'abord... Le coup de soleil tout court. Facile à parer celui-là avec la cosmétologie de pointe dont nous disposons. Mais curieusement, depuis que nous savons nous protéger de ses ardeurs, voilà que nous lui devenons facilement allergiques! La cause? Inconnue! Excès de relations avec cet ami trop chaleureux? Heureusement les dermatologues n'ont pas attendu de trouver la cause pour mettre au point la parade. Il existe des traitements qu'il faut entreprendre environ un mois avant le départ en vacances.

Un virus qui aime passionnément le soleil, c'est celui de l'herpès. Il profite toujours de nos séjours en montagne ou à la mer pour se manifester par un bouton près de la lèvre. A l'heure actuelle, pas de traitement radical... La règle d'or reste prudence et protection maximum. Règle également vraie pour les peaux les plus solides. Car le soleil – un de ses coups les plus traîtres! – vieillit prématurément. Au fil des étés, il déshydrate et ride la peau. Plus l'on avance en âge, plus il faut aimer l'ombre.

Coup de soleil

Les signaux de la peau

Le coup de soleil. La plus banale histoire de vacances mais qui peut les gâcher. Tout se passe le premier jour. On est si content de retrouver l'ami soleil qu'on en use, et qu'on en abuse sans se méfier. Mais cet ami – trop chaleureux – se transforme en ennemi. Le soir, ça cuit, ça brûle, la peau est rouge et congestionnée. Trop tard, le mal est fait mais il peut être plus ou moins grave.

Il existe quatre degrés dans le coup de soleil. Premier degré : le coup de soleil apparaît entre la sixième et la vingt-quatrième heure après l'exposition (selon l'altitude et la latitude). La peau est rosée et un peu cuisante. Si l'on s'abstient de toute relation avec le soleil, la rougeur disparaît en un ou deux jours sans que la peau pèle et sans que le hâle apparaisse. Deuxième degré : le coup de soleil apparaît entre deux et douze heures après l'exposition. La peau est rouge vif, la sensation de chaleur très importante. Le contact du drap ou de tout tissu est insupportable. Si l'on cesse toute exposition, le coup de soleil disparaît en trois jours. La peau desquame et un très léger hâle apparaît. Troisième degré : l'atteinte cutanée ne se manifeste qu'après une exposition solaire très intense. La réaction se produit entre deux et six heures après l'exposition. La peau est rouge-violet, gonflée, vraiment douloureuse. La « brûlure » dure entre deux et quatre jours. La peau pèle et laisse apparaître une pigmentation qui durera quelque temps mais au prix de quelle douleur! Quatrième degré : l'atteinte est telle que des cloques apparaissent comme chez un vrai brûlé. Elle s'accompagne de fièvre à 40°, de vertiges, de nausées, de maux de tête. Ce stade exige, bien entendu, sinon une hospitalisation, un véritable traitement médical. La brûlure au quatrième degré est aujourd'hui rare, grâce aux excellentes protections antisolaires qui existent et à la prudence des vacanciers. Mais il peut encore survenir en haute montagne, sur un bateau, ou encore avec de... vieilles lampes à bronzer.

Fiche technique

● Réaction « allergique » de la peau extrêmement fréquente.
● Due aux rayons ultraviolets B. On distingue en effet dans le spectre solaire trois types de rayons ultraviolets : les rayons U.V.C., rayons dangereux et mortels pour tout ce qui vit sur terre mais qui sont heureusement arrêtés par la couche d'ozone de la stratosphère. Les rayons U.V.B., agressifs et qui déclenchent le coup de soleil. Ils sont arrêtés en partie par la couche d'ozone et par les nuages. Ils ne traversent pas le verre. Les rayons U.V.A. Ils peuvent aussi déclencher le coup de soleil mais à des doses mille fois supérieures à celles des U.V.B.
● Le mécanisme d'action du coup de soleil est encore discuté. Il ne s'agit pas d'une brûlure car celle-ci n'est déclenchée que par les rayons infra-rouges. La rougeur du coup de soleil (ou érythème actinique) est due à une vasodilatation des vaisseaux sanguins du derme, provoquée par des substances chimiques (histamine, prostaglandines, et autres) libérées sous l'effet des U.V.B.
● Le coup de soleil dépend du phototype (réaction de la peau au coup de soleil et au bronzage). Il existe une façon simple de calculer le phototype d'après la couleur de la peau, des yeux et des cheveux. A chacun de ces éléments correspond un chiffre. En additionnant les chiffres on obtient grossièrement le phototype :

peau très claire avec taches de rousseur	0
– claire avec ou sans taches de rousseur	1
– mate	2
– noire	3
yeux clairs	0
– foncés	1
cheveux roux	0
– blonds	1
– bruns	2

Traitement

Préventif : bains de soleil de durée progressive (quelques minutes les premiers jours) et protection de la peau par application de crèmes, laits ou gels antisolaires.

A chaque phototype correspond un indice de protection

0 ou 1	10 à 15
2 ou 3	6 à 9
4	3 à 5
5	1 à 3
6	1 ou aucun

Curatif :
– application d'un produit adoucissant. Il existe de nombreux laits ou lotions après soleil efficaces pour les coups de soleil peu importants ;
– prise d'aspirine pour calmer la cuisson ;
– application de corticoïdes en pommade pour atténuer l'érythème actinique modéré ;
– prise d'indométacine (anti-inflammatoire).
A ne pas faire : appliquer des préparations à base d'anesthésiques ou d'anti-histaminiques qui peuvent être source d'eczémas de contact.
Dans les cas graves (quatrième degré), même traitement que pour les brûlés.

Herpès solaire

Les signaux de la peau

Le soleil est un des facteurs favorisants de l'herpès buccal récidivant. Et plus souvent le soleil en altitude qu'au bord de la mer. Après quelques heures ou quelques jours de ski, il se déclare : au grand dam de la victime qui sait tout de suite que l'ennemi est là. Cette sensation de cuisson ressentie au bord de la lèvre est de très mauvais augure : elle ne fait que précéder l'explosion du bouton qui va orner la bouche pendant une semaine à dix jours, puis commencera à se dessécher pour disparaître. La peau, à l'endroit du bouton, peut rester rouge pendant plusieurs mois. Il arrive heureusement que, l'herpès étant une affection capricieuse, il ne se déclenche pas au soleil. Une bonne saison pour l'herpétique. Mais, parfois aussi, le bouton dure jusqu'à ce que l'exposition au soleil prenne fin et ne commence à se dessécher qu'au retour en ville.

Fiche technique

• Maladie infectieuse virale récidivante. Due au virus H.S.V.I. le plus souvent. Déclenchée par les rayons solaires U.V.B.
• Évolution chronique. Récidives fréquentes.

Traitement

En dehors des traitements proposés pour l'herpès récidivant (voir chap. 14, p. 264); protection maximum de la peau avec écran solaire arrêtant les ultraviolets solaires B, c'est-à-dire à base de cinnamate ou de benzylène camphre.

Lucite estivale bénigne

Les signaux de la peau

Une allergie au soleil qui frappe chaque année de plus en plus de femmes entre vingt-cinq et quarante ans. Voici comment cela se passe. Votre premier bain de soleil a été délicieux. Côté pile, côté face, votre bronzage démarre en douceur. Mais le soir même, ou le lendemain soir (bref dans les trois premiers jours de vos vacances), tout à coup, rien ne va plus. Vous avez des boutons sur le décolleté, le cou, les épaules, parfois les bras et même le dos des mains et des pieds. Cela gratte terriblement. Les boutons sont de différentes sortes, soit de petites élevures rouges arrondies, pointues, plus ou moins serrées, soit des plaques gonflées ressemblant à de l'urticaire. Enfin, cela peut se résumer à un aspect graniteux quand on passe la main sur la peau. On dit que l'éruption est polymorphe. Une chance : le visage est épargné. Ces boutons grattent tellement qu'ils peuvent gêner le sommeil. Si vous restez à l'ombre les jours suivants, tout rentre dans l'ordre. Mais dès que vous vous réexposez, cela gratte à nouveau. Les jours passent, et petit à petit l'allergie s'atténue et régresse complètement en huit à dix jours. Il arrive très rarement qu'elle persiste pendant tout le séjour. Finalement, votre bronzage sera normal mais vos premiers jours de vacances auront été gâchés.

Fiche technique

• La lucite estivale bénigne est la plus fréquente et la plus banale des allergies au soleil. Survient avec prédilection chez la femme jeune (entre vingt-cinq et quarante ans dans 80 % des cas).
• Cause inconnue à ce jour.
• Non héréditaire, non contagieuse.
• Évolution : répétition chaque année pendant des années. Guérison spontanée possible.

Traitement

Préventif :
– Caroténoïdes (bêta-carotène et canthaxantine). C'est la fameuse « pilule à bronzer ». Ces médicaments donnent à la peau une coloration orangée, parfois peu naturelle et qui n'a rien à voir avec le bronzage, et donc ne protège pas des coups de soleil. Le traitement doit commencer vingt jours avant le départ et durer toute la durée des vacances. Très bons résultats.
– Antipaludéens de synthèse. Médicaments utilisés dans le traitement préventif et curatif du paludisme. Risque d'accidents oculaires, mais rares si le médicament est pris à petites doses sur un court laps de temps. Traitement à suivre vingt jours avant et durant toutes les vacances. Bon résultats également. On obtient pratiquement un résultat positif de 100 % en associant caroténoïdes et antipaludéens.
– Puvathérapie. Méthode la plus efficace. Elle consiste à faire des séances de bronzage en cabine médicale après prise de psoralènes une à deux semaines avant le départ. Permet

d'arriver sur place bronzée et sans aucun problème à l'horizon. Sur place, si l'allergie se déclare : corticoïdes en crèmes pour calmer les démangeaisons. Antihistaminiques par voie orale.

Lucite polymorphe

Les signaux de la peau

Contrairement à la lucite estivale bénigne, cette affection débute dès les premiers rayons du soleil, au printemps. En mars ou avril, selon les régions. A peine avez-vous mis le nez dehors au soleil, que ce soit au cours d'une promenade ou même en voiture, que vous voilà prise d'un léger malaise (frissons, mal à la tête). Et quelques heures plus tard, sur les zones du corps qui ont été exposées apparaissent des boutons qui grattent, et parfois brûlent. Là encore, il y en a de toutes sortes, d'où le terme de « polymorphe » donné à cette affection. Certains boutons sont arrondis, pointus, rouges, souvent placés à l'origine de poils, et surmontés d'une petite cloque. D'autres ressemblent aux lésions d'eczéma, ailleurs ce sont de gros boutons pâles et aplatis confluant entre eux jusqu'à former une grande plaque. Enfin, il peut y avoir aussi de grandes lésions rouges typiques de l'urticaire. Signaux nombreux et trompeurs. La différence avec la lucite estivale bénigne : le visage est atteint : front, pommettes, lèvre inférieure et nuque. Sur le corps, c'est surtout le décolleté, les bras, le dos des mains, la face antérieure des jambes, le dos des pieds, bref les zones exposées au soleil qui « trinquent ».

Démangeaisons et brûlures s'atténuent lorsqu'on se cache à l'ombre. Et les boutons finissent par disparaître en deux à trois semaines. Mais dès la moindre exposition au soleil, cela recommence et les ennuis ne finissent qu'à l'automne, lorsque le soleil perd de son ardeur. L'année suivante, au printemps, tout recommence. Une affection vraiment pénible, inesthétique et éprouvante qui, heureusement, peut être traitée avec succès.

Fiche technique

• La lucite polymorphe est une allergie au soleil de plus en plus fréquente (surtout en Europe du Nord et Amérique). Elle peut débuter à tout âge, mais le plus souvent entre dix et trente ans. Frappe les hommes comme les femmes.
• Pas de cause connue. Antécédents familiaux dans 15 % des cas.
• Non contagieuse.
• Évolution : sans traitement, récidive chaque année au printemps et dure un grand nombre d'années (dix en moyenne). Aggravation dans 40 % des cas. Sans modification dans 40 % des cas. Amélioration dans 20 % des cas.

Traitement

– Caroténoïdes (bêta-carotène et canthaxantine) (voir lucite estivale bénigne, p. 242). Résultats positifs dans 65 % des cas. Traitement du printemps jusqu'à l'automne.
– Antipaludéens de synthèse. Bons résultats dans 60 à 80 % des cas. L'association des deux traitements donne des résultats meilleurs encore.
– Puvathérapie.

Dermite des parfums

Les signaux de la peau

Une histoire toute bête de parfum et de soleil, mais qui fait de nombreuses victimes. Au départ, une simple imprudence : avant de vous exposer au soleil, vous vous êtes aspergé d'eau de toilette pour vous rafraîchir. Un petit coup de spray, un quart d'heure au soleil et le mal est fait. Le lendemain, le soir même parfois, voici qu'apparaissent sur votre cou, votre décolleté, des taches foncées qui forment comme des coulées, des traînées, suivant exactement le chemin de l'eau de toilette sur la peau. Vous faites une dermite des parfums. A noter : la même mésaventure peut vous arriver avec des serviettes rafraîchissantes, de l'eau de Cologne, etc.

Fiche technique

• Incident banal – assez fréquent – de phototoxicité secondaire à l'application sur la peau d'essence de bergamote ou d'autres substances incorporées dans les eaux de Cologne, de toilette, les lotions après-rasage ou les serviettes rafraîchissantes, et qui, sous l'influence des ultraviolets solaires, donnent des taches hyperpigmentées.
• Évolution : cette hyperpigmentation peut durer des mois, voire des années, en s'estompant peu à peu. Parfois elle disparaît spontanément plus vite.

Traitement

– Curatif : application de pommades dépigmentantes plus ou moins efficaces.
– Préventif : ne jamais se parfumer avant de s'exposer au soleil.

Dermite des prés

Les signaux de la peau

Une affection de l'été qui arrive aux baigneurs en rivière. Il fait chaud, l'eau de la rivière est tentante et le bain de soleil sur l'herbe délicieux. Mais vous avez eu le tort de vous coucher sur cette herbe encore tout mouillé. Deux jours plus tard, ça brûle, ça démange, et votre ventre, votre dos, sont sillonnés de lignes rouges, gonflées, ou de cloques d'eau plus ou moins grosses. Si vous examinez votre peau de près, les lignes rouges sont les reproductions de certaines plantes : ici le dessin d'une fougère ou la ligne droite d'une herbe. Le même phénomène peut se produire sur les avant-bras du jardinier du dimanche qui a désherbé son jardin bras nus, en plein soleil. Transpiration + soleil + contact des herbes produisent les mêmes lésions. Heureusement, tout va s'effacer en quelques jours, sauf exception.

Fiche technique

• Dermite phototoxique très fréquente. Due à l'action des ultraviolets solaires sur une peau mouillée ou moite de sueur, au contact de végétaux contenant des fourocoumarines (substances photosensibilisantes).
Parmi ceux-ci : le fenouil, l'aneth, la fane de carotte, le céleri, l'angélique, le cerfeuil sauvage, la bergamote, le citron vert, le bouton-d'or, le genévrier, le millepertuis, le liseron des champs, etc.

Traitement

Antiseptiques locaux. Dermocorticoïdes en cas de démangeaisons. Plus tard, si les marques pigmentées ne disparaissent pas, on peut appliquer une crème dépigmentante.

Urticaire solaire

Les signaux de la peau

L'urticaire solaire frappe surtout les femmes (encore!...). Dès les premières minutes du bain de soleil (voire les premières secondes) apparaissent sur le corps (à l'exception du visage et des mains) une ou plusieurs plaques rouges, légèrement boursouflées et qui démangent affreusement, donnant même parfois une sensation de brûlure. Certaines de ces plaques sont entourées d'un halo rouge plus foncé. Si l'on se réfugie à l'ombre, les plaques régressent rapidement en moins d'une heure (laissant tout de même persister une petite rougeur pendant deux à cinq heures). Si, par imprudence, on s'obstine à rester au soleil, les plaques s'étendent, deviennent de plus en plus nombreuses, et s'accompagnent d'un malaise général (céphalée, vertiges, pouvant aller jusqu'à la syncope).

Curieusement, si après la fin de cette crise on retourne au soleil, il ne se passe plus rien. Ni plaques ni rougeurs. C'est ce que l'on appelle la période réfractaire. Mais ce n'est pas la guérison... Le lendemain ou le surlendemain, l'urticaire revient. Il ne faut pas confondre urticaire solaire (rare) avec des lésions urticariennes, c'est-à-dire reproduisant une lésion d'urticaire que l'on peut rencontrer dans la lucite polymorphe.

Fiche technique

- Variété d'urticaire très rare (150 cas publiés dans le monde). Atteint trois femmes pour un homme.
- L'allergène : les rayons du soleil.
- Maladie acquise et non contagieuse.
- Évolution longue et parfois très invalidante. Dure plusieurs années. Rémission spontanée chez 35 % des malades.

Traitement

Il est très difficile. Le meilleur traitement, éviter le soleil.

Thérapeutique possible : la tolérance solaire induite. Cela consiste à déterminer par des tests quelle partie de la lumière provoque la crise d'urticaire. Puis à faire pratiquer au patient des expositions solaires répétitives jusqu'à ce que sa peau devienne « tolérante ». Ce traitement est très astreignant et doit être pratiqué tous les jours, sinon il y a des récidives.

Autres thérapeutiques : antihistaminiques (mais ils sont peu efficaces), bêta-carotène (quelques bons résultats mais inconstants).

13

Les remèdes à réaction

L'allergie aux médicaments est de plus en plus fréquente en cette deuxième partie du XXᵉ siècle, puisque les médicaments les plus générateurs d'allergies sont les antibiotiques, les sulfamides, les barbituriques. Les symptômes sont d'abord cutanés – et souvent discrets : simples rougeurs et démangeaisons. Mais ils peuvent devenir plus sévères : fièvre, cloques sur tout le corps, troubles respiratoires. Cela risque très vite de se transformer en cas d'urgence médicale.

Une fois que l'on a été allergique à un médicament, c'est pour la vie. Aussi est-il très important d'éliminer à tout jamais ce produit (et tous ceux de la même composition) de sa pharmacie personnelle. Et aussi de porter sur soi en permanence, en cas d'accident, une carte signalant le ou les médicaments qu'on ne tolère pas.

Si un traitement doit être cependant poursuivi, le médecin traitant trouvera le remède de substitution auquel le patient n'est pas allergique. Il en existe toujours un : l'allergie à tous les médicaments n'existe pas !

Démangeaisons et éruptions secondaires
à la prise de médicaments
(toxidermies)——————————————————————————————

Les signaux de la peau

Vous suivez un traitement médicamenteux depuis peu, ou même depuis longtemps. Par exemple, vous prenez un antibiotique pour une infection, ou un anti-inflammatoire pour un lumbago. Et brutalement votre peau vous gratte. Aucun bouton ne surgit, aucune rougeur, seulement des démangeaisons un peu partout. Ce signal tout simple peut traduire une allergie au médicament que vous prenez. Il se peut aussi qu'apparaisse une éruption cutanée, type rougeole, rubéole, roséole, voire scarlatine (voir chap. 4). Or, vous avez déjà eu ces maladies que l'on n'attrape jamais deux fois (à l'exception de la scarlatine). Il faut tout de suite penser allergie, et plus spécialement toxidermie, qui est une réaction allergique déclenchée par un médicament.

Fiche technique

• Prurit et éruptions diverses peuvent être les signaux d'une toxidermie (réaction allergique à un médicament). Incident fréquent.
• Causes : tous les médicaments peuvent déclencher une toxidermie.
• Non héréditaire, non contagieux.
• Évolution : tout rentre dans l'ordre après l'arrêt du ou des médicaments en cause.

Traitement

Antihistaminiques pour calmer les démangeaisons. Suppression totale et définitive du médicament responsable. Port d'une carte signalant les médicaments en cause.

Erythème pigmenté fixe

Les signaux de la peau

Curieuse, cette tache rouge qui apparaît soudainement sur le bras. Une grosse pièce de cinq francs, très légèrement en relief sur la peau, aux bords bien nets, et qui démange un peu. D'où peut-elle bien venir? Une mycose? Une tache de lupus?... A peine le temps de se creuser la tête qu'elle disparaît en deux ou trois jours, laissant à sa place une tache bleuâtre ou noirâtre, persistante mais discrète. Vous l'oubliez presque lorsque quelques jours ou quelques semaines plus tard la voici qui rougit à nouveau et s'orne d'une cloque d'eau. Puis apparaissent d'autres taches identiques ailleurs sur la peau. Il s'agit d'un érythème pigmenté fixe, atteinte cutanée absolument spécifique d'une allergie à un médicament. Et qui peut en être le seul signal cutané. Aussi, en présence d'une telle tache, faut-il cesser tout traitement médicamenteux et consulter un médecin, sous peine de manifestations plus graves. L'érythème pigmenté fixe doit agir comme une sonnette d'alarme...

Fiche technique

• L'érythème pigmenté fixe (ou toxidermie pigmentée circonscrite) est la seule atteinte cutanée signalant exclusivement une allergie à un médicament. Relativement fréquente.
• Causes : il s'agit d'un médicament, mais lequel? Le problème est de le trouver. En cas de prise unique, c'est facile. En cas de prise multiple, c'est plus ardu car aucun moyen biologique ne permet d'affirmer l'effet nocif sur l'organisme d'un médicament. Il faut tous les supprimer et les remplacer par d'autres. Les médicaments le plus souvent responsables : antalgiques, barbituriques, sulfamides.
• Évolution : si l'on ne supprime pas le médicament, des accidents plus graves sont à craindre.

Traitement

Suppression du médicament responsable.

Erythème polymorphe

Les signaux de la peau

Tout va très vite. D'une heure à l'autre apparaissent sur tout le corps des taches rouges, boursouflées, en net relief sur la peau, qui s'élargissent progressivement pour atteindre un à deux centimètres de diamètre. Parmi ces taches, il en est qui ressemblent à de véritables cocardes bicolores rouge et bleu, d'autres s'ornent de cloques d'eau. Ces éléments d'aspect divers sont plus ou moins nombreux (parfois il n'existe qu'une cloque isolée), mais un signal caractéristique est leur siège symétrique sur les coudes, poignets, genoux. L'érythème polymorphe atteint plus rarement la bouche ou d'autres parties du corps. L'atteinte de l'œil est la plus dangereuse car elle peut laisser des séquelles définitives.

En général, ces signaux cutanés s'accompagnent d'une fièvre modérée, d'un malaise général et de douleurs articulaires. Toutefois, le tableau peut être plus sévère, fièvre à 40°, frissons, asthénie, mauvais état général, accompagnant le plus souvent une éruption où dominent les cloques. Tel est l'érythème polymorphe aux multiples aspects, comme l'indique son nom, qui peut traduire une allergie aux médicaments.

Fiche technique

• Syndrome cutané et muqueux, non rare, dont les causes sont très nombreuses.
• causes : allergie médicamenteuse. Les sulfamides, antipyrétiques, antalgiques (pyrasoles), barbituriques, antibiotiques, sont le plus souvent en cause. Herpès buccal (plus rarement génital). Mycoplasmes.
• Non héréditaire, non contagieux.
• Évolution : guérison spontanée en deux à trois semaines pour une forme moyenne, et quatre à six semaines pour une forme sévère. Séquelles oculaires en cas d'atteinte de l'œil, présentant le risque majeur de cécité. Récidives fréquentes (sauf en cas de déclenchement par un médicament que l'on supprime).

Traitement

Suppression du médicament responsable. Antiseptiques locaux pour lutter contre les surinfections, soins ophtalmiques appropriés en cas d'atteinte de l'œil. Antibiotiques si nécessaire. Pas de corticoïdes par voie générale car ils représentent un risque et n'entraînent pas d'amélioration franche.

Ectodermose érosive pluri-orificielle

Les signaux de la peau

Il s'agit d'un érythème polymorphe très marqué (voir p. 253). Tout commence par une fièvre à 39-40°. Puis apparaissent les signaux cutanés permettant de reconnaître la maladie. Éruption sur la peau faite de cocardes, de cloques plus ou moins grosses et nombreuses. Les lèvres sont tuméfiées, les paupières gonflées avec larmoiement et conjonctivite plus ou moins sévère. Dans la bouche, des cloques aussi, vite rompues par la mastication et laissant derrière elles de petites plaies rondes, rouges, douloureuses et empêchant l'alimentation. Le patient est fatigué, prostré, par moments agité et délirant. Il tousse, et l'on entend des râles bronchiques à la respiration. Tout fait penser à une grosse maladie infectieuse. Mais là encore, des médicaments peuvent être les fauteurs de troubles.

Fiche technique

- Syndrome cutané et muqueux non rare.
- Non héréditaire.
- Causes : parmi les plus fréquentes :
allergie médicamenteuse (mêmes médicaments que dans l'érythème polymorphe);

maladie virale (herpès ou autres);
maladies bactériennes.
• Non contagieux.
• Évolution : habituellement favorable. Dessèchement des lésions en cinq à sept jours. Chute des croûtes au bout de trois semaines. Disparition de la fièvre en dix à quinze jours. Guérison après trois semaines sans complications. Les cas mortels sont rares et dus à des surinfections (pulmonaires) ou des troubles de la respiration. Récidives rares.

Traitement

Hospitalisation. Antibiotiques pour éviter les complications infectieuses. En cas d'atteinte oculaire, antibio-corticothérapie avec surveillance ophtalmologique. La cortisone par voie générale est très discutable.

Syndrome de Lyell

Les signaux de la peau

Mal à la tête, fatigue, diarrhée, une fièvre à 39-40°, la maladie se déclare brutalement. Et très vite voici des signaux cutanés intenses. Tout le corps est recouvert en quelques heures de plaques rouges, plates, légèrement surélevées comme dans l'urticaire, sur lesquelles apparaissent de grosses cloques tendues ou flasques, le tout s'accompagnant d'une sensation de cuisson, de brûlure, difficiles à supporter. Les muqueuses aussi sont atteintes, les yeux larmoient, ne supportant plus la lumière, l'intérieur de la bouche est rouge, les lèvres fissurées, érodées. Et le patient se sent très mal. Deux à cinq jours plus tard, changement de tableau : toute la peau va partir en grands lambeaux, comme un linge mouillé qui se déchirerait tout seul. Le patient ressemble à un écorché vif. Les muqueuses aussi pèlent, ce qui rend l'alimentation très difficile. L'état général empire : fatigue, prostration, voire délire. Cette affection porte le nom de syndrome de Lyell et traduit souvent une allergie massive à un médicament. Naturellement, il faut consulter au plus vite un médecin.

Fiche technique

- Le syndrome de Lyell est un accident très rare mais grave dû, dans 80 % des cas, à l'absorption d'un médicament. Il s'agit d'une urgence dermatologique car le pronostic vital est en jeu.
- Acquise.
- Causes : toxidermique dans 80 % des cas. Les médicaments responsables sont les sulfamides retard, antibiotiques, antalgiques, antipyrétiques, barbituriques, anti-inflammatoires. Dans 20 % des cas : épisode infectieux prémonitoire, ou... aucune cause trouvée.
- Non contagieuse.
- Évolution : elle peut être grave. La mortalité reste élevée pour les formes étendues et importantes. Le plus souvent tout de même, guérison après trois ou quatre semaines.

Traitement

En hospitalisation. Complexe (celui des brûlés).

Œdème de Quincke

Les signaux de la peau

Spectaculaire et affolant, ce brusque gonflement du visage et des mains, parfois des pieds, qui peut se produire après la prise d'un médicament! D'un instant à l'autre, le visage peut être complètement déformé : paupières énormes, lèvres gonflées, joues distendues. La peau est pâle ou légèrement rosée, donnant une sensation de tension, parfois de cuisson très désagréable. Par ailleurs, aucune fatigue, pas de fièvre, mais de l'angoisse bien sûr! A noter, au niveau des mains et des plantes de pieds, la peau gonflée est dure et démange. En fait, qu'est-ce que l'œdème de Quincke? Une urticaire profonde. C'est parfois une urgence. Si ce phénomène survient au niveau du visage, que la langue soit gonflée, que le patient ait du mal à respirer et à parler, il faut consulter immédiatement le médecin (voire appeler le SAMU) car l'œdème a touché les muqueuses respiratoires et digestives. Heureusement, cette éventualité n'est pas la plus fréquente. En règle générale, la crise va durer de quelques minutes à quelques heures et tout rentrera dans l'ordre. Il suffira alors de détecter le « coupable » de manière à éviter une nouvelle crise (médicament, aliment, venin d'insecte).

L'œdème de Quincke est donc une réaction allergique violente acquise au cours de la vie sans raison explicable. Il existe toutefois une forme héréditaire beaucoup plus rare et que l'on appelle, pour la distinguer de la première, œdème angio-neurotique familial. Les symptômes sont les mêmes, mais certains signaux peuvent permettre de l'identifier : apparition de l'œdème au cours de l'enfance et répétition des crises lors de stress ou surtout d'interventions sur la région buccale : ablation des amygdales, extraction ou soin d'une dent, etc. En général, dans la famille, d'autres membres ont été ou sont atteints. Certains peuvent même être morts d'asphyxie dans des conditions mal connues. Dans de tels cas, il faut faire confirmer l'œdème angio-neurotique par des examens sanguins. Et savoir prendre des mesures de prévention.

Fiche technique

- L'œdème de Quincke est une urticaire profonde.
- Le plus souvent acquise au cours de la vie. Rarement héréditaire.
- C'est une urgence médicale quand les voies respiratoires et digestives sont atteintes.
- Les causes déclenchantes les plus fréquentes sont les médicaments (tous peuvent provoquer une crise d'allergie, mais essentiellement les anti-inflammatoires non stéroïdiens et les antibiotiques). Certains aliments, notamment les fruits. Les venins d'insectes ou d'animaux. Les autres facteurs déclen-

chants sont les mêmes que ceux des urticaires superficielles.
• Évolution : favorable sous traitement.

Traitement

Antihistaminiques; corticoïdes, salbutamol en spray. Transfert en réanimation si problèmes respiratoires.

Érythème noueux

Les signaux de la peau

Depuis quelques jours, vous vous sentez légèrement fiévreux et fatigué. Trois fois rien. Mais voici que surviennent, un beau matin, de curieuses lésions sur vos jambes. Des masses arrondies de un à trois centimètres de diamètre, en léger relief sur la peau, et dont la couleur va du rose au rouge vif. Sous vos doigts, ces lésions sont peu mobiles, fermes, comme enchâssées dans la peau, infiltrées et douloureuses à la pression. Vous en comptez cinq ou six sur chaque jambe, disposées de manière symétrique. Ces signaux doivent vous faire penser à un érythème noueux, et la suite va le confirmer : en huit à dix jours, chaque élément va se transformer et passer du rouge au violet, comme une ecchymose. Puis d'autres lésions vont apparaître par vagues successives jusqu'au jour – deux à trois semaines plus tard – où tout disparaît. A vous de rechercher avec le médecin la cause de ce phénomène. Elles sont nombreuses...

Fiche technique

• Syndrome cutané relativement fréquent.
• Non héréditaire.
• Causes : très nombreuses. Parmi les plus fréquentes :
sarcoïdose (maladie de système);

infections diverses (yersiniose, streptocoque, chlamydiae, grippe, hépatite, etc.;
allergie médicamenteuse (surtout sulfamides et antalgiques);
maladies digestives (maladie de Crohn, rectocolite hémorragique).
• Non contagieux.
• Évolution : deux à trois poussées successives, puis guérison en deux à trois semaines. Pas de complications.

Traitement

Celui de la cause.

Langue noire

Les signaux de la peau

Quelle n'est pas votre surprise de découvrir un matin, en vous brossant les dents, que votre langue est devenue noire. Soit dans sa totalité, soit sur sa partie médiane. Plus question de tirer la langue à qui que ce soit, ni même de rire. De plus, vous vous inquiétez : cette langue noire n'est pas douloureuse, mais elle vous donne une sensation de mauvais goût et comme l'impression d'avoir un corps étranger dans la bouche. Vous patientez quelques jours, le phénomène persiste. Tout finit naturellement chez le médecin.

Fiche technique

• Anomalie assez fréquente qui se voit à tout âge.
• Non héréditaire, non contagieuse.
• Origine : contrairement à ce que l'on pensait, et que l'on pense encore parfois, le *Candida albicans* n'est pas en cause. L'origine de la langue noire reste discutée. Sont incriminés : le

tabac, l'alcool (souvent associés), mais aussi l'usage de dentifrices fluorés.

• Évolution : le phénomène peut disparaître spontanément en quelques semaines. Il ne présente aucun danger.

Traitement

Vitamine A acide (trétinoïne) en applications locales matin et soir. Suppression des dentifrices fluorés s'il y a lieu. Diminution du tabac et de l'alcool. Les traitements antifongiques sont inutiles.

Les nerfs à fleur de peau

Etre mal dans sa peau, ce n'est pas très gentil pour elle, la peau. Elle ne tardera pas à se venger en affichant vos soucis. Stress, angoisse, instabilité, irritabilité..., quand on vit sur les nerfs et surtout quand on « prend sur soi »..., il faut bien que « ça sorte » un jour. Ça peut sortir sous forme de zona, une sale affaire qui risque d'être très douloureuse. Ou sous forme d'herpès, d'un « bouton de fièvre » qui sait si bien saper le moral. Ou sous forme de tics, de manies, de pulsions qui s'attaquent carrément à la peau (on se gratte, on écorche ses boutons, on triture ses points noirs, on se ronge les ongles... on en vient même à s'arracher les cheveux!). Bon nombre d'affections de la peau sont ainsi dictées directement ou indirectement par notre cerveau.

C'est pourquoi le dermatologue doit souvent jouer d'abord les détectives, et les psychothérapeutes ensuite.

Dartres, eczématides ou dermite séborrhéique___

Les signaux de la peau

Un bon tiers de la population atteinte! Ce type de troubles cutanés, directement lié au stress, fait le pain quotidien des dermatologues. Les symptômes apparaissent brutalement, l'hiver surtout. Sur les ailes du nez, les joues, surgissent des taches rugueuses, rosées, de forme variable et mal délimitées. Trois signaux caractéristiques : les taches sont souvent rugueuses (pas toujours) et la peau au toucher donne l'impression de papier de verre. Elle est très sèche. Deuxième signal : les taches sont légèrement squameuses, il s'en détache une fine poussière ou de petites lamelles de peau. Enfin, et surtout, elles grattent, brûlent même, de façon quelquefois intolérable. Les sourcils et les oreilles peuvent être atteints aussi : ils « pèlent ». Telle est la dermite séborrhéique (anciennement eczéma séborrhéique). La maladie au complet associe un état pelliculaire plus ou moins marqué, avec des démangeaisons parfois intenses (voir chap. 16, p. 291) et une tache rouge au milieu du thorax, (ou médaillon) qui se manifeste elle aussi par un prurit important.

Fiche technique

• La dermite séborrhéique est d'une grande banalité et d'une extrême fréquence. Elle touche une personne sur deux, à un moment de sa vie.
• Origine : sur le cuir chevelu, le responsable serait un petit champignon (pityrosporum ovalé) qui se développerait plus que de raison; sur le visage et le thorax, l'origine est mal connue, mais il existe un facteur psychosomatique certain. Le stress, la fatigue, l'anxiété, l'angoisse, déclenchent des poussées.
• Non héréditaire, non contagieuse.
• Évolution : capricieuse... Elle se fait par poussées rythmées par la fatigue, l'angoisse, etc. Elle peut survenir à tout âge et disparaître spontanément.

Traitement

– Cuir chevelu : les pellicules sont traitées par des produits antifongiques;

– Visage : ne jamais appliquer de cortisone en pommade sur les dartres, sauf pendant un temps très court. C'est un produit très efficace, mais les eczématides réapparaissent très rapidement, et le traitement est à recommencer. Or la cortisone, après quelques mois ou années d'application, cause des dommages irréparables à la peau. Appliquer des pommades à base de cuivre, de zinc, d'ichtyol (sur ordonnance).

– Thorax : sur le « médaillon », on peut appliquer une crème à base de cortisone.

Traitement de fond. Adoption d'une bonne hygiène de vie. Sommeil respecté, pratique régulière d'un sport, oxygénation, (voire techniques de relaxation : yoga, sophrologie), etc.

Herpès récidivant

Les signaux de la peau

Un vrai fléau. La maladie du siècle pour certains... Plus de vingt millions d'Américains atteints. L'herpès récidivant peut se manifester sous deux formes : forme buccale, c'est le classique « bouton de fièvre » qui survient au coin de la bouche, le plus souvent chez la femme au moment de ses règles; forme génitale, boutons sur les organes sexuels, moins visible mais plus gênante encore car il s'agit là d'une maladie sexuellement transmissible. Buccale ou génitale, la crise d'herpès récidivant est la même. Le plus souvent, elle s'annonce par une irritation, une fatigue. A l'endroit où le bouton va sortir, la peau devient d'une sensibilité particulière. Quand on l'effleure, cela fait presque mal. Lorsqu'il s'agit d'herpès génital, cette hypersensibilité de la peau s'étend parfois aux fesses, aux cuisses, aux jambes, pouvant entraîner une gêne à la marche. Cela dure quelques heures, puis c'est l'explosion des boutons. La peau se gonfle, rougit, éclate en un bouquet de petites cloques plus ou moins nombreuses serrées les unes contre les autres, remplies d'un liquide transparent. Si les douleurs alentour cessent, le « placard » est très sensible. Au niveau buccal, on a l'impression que la lèvre a doublé ou triplé de volume, et que les gens ne voient que ça. Au niveau génital, même impression de gêne, de douleur, ce qui rend toute relation sexuelle impossible – pour autant que l'on en ait envie, car l'herpès est extrêmement démoralisant! Les cloques vont bientôt se rompre, laissant de petites plaies rondes qui vont vite se recouvrir de croûtes (le tout étant vraiment inesthétique). En huit à dix jours, les boutons se dessèchent et disparaissent... jusqu'à la prochaine crise. Et c'est là tout le problème. On ne sait pas quand cette crise va se reproduire. Certaines personnes n'en ont qu'une par an, d'autres plusieurs par mois.

Lorsque les récidives sont fréquentes, l'herpès constitue un véritable handicap dans la vie courante. Comment s'expliquent ces récidives? On pense que le virus reste dans l'organisme, tapi dans un ganglion. En principe, il ne se manifeste pas car une véritable police (les anticorps anti-herpétiques à médiation cellulaire) l'en empêche. Mais si, pour une raison ou une autre, cette police s'affaiblit, le malfaiteur sort de sa clandestinité et refait des siennes.

Pourquoi les anticorps ne font-ils plus correctement leur travail? Faiblesse de leur part? On ne le sait trop. Ce qui est sûr, c'est qu'il existe des facteurs aggravants. Par exemple : la menstruation. Certaines femmes ont une crise chaque mois au moment de leurs règles, c'est ce que l'on appelle l'herpès catéménial. Autres facteurs favorisants : les ultraviolets solaires, surtout à la montagne (voir herpès solaire, chap. 12, p. 241). Une infection accompagnée de fièvre (grippe, angine, bronchite, etc.) peut également déclencher une crise. Ainsi que tous les stress émotionnels, psychoaffectifs. Ce que ces éléments ont en commun, c'est en fait une fatigue physique ou psychique.

Il n'est pas impossible que le cerveau qui régit tout (et nous sommes encore ignorants sur ce sujet) soit incapable à un certain moment de renforcer sa police (par une substance X), ce qui permet alors au virus d'agir à son aise. Voilà pourquoi on peut presque parler à propos de l'herpès de maladie psychosomatique. Non qu'elle soit purement inventée par le cerveau, mais simplement parce que celui-ci, fatigué, stressé ou culpabilisé, ne serait plus à même de faire régner l'ordre.

Fiche technique

• Maladie infectieuse virale, de plus en plus fréquente dans le monde occidental. 50 % des herpès génitaux récidivent, soit 310 000 cas en France en 1985.
• Origine : deux virus sont en cause : H.V.S. I (herpès buccal et oculaire), H.V.S. II (herpès génital).
• L'herpès est contagieux, mais pas toujours. Si vous embrassez quelqu'un qui a un herpès buccal, vous ne serez pas forcément contaminé, de même si vous avez des relations sexuelles avec un porteur d'herpès génital. Tout dépend de la force de votre police intérieure.
• Évolution : tout à fait imprévisible. L'herpès récidivant peut commencer à tout âge. Peut durer des années. Peut disparaître du jour au lendemain. En général, en vieillissant les crises s'espacent. L'herpès génital récidivant pourrait induire chez les femmes des cancers du col utérin. Il nécessite donc une surveillance régulière.

Traitement

Aucun n'a fait, à ce jour, la preuve de son efficacité constante. Le médicament idéal serait celui qui rendrait leur force aux anticorps à médiation cellulaire. Des vaccins sont à l'étude. Les traitements actuels sont nombreux. Mais sans véritable efficacité.

– Localement : produits antiviraux dont le plus efficace n'est pas encore commercialisé en France (il s'agit de l'acyclovir à 3 % en pommade).

– Traitements généraux (ils ont pour but de tenter d'espacer les crises) : isoprinosine; vaccin antitétanique (ces deux produits donnent des résultats inconstants et transitoires); B.C.G.; vaccin antipoliomyélitique; gammaglobulines; lévamisole; vitamine C; crème au lithium; anxyolitique (pour jouer sur la composante psychosomatique).

Zona

Les signaux de la peau

Un matin, vous vous éveillez frissonnant, fiévreux, bizarre, et ressentant une brûlure très superficielle dans le dos ou à la taille. Votre peau, à cet endroit-là, paraît tout à fait normale, mais lorsque vous passez la main dessus, vous la trouvez beaucoup plus sensible qu'ailleurs. Ce premier signal doit faire penser d'emblée à un zona. Dans les quelques jours – ou quelques semaines – qui suivent, vous allez en avoir confirmation par d'autres signaux bien visibles sur la peau. A l'endroit des brûlures, vont effectivement apparaître des plaques rouges, légèrement gonflées, très vite surmontées de bouquets de petites cloques pleines d'eau, comme des perles brillantes. Signal très important : l'éruption suit un trajet rectiligne commençant près de la colonne vertébrale, traversant le dos, de plaques en plaques, et souvent contournant le thorax pour atteindre par-devant la ligne médiane du corps. Cette éruption a suivi le trajet exact d'un nerf. C'est ainsi que l'on ne peut confondre une plaque de zona avec une plaque d'herpès. Plusieurs poussées de boutons vont se produire en quelques jours. Puis les cloques vont sécher, laissant place à des croûtes qui tomberont en dix à quinze jours.

Dans les bons cas, la fièvre et les frissons disparaissent ainsi que les douleurs. Mais parfois les douleurs du début passent au premier plan. Elles sont intenses, lancinantes, cuisantes et troublent le sommeil. Le zona qui n'est en fait qu'une varicelle localisée, peut atteindre n'importe quel endroit du corps, soit sur le passage du nerf rachidien (issu de la moelle épinière depuis la nuque jusqu'au coccyx) et irradiant jusqu'aux pieds (on peut ainsi avoir un zona sur une jambe ou une cuisse), soit sur le passage d'un nerf crânien, trijumeau, ou nerf ophtalmique par exemple. Le zona ophtalmique, qui touche la partie supérieure du visage, y compris l'œil et la paupière, peut être grave. Il est extrêmement douloureux. Les soins doivent être rapides, sous peine de séquelles définitives au niveau de la vue.

Un autre grand problème posé par le zona, celui des douleurs résiduelles après la maladie, ou douleurs post-zostériennes. Elles persistent sur le trajet du nerf, sont parfois très violentes, se manifestant par intermittence ou de façon continuelle. Les personnes qui en sont atteintes le vivent très mal, car on ne sait les traiter autrement que par des antalgiques puissants. Il convient donc, dans certains cas, de faire un traitement préventif.

Fiche technique

• Maladie infectieuse due au virus de la varicelle. Ce virus que tout le monde a rencontré, même si la varicelle ne s'est pas déclarée, suscite des anticorps qui persistent toute la vie; mais le virus, lui, ne disparaît pas. Il reste cantonné dans les ganglions nerveux du rachis et, lors d'une baisse de l'immunité, provoque cette varicelle localisée : le zona.
• Durée : deux à trois semaines.
• Évolution :
— chaque fois que l'immunité est déficiente, on peut refaire un zona;
— possibilité de douleurs persistantes post-zostériennes.

Traitement

— pour les zonas peu étendus, peu douloureux, de localisation banale, chez les sujets jeunes : antiviraux locaux en gels ou en crèmes (le plus récent et le plus puissant étant l'acyclovir), anti-inflammatoires et antalgiques;
— pour les zonas étendus, très douloureux, et chez les sujets âgés : traitement antiviral par voie générale (acyclovir par voie intraveineuse). En traitement préventif des douleurs post-zostériennes prise de cortisone à doses rapidement dégressives.

Névrodermite

Les signaux de la peau

« Docteur, j'ai le dos de la main qui gratte sans arrêt. La nuit, c'est intolérable. D'où cela peut-il venir? » La main en question est couverte d'une plaque de peau épaisse, rouge (ou parfois blanchâtre), légèrement gonflée et parcourue de sillons en tous sens. Le temps de vérifier qu'il n'y a aucune lésion ailleurs sur le corps, que cette plaque – qui évolue depuis quelques semaines – est bien isolée, et le médecin posera le diagnostic : névrodermite. Vous pensez qu'il s'agit d'une maladie de peau? Pas du tout. C'est vous qui avez créé cette plaque en vous grattant. Inquiet, anxieux, stressé, vous vous « défoulez » en vous grattant toujours au même endroit. Et la peau se révolte. La névrodermite peut se situer sur le mollet, la nuque, en n'importe quel endroit du corps. Où vous avez choisi, inconsciemment, de « passer vos nerfs ». Ce n'est pas grave, et très banal.

Fiche technique

• Affection très fréquente en dermatologie.
• Origine psychosomatique. Traduit l'inquiétude, l'anxiété, l'angoisse.

Traitement

– pour faire disparaître les démangeaisons, application de pommade à la cortisone;
– pour enrayer le « tic » et apaiser la nervosité, mesures d'hygiène de vie (sport, gymnastique relaxante, etc). Parfois, si le stress est trop fort, une psychothérapie est nécessaire.

Acné excoriée

Les signaux de la peau

L'acné excoriée est une acné aggravée. Elle se signale par des boutons écorchés, voire de petites ulcérations légèrement humides et saignotantes. D'où cela peut-il venir? Tout simplement du « tripotage » des boutons par une main nerveuse qui veut les faire disparaître. C'est la jeune fille, plus souvent que le garçon, qui presse, triture, gratte, « charcute » ses boutons d'acné. Le résultat est évidemment désastreux. Sans compter les cicatrices indélébiles qui peuvent en découler.

Fiche technique

• L'acné est toujours légèrement excoriée. Mais lorsque le phénomène est très marqué, cela signe un état d'angoisse sous-jacent. Une sorte d'autopunition. Dans certains cas, un s.o.s. aux parents ou à l'entourage proche, par le biais d'un comportement légèrement masochiste.
• Évolution : c'est celle de toute névrose. Si l'acné excoriée est peu marquée, elle a toute chance de régresser seule avec l'âge et la personnalité de l'adolescent qui, en devenant adulte, est plus sûr de lui. Si elle est très accusée, elle ne régressera que sous traitement.

Traitement

Sédatifs dans les cas peu marqués, psychothérapie dans les cas graves.

Onychophagie

Les signaux de la peau

Dix ongles rongés jusqu'à l'extrême limite accessible, voilà comment se signale l'onychophagie. L'onychophage (ou rongeur d'ongles) est de sexe masculin ou féminin et peut avoir n'importe quel âge. C'est le plus souvent un enfant. Il tente toujours de dissimuler sa manie en repliant ses doigts, mais il n'est pas difficile de le prendre sur le fait. Machinalement, il porte ses mains à sa bouche et mordille ses ongles. Voilà dix doigts qui n'ont pas besoin de manucure! Un autre tic consiste à arracher avec ses dents les peaux qui entourent la racine de l'ongle. Cela peut finir en panaris ou disséminer des verrues chez ceux qui en sont atteints. Les verrues viennent alors se loger sur les bords des ongles, d'où elles sont presque inexpugnables.

Fiche technique

• L'onychophagie est un tic très fréquemment rencontré chez les enfants. Un peu moins chez les adultes.
• Causes : ce phénomène signale un certain état de nervosité, d'anxiété, voire d'angoisse refoulée. Pour les psychiatres, les rongeurs d'ongles ont le désir de se protéger des événements extérieurs, et notamment des soucis professionnels à l'âge adulte.
• Évolution : commence le plus souvent dans l'enfance. Disparaît en général à l'âge adulte, mais peut persister plus longtemps.

Traitement : difficile...

– protection des ongles avec du vernis incolore;
– badigeonnage avec des substances amères comme l'aloès;
– psychothérapie pour les adultes quand cela devient gênant pour la vie professionnelle.

Trichotillomanie

Les signaux de la peau

Le patient se plaint de perdre ses cheveux depuis quelques mois. Et s'inquiète d'une calvitie possible. De plus, il fait état de démangeaisons. Il n'en dira pas plus. Mais, pour le dermatologue qui jette un coup d'œil à son cuir chevelu, le diagnostic est clair : ce trou au milieu d'une chevelure tout à fait normale, qui n'a l'aspect ni d'une teigne tondante, ni d'une plaque de pelade, ni d'un début de tonsure, est caractéristique de la trichotillomanie : en fait le patient s'arrache les cheveux lui-même! A quoi se reconnaît une trichotillomanie? La plaque de calvitie est mal définie dans ses contours et a un aspect mité, signal essentiel. De plus, les cheveux sont cassés à des longueurs différentes, certains émergeant à peine du cuir chevelu, d'autres ayant une tige beaucoup plus longue. Cela témoigne d'arrachages plus ou moins anciens. Dans la plupart des cas, le sujet refuse de reconnaître qu'il s'arrache les cheveux. Cache-t-il la vérité? Ou est-il parfaitement inconscient de sa manie? Les deux cas se produisent, ce qui est déroutant pour le dermatologue...

Fiche technique

• Trichotillomanie, le mot vient du grec : *thrix* = le poil, *tillen* = arracher, *mania* = folie.
• Affection relativement fréquente relevant d'une cause purement psychologique. Débute souvent dans l'enfance, persiste durant l'adolescence et peut se poursuivre à l'âge adulte.
Explication psychologique : deux hypothèses émises par les psychiatres :
• Selon le Dr Duhrssen, « la trichotillomanie traduirait un mélange complexe de tendance agressive et de colère refrénée, d'une part, et de besoin de tendresse et d'appui, d'autre part. Avec la sensation corporelle que ressent l'enfant en s'arrachant les cheveux, il se donnerait pendant un court instant la preuve de sa propre existence ».
• Selon le Dr H.G. Meiers, « la trichotillomanie devrait être envisagée comme un exutoire vis-à-vis de tendances agressives

dirigées habituellement contre l'entourage, la mère le plus souvent (quoique cela puisse être des frères et sœurs). L'enfant réprime cette agressivité en la retournant contre lui-même. La maladie devrait ainsi être considérée comme une soupape vis-à-vis d'une impulsion agressive inconsciemment refoulée ».

• Évolution : variable selon la cause.

Traitement

Retrouver le facteur déclenchant pour essayer de le supprimer. Parfois une psychothérapie est nécessaire.

Aucun traitement capillaire n'est valable.

15
Le masque et l'attente ·

Très souvent les proches, les vraies amies d'une jeune femme devinent qu'elle est enceinte avant même qu'elle le sache elle-même. A quoi cela tient-il ? A une attitude nouvelle, à une sûreté de soi, à un regard de compréhension universelle... et aussi beaucoup à la peau. Les futures mamans, comme les jeunes accouchées, ont en commun une transparence angélique, un teint diaphane qui leur donnent un visage préraphaélite et des mains aussi fines et transparentes que les saintes femmes de la Renaissance.

Mais cet état de grâce n'est pas toujours sans problèmes. Des problèmes auxquels on n'attache pas d'importance quand on est, future maman, en charge d'une mission autrement plus grave que coquetterie et soins esthétiques. Pourtant, les petits ennuis de peau et de cheveux qui accompagnent banalement la grossesse, tout à fait bénins pour la plupart et dont beaucoup se résolvent d'eux-mêmes après l'accouchement, peuvent tout de même laisser des traces sur votre visage ou votre corps. Il serait dommage de les négliger. Avec un peu de prudence, quelques soins de peau réguliers, vous pouvez sinon les éviter, du moins les enregistrer sur un mode mineur.

Deux affections en revanche auxquelles il faut être très attentive : la rubéole et l'herpès génital récidivant. Des boutons qui peuvent se révéler dangereux non pas pour vous-même mais pour votre enfant. Consultez vite un médecin si l'une de ces deux maladies se déclare.

Angiomes et rougeurs pendant la grossesse

Les signaux de la peau

De petits troubles cutanés d'origine vasculaire peuvent survenir pendant la grossesse. Jamais rien de grave, juste un peu inesthétique. Par exemple, des rougeurs apparaissent sur la paume des mains qui disparaîtront progressivement après l'accouchement. Plus vilains à voir sont les angiomes stellaires, petites étoiles rouges minuscules et qui peuvent aussi bien surgir sur le visage que sur la poitrine ou les membres. Au centre, un point d'où part une arborisation de petits fils rouges qui sont des artérioles dilatées. Pour s'assurer du diagnostic, il suffit de presser l'étoile qui s'efface pour revenir dès que la pression se relâche. L'angiome stellaire ne saigne pas, sauf si on l'érafle. Il n'est pas dangereux, mais ne disparaît jamais spontanément.

Fiche technique

• Les angiomes stellaires sont une anomalie vasculaire fréquemment observée au cours de la grossesse. Survenant chez 70 % des femmes entre le deuxième et le quatrième ou cinquième mois.
• Non héréditaire.
• Évolution : ne présente aucun danger. Pas de tendance à la disparition spontanée. Les récidives sont fréquentes.

Traitement

Après l'accouchement, électrocoagulation fine. Application d'azote liquide.

Varices de la grossesse

Les signaux de la peau

Vous êtes enceinte depuis quelques mois. Tout irait bien si vos jambes ne vous faisaient pas souffrir. Le soir, des lourdeurs, surtout si vous êtes restée longtemps debout, la nuit des crampes, des « impatiences ». De tels signaux évoquent le début d'une insuffisance veineuse. Il vous faut consulter un médecin qui, à l'examen clinique, recherchera les signaux qui pourraient annoncer des varices. Celles-ci sont très faciles à identifier : elles forment des cordons bleutés, plus ou moins apparents sur les jambes, voire les cuisses, et peuvent s'accompagner de varicosités, petits capillaires sanguins dilatés en permanence et formant de véritables réseaux sous la peau. Les varices ont tendance à gonfler et à devenir douloureuses et gênantes à mesure que la grossesse avance. D'où l'intérêt de les soigner précocement. Heureusement, elles diminuent ou disparaissent souvent après l'accouchement.

Fiche technique

• Affection très fréquente au cours de la grossesse.
• Facteurs prédisposants :
l'hérédité : dans 60 % des cas, la mère a souffert d'insuffisance veineuse;
l'obésité : il faut essayer de limiter la prise de poids pendant la grossesse.
• Évolution : les varices régressent souvent dans les trois mois suivant l'accouchement. Si ce n'est pas le cas, il faut les traiter. Elles peuvent réapparaître lors de la prise de la pilule (contre-indiquée dans ce cas), ou de grossesses ultérieures.

Traitement

– pendant la grossesse : règles hygiénodiététiques strictes, conservation d'une activité physique comme la marche ou le vélo, régime sans sel au cours des trois derniers mois (à voir avec son médecin), prise de veinotoniques (médicaments actifs sur les veines), port de bas de contention. En cas de varices importantes : sclérose;

– après la grossesse : éveinage (stripping) sous anesthésie générale, ou sclérose. Les deux traitements peuvent être associés.

Vergetures

Les signaux de la peau

Une disgrâce bien connue et qui frappe essentiellement la femme. Dès l'adolescence. Les vergetures appelées ainsi par analogie avec les empreintes laissées sur la peau par les coups de verge, forment des lignes sur la peau, longues de un à plusieurs centimètres, larges de un à deux centimètres. Lorsqu'elles sont nombreuses, on les compare à des flammèches. Sous les doigts, la surface est soit plate, soit dépressible comme une fissure recouverte d'une membrane. Violettes, pourpres, roses ou rouges lorsqu'elles apparaissent, les vergetures deviennent en vieillissant blanc ivoire, avec un aspect nacré ou moiré. Plus rarement elles se pigmentent. Les vergetures peuvent s'installer en plusieurs zones du corps : la poitrine, le ventre, les cuisses et les hanches. Pour la femme enceinte, c'est toujours un sujet d'inquiétude car elles apparaissent fréquemment entre le quatrième et le sixième mois de grossesse. Mais les vergetures ne sont pas associées qu'à la grossesse. Elles surviennent dans d'autres circonstances, et parfois signalent une maladie.

Fiche technique

• Anomalie cutanée très fréquente, due à la disparition de la trame élastique du derme et à une altération du collagène.
• Non héréditaire, mais souvent « terrain » familial ou racial.
• Causes :
– grossesse : 50 à 90 % des femmes sont atteintes. Les plus

exposées sont les femmes jeunes lors d'une première grossesse;
– obésité : 10 % des obèses en sont affligés. Surtout les
jeunes;
– maladies endocriniennes : hyperfonctionnement des glandes
surrénales (hypercorticisme, dans 60 % des cas). On reconnaît
ce type de vergetures à leur localisation : tronc, aisselles, plis
inguinaux, racine des bras et des cuisses;
– prise de cortisone par voie générale pendant plusieurs mois
(5 à 10 % des cas); corticothérapie locale : très rare (25 cas
décrits dans la littérature);
– sans cause connue chez le sujet jeune en pleine croissance.
• Évolution : les vergetures apparaissent de façon insidieuse,
s'allongent et s'élargissent, deviennent blanches après plusieurs années, ne disparaissent jamais spontanément, mais sont
tout à fait bénignes.

Traitement

– préventif, pendant la grossesse : aucun traitement n'a fait
la preuve de son efficacité constante, mais on peut essayer une
application régulière de crèmes à base de collagène et d'élastine, et de produits « activateurs » des usines à fabriquer
collagène et élastine (extraits de lierre, prêle, alchémille);
– curatif : aucun traitement n'est efficace. En cas de vergetures nombreuses sur une peau plissée (sur le ventre par
exemple), la chirurgie en redrapant la peau les fait disparaître.

Grains de beauté
pendant la grossesse

Les signaux de la peau

La peau se modifie pendant la grossesse. Elle peut se
marquer de vergetures, mais aussi de grains de beauté nou-

veaux, parfois très nombreux, et qui vont surgir tout au long des neuf mois de gestation. Il arrive aussi que des grains de beauté existants deviennent plus volumineux. Rien d'inquiétant. Mais à surveiller tout de même afin de ne pas laisser passer un mélanome malin, cancer grave de la peau qu'il faut enlever tout de suite.

Fiche technique

• La poussée de grains de beauté pendant la grossesse est un phénomène courant et banal.
• Elle nécessite une surveillance et un traitement en cas de nævus ne correspondant pas aux critères habituels.

Masque de grossesse
ou chloasma

Les signaux de la peau

Vous êtes enceinte depuis deux à trois mois quand apparaissent sur votre visage des taches qui s'étalent progressivement sur le front, les pommettes, les joues et le pourtour de la bouche, de façon à peu près symétrique. Elles forment des plaques irrégulières comme une carte de géographie, s'accompagnant de taches isolées par-ci par-là. Signal caractéristique : la délimitation entre les taches et la peau est franche. Vous faites naturellement vous-même le diagnostic : « J'ai le masque. » Le masque de grossesse ou chloasma est une hyperpigmentation légère de la peau qui atteint le plus souvent les brunes. L'été, le masque est plus voyant car il bronze plus que la peau environnante, l'hiver il est plus discret et peut se camoufler aisément sous le maquillage. Le chloasma peut aussi survenir chez les jeunes femmes prenant une pilule anticonceptionnelle. Dans ce cas, il a tendance à s'incruster, surtout autour de la bouche. Enfin, il se produit parfois sans raison.

Fiche technique

- Anomalie pigmentaire très fréquente pendant la grossesse. Se voit surtout chez les jeunes femmes brunes.
- Non héréditaire.
- Origine : dû à l'action conjuguée d'hormones circulantes et de la lumière.
- Évolution : jusqu'à l'accouchement, rien à espérer. Ensuite, atténuation spontanée dans les six à huit mois qui suivent. Persistance dans certains cas. Récidive possible lors d'une grossesse ultérieure, ou lors de la reprise de la pilule.

Traitement

– préventif : protection maximale contre le soleil pendant la grossesse par application de produits dits écrans totaux. Si le chloasma apparaît avec la « pilule », consulter un gynécologue pour envisager une autre contraception. Il existe notamment une pilule qui ne fait pas courir de risque;

– curatif : application de pommades associant un, deux, à trois produits qui, appliqués quotidiennement, font disparaître les taches en quelques mois.

Rubéole pendant la grossesse

Les signaux de la peau

Les signaux de la rubéole ont été décrits dans le chapitre 4 (p. 85). Beaucoup de femmes enceintes n'ont pas eu la rubéole. Le fait doit être vérifié en début de grossesse, systématiquement, car dans ce cas une surveillance rigoureuse s'impose. En effet, la rubéole survenant chez une femme enceinte de moins de quatre mois peut provoquer de graves malformations du fœtus (dans 30 % des cas). Après le quatrième mois, le taux de malformation est pratiquement nul.

Fiche technique

En cas d'éruption suspecte chez une femme enceinte, il faut :
• faire une prise de sang immédiatement, pour rechercher les anticorps spécifiques de la rubéole (première sérologie);
• pratiquer d'emblée une injection de sérum (tout en sachant qu'à ce stade tardif elle est illusoire);
• effectuer un prélèvement dix jours plus tard (seconde sérologie).

Résultat : plusieurs éventualités :
• Les deux sérologies sont négatives. Ce n'est pas une rubéole, donc pas de traitement.
• La première est négative, la seconde positive. C'est une rubéole. On doit poursuivre la sérothérapie (peu efficace) ou pratiquer une interruption volontaire de grossesse (affaire de conscience!).

Les deux prélèvements montrent des taux augmentés d'anticorps :
• il peut s'agir d'une rubéole ancienne ayant laissé un fort taux d'anticorps. L'éruption actuelle ne relève pas d'elle;
• ce peut être une rubéole récente, le premier prélèvement effectué huit jours après le début pouvant déjà montrer un taux d'anticorps stable et ne variant donc plus guère;
• pour trancher : dosage des I.G.M. (anticorps signant une infection récente).

En cas de contact récent, sans signe, d'une femme enceinte avec un rubéoleux, il faut faire :
• deux prélèvements à dix jours d'intervalle (sérologies);
• une sérothérapie immédiate.

Plusieurs éventualités sont possibles :
• Les deux prélèvements sont négatifs. Pas de rubéole, pas de traitement.
• Le premier est négatif, le second positif. C'est dans ces cas, si le contact date de moins de huit jours, que l'on peut espérer une efficacité de la sérothérapie effectuée.
• Le premier montre un taux d'anticorps relativement élevé. Il s'agit vraisemblablement, si le contact est récent, d'une infection ancienne assurant la protection. Le second prélèvement

pourra montrer, soit un taux identique, soit une élévation signant la réinfection. Mais le risque de rubéole congénitale est nul.

• Dans tous les cas, on pourra discuter une I.V.G.

Herpès pendant la grossesse

Les signaux de la peau

Vous êtes atteinte d'un herpès génital récidivant (voir chap. 14, p. 264). Maladie bénigne mais qui peut se révéler dangereuse si vous êtes enceinte. Non pas pour vous, mais pour votre enfant. En effet, si vous faites une crise d'herpès au moment de l'accouchement, votre bébé peut être infecté et développer un herpès généralisé aux séquelles gravissimes, voire mortelles. Heureusement, il est un moyen d'éviter cette contamination : l'accouchement par césarienne.

Fiche technique

• Le virus de l'herpès génital peut contaminer l'enfant au moment de l'accouchement.
• En cas de poussée herpétique durant les derniers jours de la grossesse, un accouchement par césarienne est obligatoire.
• Si la poussée se produit dans les deux mois qui précèdent le terme, une surveillance permanente du virus par prélèvements sera effectuée. Si les derniers prélèvements sont positifs, la césarienne, là encore, est obligatoire. S'ils sont négatifs, l'accouchement peut se faire par la voie normale.
• Si le conjoint est atteint d'herpès génital récidivant, la meilleure prévention est l'abstention de relations sexuelles pendant neuf mois. Ou encore des rapports protégés, et l'abstinence complète pendant les deux mois qui précèdent le terme. Avec surveillance cytologique de la femme enceinte.

Eczéma du sein

Les signaux de la peau

Un trouble fréquent au cours de la grossesse, ou après un accouchement, lors de l'allaitement au sein. Vous ressentez au niveau du mamelon une démangeaison féroce. Celui-ci est rouge, légèrement squameux, humide. C'est de l'eczéma qui peut déborder sur toute l'aréole. Souvent il s'accompagne de fissures qui rendent la tétée douloureuse. Signal important, cet eczéma est le plus souvent bilatéral. En cas d'eczéma unilatéral tenace et rebelle aux traitements locaux, il faut penser avant tout à une maladie de Paget qui est une forme particulière de début de cancer du sein. L'eczéma bilatéral, lui, peut parfois être une gale!

Fiche technique

• L'eczéma du mamelon chez la femme enceinte ou allaitante est fréquent et banal.
• Non contagieux.
• Évolution bénigne sous traitement.

Traitement

Corticoïdes locaux.

Perte de cheveux après l'accouchement
ou effluvium télogène du post-partum

Les signaux de la peau

Pendant votre grossesse, vous avez eu des cheveux magnifiques. Votre chevelure s'est même épaissie. A votre grande satisfaction. Mais voilà que deux ou trois mois après l'arrivée de bébé, c'est la chute brutale. Quand vous faites votre shampooing, le lavabo se remplit de cheveux. Et votre brosse tous les matins en fait une vraie moisson. Angoissant... Vous êtes si perturbée que souvent vous consultez votre dermatologue, une enveloppe remplie de « preuves » pour qu'il vous croie. Il vous croira car cette chute, après accouchement, est tout à fait courante et même normale. Après un accouchement, une femme peut ainsi perdre jusqu'à un tiers de sa chevelure (cas extrême). Mais la repousse est constante; en trois ou quatre mois. Prenez patience.

Fiche technique

- La chute de cheveux aiguë après la grossesse ou effluvium télogène est très fréquente et pratiquement normale. Elle est plus ou moins intense.
- Origine : les cheveux qui auraient dû normalement tomber sont restés en place, bloqués en phase télogène. Ensuite, ceux-ci tombent tous en même temps.
- Évolution : la chute va s'accenteur pendant une quinzaine de jours, pour diminuer progressivement et s'arrêter dans les deux ou trois semaines suivantes. La repousse survient dans les mois qui suivent. Mais le phénomène se reproduit, et parfois s'accentue, à chaque grossesse.

Traitement

Aucun n'est vraiment nécessaire. Toutefois on peut donner un petit coup de pouce à la repousse par des médicaments vitaminiques.

Les torturés du cuir chevelu

Les cheveux sont la première préoccupation de coquetterie. Déjà devant le maigre duvet du nourrisson on s'exclame : « Quel beau blond ! »... « Elle sera toute bouclée ! » Et dès lors le petit garçon et la petite fille entretiennent avec leur parure capillaire des rapports passionnels (qui peuvent aller jusqu'à l'horreur du démêlage aussi bien qu'à l'adoption des modes incongrues). Il est vrai que, plus que les traits du visage, la chevelure campe un personnage, l'associe à un groupe ou le différencie, parvient à équilibrer une physionomie et une silhouette. C'est ce pouvoir que célèbrent et craignent l'homme et la femme tout au long de leur vie. C'est dire l'inquiétude qui s'empare d'eux quand leurs cheveux sont malades. C'est dire leur angoisse quand leurs cheveux tombent. C'est dire aussi les efforts que font savants et laboratoires pour trouver les remèdes à tous les troubles du cuir chevelu. Étonnamment rentables. Tant d'efforts et tant d'argent dépensés finissent par fournir des armes de plus en plus efficaces.

Cheveux gras

Les signaux

Voilà une affection très... partagée. Beaucoup de têtes sont atteintes! Et qui souffrent de complexes. Le problème n'est pas grave, mais se pose quotidiennement. Les laver, ou ne pas les laver? Voilà la question. Les cheveux gras sont tristes à voir. Luisants, lourds, se collant les uns aux autres, ils tombent le long du visage sous la coulée de cette graisse fabriquée par les glandes sébacées : le sébum. Front et tempes sont également gras. Que faire? Un shampooing par jour? On dit que le lavage trop fréquent excite les glandes sébacées qui sécrètent plus de sébum encore. Espacer le plus possible les shampooings? On dit que le sébum en excès étouffe la racine du cheveu et finit par le faire chuter. Un vrai casse-tête! Pour ce problème sans gravité, mais qui empoisonne la vie, le plus sage est de consulter – très précocement, dès l'adolescence – un dermato-logue qui prescrira des traitements antiséborrhée et conseillera la meilleure hygiène de vie.

Fiche technique

• Affection banale du cuir chevelu (excès de sécrétion de sébum ou hyperséborrhée), mais de plus en plus répandue. Causes :
• A la puberté, sous l'influence des hormones sexuelles, les glandes sébacées sécrètent plus de sébum. C'est la séborrhée normale. Pourquoi cette sécrétion s'emballe-t-elle chez certai-nes personnes? Excès d'hormones, notamment d'hormones mâles ou androgènes? On n'en retrouve aucun taux anormal. L'hypothèse la plus vraisemblable : les sujets à cheveux gras auraient des glandes sébacées plus réceptives aux hormones mâles que les autres.
• Facteurs aggravants de la séborrhée : le stress, la pollution urbaine et chimique, une alimentation trop riche en graisses et sucres.

Traitement

Hygiène des cheveux : il faut éliminer le sébum excédentaire sans abîmer les cheveux ni les faire tomber, mais en les laissant souples et faciles à coiffer. Les moyens : lavage fréquent (tous les deux ou trois jours, voire tous les jours) avec un shampooing ne contenant ni substances irritantes pour le cuir chevelu, ni détergents. Conseillés : les shampooings contenant des « tensio-actifs non ioniques » qui empêchent l'altération des cheveux, le dessèchement de la tige, et ne provoquent pas d'hyperséborrhée réactionnelle.

Également les shampooings à base de goudron (coaltar ou goudron de houille) et à base d'huile de cade (goudron de bois de genévrier) qui ont un double avantage : calmer la sécrétion de sébum, et les démangeaisons souvent associées.

Traitements associés :

– localement : application d'un antiandrogène en lotion capillaire, application d'aldactone (médicament contre l'hypertension dont on a découvert récemment les vertus sur le cuir chevelu);

– par voie générale : prise d'un antiandrogène. Très efficace, mais réservé aux femmes.

Cheveux secs_____

Les signaux

Un cheveu sec est un cheveu terne, sans brillant, très fin et comme dévitalisé. Fragile, il casse facilement à toutes les longueurs ce qui donne un aspect rêche à la chevelure. Comme du foin! Le drame du cheveu sec est qu'il manque de sébum protecteur qui normalement gaine la tige. Ce manque de sébum provient d'un hypofonctionnement des glandes sébacées probablement dû à une réponse inadéquate de ces glandes aux hormones circulantes. L'état de sécheresse peut être aggravé par le soleil, l'eau de mer et les erreurs cosmétiques. Porteurs de cheveux secs, soyez très doux avec eux. Ils ont soif de bons soins et de bonne protection.

Fiche technique

• Anomalie assez souvent rencontrée : les cheveux secs sont dépourvus de sébum protecteur. D'où leur grande fragilité.
• Causes : réponse inadaptée des glandes sébacées aux hormones.

Traitement

Il consiste surtout en soins cosmétiques et en une bonne hygiène de vie du cheveu :
— éviter les brossages trop vigoureux, les séchages à l'air brûlant, les rouleaux trop serrés, ainsi que les permanentes et colorations trop rapprochées;
— lavez les cheveux une ou deux fois par semaine avec un shampooing à base lavante très douce, ou avec un shampooing aux saponines;
— laisser sécher les cheveux à l'air libre si possible, ou à l'air tiède;
— gainer la tige avec des bains d'huile avant le shampooing ou appliquer une crème capillaire sur les pointes;
— l'été, éviter l'eau de mer sur les cheveux, ou les rincer immédiatement après le bain.

Pellicules

Les signaux de la peau

Une personne sur deux en est atteinte à un moment de sa vie. Petites squames blanches, sèches, visibles à la racine des cheveux, et bien plus encore sur les cols de vestes ou les pull-overs où elles tombent en neige. Les pellicules sont peu esthétiques. Un souci constant! Elles surviennent fréquemment avec la puberté. Quand on examine le cuir chevelu, on observe que la peau y est parsemée de squames blanches de manière diffuse. Et parfois atteinte de rougeur, signal d'une irritation locale. A ce stade, on parle de pityriasis simple ou pellicules sèches. Mais cet état peut se compliquer de séborrhée : les pellicules sont alors plus épaisses et grasses, accolées et engluées dans le sébum sécrété par les glandes sébacées du cuir chevelu. Il s'agit de la même affection, mais qu'on appelle alors pityriasis stéatoïde (dû au caractère gras des pellicules enrobées de sébum).

A un degré de plus, c'est la dermite séborrhéique que l'on peut confondre avec le psoriasis. Vous pouvez néanmoins vous-même faire la différence en observant bien les signaux du cuir chevelu. Dans la dermite séborrhéique, les pellicules parsèment tout le cuir chevelu, alors que le psoriasis, lui, forme des plaques bien délimitées. Ensuite, la rougeur de la peau : dans la dermite séborrhéique, elle est surtout marquée en bordure du front et des tempes, se signalant par un liséré rouge suivant l'implantation des cheveux. Sur cette bordure, les pellicules abondent. Troisième différence notoire : la dermite s'accompagne de démangeaisons parfois féroces. Le psoriasis, lui, ne gratte pas (en principe). De même la dermite peut atteindre le visage sous forme de dartres : rougeurs, démangeaisons et desquamation apparaissent dans les sourcils, sur les ailes du nez et dans les oreilles. Enfin – signal inconstant – la dermite se retrouve sur le thorax, c'est le médaillon (petite tache rouge) préthoracique, qui démange parfois de façon intense. Voici donc tous les signaux d'une affection extrêmement fréquente et qui va évoluer par poussées rythmées à la fois par les saisons (amélioration estivale, aggravation hivernale, au froid et à l'humidité), par l'état général (fatigue), par les stress physiques (accidents, interventions chirurgicales) et surtout psychiques (surmenage, anxiété, angoisse). Toutefois, au cours de la vie, de longues périodes de rémission peuvent s'observer.

Fiche technique

- Les états pelliculaires : pityriasis simplex, pityriasis stéatoïde, dermite séborrhéique (par ordre de gravité croissante) sont extrêmement fréquents pour ne pas dire d'une grande banalité.
- Non contagieux.
- Dans certains cas, il existe un facteur familial.
- Origine. On observe deux phénomènes : d'une part une

accélération du renouvellement de l'épiderme; d'autre part une augmentation de la population de deux micro-organismes que nous avons tous sur le cuir chevelu : le corynébactérium acnes et le pityrosporum ovale. L'irritation proviendrait des acides gras libérés par cette flore.

• Évolution : elle se fait par poussées, sous l'influence de facteurs psychologiques.

Traitement

Il vise trois buts :
– Détruire la flore en surnombre par des applications locales de substances antifongiques.
– Réduire la vitesse de renouvellement de l'épiderme par des shampooings à base de pyridine-thione-zinc, ou de goudrons de houille (coaltar) ou de bois de genévrier (huile de cade).
– Atténuer l'irritation de l'épiderme par des applications de corticoïdes en lotions.

Il n'y a pas de guérison définitive, mais des guérisons temporaires. Pour éviter les rechutes, il convient de faire un traitement d'entretien avec des shampooings traitants, adaptés à chaque cas.

Alopécie séborrhéique

Les signaux

Cela commence en général lorsque finit l'adolescence. Vers l'âge de vingt ans, parfois vingt-cinq. Chez un garçon à la belle chevelure, la chute commence et se poursuit de façon régulière. Lotions, massages du cuir chevelu, pommades diverses n'y font rien. Petit à petit la chevelure se clairsème. Des golfes apparaissent aux tempes. C'est la panique! Vite chez un dermatologue. Celui-ci fait un bilan. Le cuir chevelu? Il est gras, obligeant à des shampooings répétés. L'implantation des cheveux ? Le recul de la ligne frontale est net, formant des golfes marqués plus ou moins accentués. Sur le sommet du crâne, légèrement à l'arrière, les cheveux sont également clairsemés, laissant présager une tonsure. Le jeune homme qui consulte va-t-il devenir complètement chauve ? Cela dépend de plusieurs facteurs. Y a-t-il des chauves dans la famille ? Perd-il plus de cent cheveux par jour ? A-t-il moins de trente ans ? Si oui, la calvitie se profile à l'horizon. Plus ou moins marquée bien sûr. Personne ne peut prédire l'aspect qu'elle prendra... Une chose est certaine : plus tôt se produit la chute, plus elle sera dure... Un homme qui possède encore à trente ans, la moitié de ses cheveux ne sera jamais complètement chauve. Pour savoir si le processus de perte de cheveux est en pleine évolution, un petit test simple : ne pas se laver la tête pendant trois jours, puis tirer sur les cheveux, dans les zones où ils tombent. S'ils viennent facilement à la traction, cela signifie que la calvitie progresse. S'ils résistent, c'est plutôt bon signe. Le dermatologue peut faire pratiquer une étude microscopique de quelques cheveux (trichogramme) qui lui permettra de confirmer le diagnostic et de voir si la chute est stabilisée ou non.

L'alopécie séborrhéique existe aussi chez la femme – bien que beaucoup plus rarement. Elle survient plus tard dans la vie, après la quarantaine. Ici point de tonsure ni de golfes temporaux, mais un éclaircissement diffus et très notable de l'ensemble de la chevelure. Le trichogramme et certains dosages hormonaux permettront de faire le diagnostic et de proposer un traitement médical efficace.

Fiche technique

- Très fréquente chez l'homme, moins chez la femme.
- Affection héréditaire.
- Due à une susceptibilité anormale des bulbes pileux à certaines hormones circulantes dans le sang : les androgènes. Ceux-ci produisent des cycles pilaires raccourcis aboutissant à des cheveux de plus en plus fins. Cette accélération des cycles va déterminer une alopécie par épuisement prématuré du stock de cheveux qui avait été génétiquement programmé. Ces mêmes androgènes sont également à l'origine de l'hyperséborrhée, facteur associé dans la chute de cheveux.
- Évolution imprévisible.

Traitement

Chez l'homme
– Le traitement classique : d'abord application de produits
« anti-gras » : shampooing et traitement appropriés (voir cheveux gras, p. 289).
– Traitement anti-hormone mâle : c'est la progestérone en
application locale. Ce produit qui avait suscité beaucoup
d'enthousiasme n'a pas donné les résultats escomptés : il
permet de retarder la chute dans 40 % des cas environ. Mais à
long terme, il y a peu d'amélioration.
– Le panthoténol (par voie orale ou en injection intra-
musculaire). Servant à la croissance des phanères, ongles,
cheveux, poils, c'est un facteur stimulant.
– Traitement vitaminique : biotine ou vitamine H et vitamine B 6 (associée à la cystine). Ces deux vitamines peuvent
retarder la chute des cheveux.
– Nouveau : un médicament sur lequel on fonde beaucoup
d'espoir, le minoxidil. Ce produit est un antihypertenseur dont
on a découvert par hasard l'effet bénéfique sur les cheveux :
les hypertendus qui le prenaient par voie orale constataient
une nette diminution de la perte de leurs cheveux et, dans
certains cas, une vraie repousse. D'où l'idée de faire, avec le
principe actif de ce médicament, un produit applicable localement, sur le cuir chevelu. A l'heure actuelle, ce produit est
encore en expérimentation, mais les résultats sont tout à fait
prometteurs. Si l'on n'obtient pas toujours une repousse, dans
la plupart des cas, la chute des cheveux est arrêtée. Le
mécanisme d'action de ce produit est encore inconnu.
– Traitements chirurgicaux : si le traitement médical peut
freiner la chute des cheveux, l'évolution d'une alopécie séborrhéique débutante, seul un traitement chirurgical permet de
rendre des cheveux à un chauve ! Il existe trois techniques :
– traitement des greffes libres en pastilles, qui se fait sous
anesthésie locale en position semi-assise. L'opération – qui a
environ vingt ans d'âge – consiste à prélever de petits greffons
dans la partie postérieure du cuir chevelu que l'on va réim-
planter dans la zone chauve. Les greffons sont maintenus en
place par un simple pansement non adhésif. Le patient peut
repartir chez lui après quelques heures de repos. Le premier
shampooing est autorisé au 8ᵉ jour. Mais ce n'est que deux ou
quatre mois plus tard que la pousse définitive se fait dans
chaque greffon (10 à 15 cheveux par greffon). La première

pousse est fine puis les cheveux épaississent. 100 à 150 greffons permettent de combler une tonsure débutante. Une calvitie plus importante nécessite jusqu'à 300 greffons. Les résultats sont définitifs. Aujourd'hui, la technique s'est affinée, et la plantation des greffons a un aspect beaucoup plus naturel qu'auparavant;
— technique des lambeaux de rotation : elle permet de reconstituer la ligne chevelue du front, par prélèvement et rotation d'un lambeau de cheveu sur la face latérale du cuir chevelu. Pratiquée d'abord en trois temps, et sous anesthésie générale pour le troisième temps, cette technique a été très améliorée et peut se pratiquer aujourd'hui en un seul temps opératoire sous anesthésie locale;
— technique de réduction tonsurale : la peau du cuir chevelu se laisse facilement détendre. Pour combler une tonsure, il suffit de faire deux incisions autour de la tonsure, de décoller largement le cuir chevelu, de supprimer la zone chauve de peau et de rapprocher les bords, puis de suturer. L'opération se fait sous anesthésie locale. En deux ou trois séances, on rapproche les deux berges et l'on efface la tonsure.

Chez la femme
— Prise d'hormones antiandrogènes par voie orale, qui stoppent la chute des cheveux et agissent contre la séborrhée.
— En cas d'alopécie déjà installée, on peut recourir aux mêmes méthodes chirurgicales que chez l'homme, notamment la pose de greffons.

Alopécie diffuse aiguë

Les signaux de la peau

Cela peut arriver à tout le monde. Aux hommes comme aux femmes. La chute se repère surtout le jour du shampooing, au nombre de cheveux qui restent dans le lavabo ou dans la baignoire! Les autres jours, beaucoup de cheveux s'accrochent à la brosse, ou aux dents du peigne. Vous pouvez en compter une centaine par jour. Et la chute ne se ralentit pas. Après quelques semaines, votre chevelure est un peu clairsemée, en tout cas nettement moins fournie. Il est temps de consulter un dermatologue. Car il faut trouver la cause pour arrêter la chute.

Fiche technique

• L'alopécie diffuse aiguë est fréquente. Elle atteint les deux sexes pendant l'adolescence ou l'âge adulte.
• Les causes sont nombreuses (l'important est de savoir que la chute se produit deux ou trois mois après le phénomène qui la provoque).
Cause principale : accouchement (voir chap. 15, p. 285);
• maladies infectieuses avec une température dépassant 39,5° pendant plusieurs jours (grippe, scarlatine, rougeole, fièvre thyphoïde, etc.);
• intervention chirurgicale sous anesthésie générale;
• cure d'amaigrissement trop rapide;
• choc émotif (rare);
• syphilis (à ne jamais oublier);
• causes chimiques : intoxications professionnelles ou accidentelles avec nitrate de thallium (fabrication de raticides), borax (contenu dans les lessives), chlorophène (industrie du caoutchouc); médicaments : anticoagulants, amphétamines, anorexigènes (ou coupe-faim), antipaludéens de synthèse, antiépileptiques, vitamine A en cure prolongée à doses égales ou supérieures à 50 000 unités par jour, antimitotiques (médicaments anticancéreux).
• Évolution : bénigne. La chute s'arrête lorsque la cause est passée ou traitée.

Traitement

On peut aider la repousse des cheveux par des cures de vitamines (confer alopécie séborrhéique). Dans le cas de prise de médicaments anticancéreux, la pose d'un garrot sur la tête au moment de la perfusion limite les dégâts.

Alopécie diffuse chronique

Les signaux

Cela se passe sournoisement, mais inexorablement. Progressivement, vous perdez vos cheveux. Ce peut être votre coiffeur qui vous le signale, ou un ami qui vous fait une remarque, ou vous-même qui trouvez vos cheveux de plus en plus « maigres ». Il n'y a rien à faire, pensez-vous. Vous vous trompez. Cette chute peut être due à un trouble qui se soigne. D'autre part, il existe des traitements pour stimuler la repousse.

Fiche technique

• La chute de cheveux progressive est fréquente.
• Causes : la cause principale est la séborrhée (voir alopécie séborrhéique). Causes moins fréquentes : mauvais fonctionnement de la thyroïde, des glandes surrénales, diabète mal équilibré, malabsorption digestive.
• Évolution : la chute peut continuer tant que la cause n'est pas traitée ou supprimée. Mais la repousse est possible.

Traitement

Celui de la cause. Cure vitaminique pour stimuler la repousse.

Pelade

Les signaux de la peau

C'est tout à fait par hasard, en vous coiffant, que vous remarquez une petite zone arrondie du cuir chevelu totalement dépourvue de cheveux. Parfois c'est votre coiffeur qui vous le signale car le « trou » se situe sur le versant supérieur ou postérieur de la tête. Il s'agit d'une plaque de pelade. Sa surface est complètement glabre, blanche, lisse, sans aucune croûte. A son niveau la peau est souvent plissée au début, comme si elle était devenue trop large. En bordure on voit des cheveux cassés très courts, amincis, décolorés, dont l'extrémité est épaissie comme des points d'exclamation. Ils indiquent que la plaque est en pleine extension.

Cette perte de cheveux localisée se produit en quelques jours, parfois en quelques heures. Après ce début rapide, la plaque s'étend lentement pendant quelques semaines en gardant toujours une forme régulièrement arrondie. Au bout de ce laps de temps le processus s'arrête. La repousse va pouvoir avoir lieu. D'abord sous forme d'un fin duvet décoloré qui progressivement va devenir des cheveux normaux. La durée de cette plaque, unique et bénigne, est en tout de 4 à 10 mois. Cela peut-il revenir? Oui, les récidives sont fréquentes. Peut-on devenir chauve? C'est rare mais cela peut arriver. Il s'agit alors de la pelade décalvante totale. C'est d'abord une plaque, suivie de l'apparition de nombreuses autres qui confluent entre elles, entraînant une calvitie complète. Habituellement cette forme s'accompagne de la chute des sourcils, cils et tous les poils. Cette forme grave sur le plan esthétique persiste plusieurs années. Mais la repousse a souvent lieu.

Il est des formes plus curieuses de pelades. Celle, par exemple, qui atteint la barbe chez l'homme. On voit là des zones arrondies où le poil ne pousse plus. Ou bien celle qui provoque uniquement la perte des cils. Ceux-ci ayant une fonction de nettoyage de la poussière qui se dépose sur l'œil, leur absence provoque une gêne permanente. Si les causes de la pelade ne sont pas encore totalement élucidées (voir fiche technique) on sait que les plaques sont souvent déclenchées par un stress, l'angoisse, une dépression nerveuse, un choc émotif. Il faut donc éviter autant que faire se peut de « vivre sur les nerfs ». Certains sont prédisposés à être anxieux et la vie professionnelle souvent n'arrange pas les choses. Il faut, malgré cette atteinte physique, essayer de rester calme. Évitez les excitants (tabacs, alcools). Dormez et mangez à heures régulières en prenant votre temps. Occupez-vous de votre corps, cela est essentiel. Faites-le bouger en faisant du sport, celui qui vous détend le mieux. Faites des saunas, qui ont un effet calmant très important.

Surtout, ne faites pas de « fixation » sur cette plaque de pelade. Traitez-la par le mépris, car dites-vous bien qu'avec le traitement que l'on vous donnera, et le temps, les cheveux repousseront de toute façon. Prenez tout cela avec philosophie sinon vous risquez de ne faire qu'aggraver les choses : c'est-à-dire faire durer le mal.

Fiche technique

• Une des affections les plus fréquentes du cuir chevelu. Maximum entre vingt et quarante ans, tant chez l'homme que la femme.
Origine encore non complètement élucidée. Différents facteurs entrent en jeu :
• facteur héréditaire présent dans 10 à 20 % des cas selon les auteurs. Il existe des familles peladiques et des cas frappants chez les jumeaux ;
• spasme des vaisseaux irriguant la racine des cheveux pouvant être déclenché par des phénomènes neuroaffectifs (dépression, choc affectif ou traumatique, conflit familial ou professionnel) et des infections O.R.L. (otite, sinusite, caries ou abcès dentaire) ;
• facteurs endocriniens : affection thyroïdienne souvent associée ;
• mécanisme immunologique : recherches en cours très prometteuses.

Traitement

Application de neige carbonique ou d'azote liquide à intervalles réguliers ; crème à base de cortisone.
Un nouveau produit américain non commercialisé en France, sous forme locale semble donner des résultats tout à fait prometteurs (minoxidil).

Teigne du cuir chevelu

Les signaux de la peau

Le seul mot de teigne fait frémir et évoque la malpropreté, la disette, la misère..., le siècle dernier. On pense que cela n'existe plus dans nos contrées. Faux. Les teigneux sont encore nombreux. La teigne attaque surtout les enfants de quatre à dix ans qui vivent (ou reviennent de vacances) à la campagne. Manifestation première : une perte de cheveux. Un beau matin, la maman aperçoit en coiffant son enfant deux ou trois plaques rondes et chauves sur sa tête. En regardant de plus près, elle constate qu'en fait les cheveux sur ces plaques existent encore, mais qu'ils sont cassés presque à la racine, ne mesurant plus que 3 à 5 millimètres. Si elle tire sur l'un des cheveux avec une pince à épiler, il se détache très facilement et sans douleur. Au bout de la pince, il se présente entouré d'une matière grisâtre, comme s'il était givré.

Telle est la teigne tondante microsporique. Le coupable ? Un champignon, transmis encore par un chien ou un chat comme le *Microsporum canis* appartenant à la famille des dermatophytes, et que l'on a déjà vu dans l'herpès circiné (voir chap. 2, p. 59). Au lieu de parasiter la peau, ce champignon s'est installé sur le cuir chevelu. Le diagnostic est confirmé par les prélèvements.

Il existe d'autres types de teignes dues à d'autres champignons. Les teignes trichophytiques donnent des plaques d'alopécies plus petites, plus nombreuses et recouvertes de petites croûtes. Elles ne proviennent pas d'animaux comme la précédente, mais d'enfants d'Afrique du Nord ou d'Afrique noire. La contagion se fait d'un individu à l'autre. Les kérions sont des teignes de type inflammatoire : une tache apparaît sur le cuir chevelu, recouverte de petites croûtes. Rapidement elle prend du volume, s'élargit et s'épaissit pour donner une petite masse rouge surélevée, d'où tous les cheveux sont expulsés. Le champignon, dans ce cas, est transmis par des animaux de ferme. Une question angoissante : les cheveux vont-ils repousser ? En ce qui concerne les teignes décrites ci-dessus, pas de problème. Après traitement, les plaques de calvitie disparaissent.

Il n'en va pas de même avec la teigne appelée « favus ».

Comme les autres, elle est causée par un petit champignon existant à l'état endémique en Afrique du Nord et que les enfants se transmettent entre eux. Les plaques alopéciques se recouvrent de croûtes en formes de coupes appelées « godets faviques ». Traitée à temps, cette teigne ne laissera aucune séquelle. Mais, dépistée ou soignée trop tard, il restera des plaques de calvitie définitives. Bien sûr, il n'est pas fréquent qu'un enfant européen soit atteint de la teigne « favus ». Toutefois, par mesure de prudence, il faut toujours consulter le plus vite possible un dermatologue.

Fiche technique

• Mycose du cuir chevelu fréquente et banale, due à des champignons appartenant à la famille des dermatophytes.
• La contagion se fait par trois voies : animale, humaine ou par contact avec la terre (rare).
• Évolution : les cheveux repoussent toujours, sauf dans le cas de teigne favus, traitée trop tardivement.

Traitement

Produits antifongiques, locaux ou par voie générale pendant un mois au moins.

Le rasage de la tête n'est pas nécessaire. En revanche, l'éviction scolaire l'est, si un écolier est atteint.

Psoriasis du cuir chevelu

Les signaux de la peau

A ne pas confondre avec un simple état pelliculaire. On peut s'y tromper! Mais certains signaux sont caractéristiques. Scénario le plus classique : il se forme sur le cuir chevelu des plaques arrondies ou ovales, rouges, recouvertes de squames blanchâtres, délimitées, à bordure franche. Les cheveux poussent normalement et ne sont pas englués à leur base comme ils peuvent l'être dans certains états pelliculaires marqués. Un test : tirez un cheveu de votre tête : s'il vient tout seul et sans croûte, c'est un psoriasis; s'il en vient deux ou trois à la fois, accompagnés d'une petite croûte, il s'agit d'un état pelliculaire. Autre différence : le psoriasis ne provoque pas de démangeaisons (en principe!).

Les plaques de psoriasis peuvent avoir toutes les dimensions : de la tête d'épingle jusqu'à la grande plaque qui recouvre presque tout le cuir chevelu. Dans quelques cas, le psoriasis déborde sur le front, formant une ligne rouge plus marquée que celle rencontrée dans un état pelliculaire. La présence de cette ligne frontale peut faire hésiter sur le diagnostic, surtout si la peau n'est pas atteinte et qu'il n'y a aucun antécédent familial. C'est l'examen au microscope d'un prélèvement de peau qui permettra de trancher.

Fiche technique

• Le psoriasis isolé du cuir chevelu est une affection fréquente. Il doit être différencié d'un simple état pelliculaire beaucoup plus fréquent.
Évolution :
• peut rester localisé au cuir chevelu avec des poussées plus ou moins espacées et des périodes de rémission complète;
• peut être associé à des lésions psoriasiques sur le corps ou des rhumatismes psoriasiques.

Traitement

– lavage des cheveux avec un shampooing au goudron contenant de l'acide salicylique;
– application quotidienne d'une lotion à base de cortisone associée à de l'acide salicylique pour décaper les croûtes. Arrêt à la disparition des lésions;
A éviter : les crèmes et pommades grasses, peu commodes, et qui ont une odeur désagréable.

Blanchiment des cheveux
ou canitie

Les signaux

Tôt ou tard, les cheveux blanchissent. On raconte beaucoup d'histoires à leur propos. Plus ils surviennent tôt, plus l'on vit vieux, dit-on. On dit aussi qu'ils peuvent devenir blancs en une seule nuit (ce fut le cas de Marie-Antoinette). Que les soucis favorisent leur apparition. Voire... Ce qui est sûr c'est qu'on blanchit. Mais cela peut commencer tôt ou tard. A trente ans, ou même plus jeune, comme à cinquante. Question d'hérédité. Le cheveu blanc est un cheveu dépigmenté. Il faut distinguer les cheveux blancs par vieillissement des cheveux blancs poussant sur une plaque de vitiligo et des cheveux blancs repoussant après une pelade. Ces derniers ne sont blancs que momentanément, ils se recoloreront par la suite. Dans la canitie, ce sont les tempes qui sont touchées les premières (on parle de tempes argentées), puis les cheveux frontaux, les cheveux de la « couronne » étant atteints en dernier. Quand un tiers de la chevelure est blanche, on parle de cheveux poivre et sel. Cela a son charme...

Fiche technique

• Dépigmentation du cheveu à partir d'un certain âge. Atteint presque 100 % des gens.
• Causes : le vieillissement (l'hérédité détermine l'âge où le blanchiment survient); les chocs émotifs violents (des cas indubitables ont été observés).
• Évolution : tendance à l'accentuation avec les années.

Traitement

Ils sont en général peu efficaces. On peut essayer de freiner le processus par l'acide para-aminobenzoïque, la vitamine A et le pantothénate de calcium. Solution radicale : la coloration, avec des produits cosmétiques.

Monilethrix

Les signaux de la peau

Bébé est né avec quelques cheveux. Le duvet de la première enfance. Après six semaines, ces cheveux tombent. Jusque-là rien que de très normal. Ce qui ne l'est pas, c'est que les cheveux définitifs ne poussent pas. Ou plutôt poussent très mal. Sur le haut du crâne et sur les tempes ils sont pratiquement absents. Ailleurs, les cheveux qui poussent ont un drôle d'aspect. Ils sont cassés très court, formant une nappe clairsemée. Vus de près, ces cheveux ont un aspect caractéristique : chacun d'eux forme une chaînette faite de zones renflées et d'étranglements. Sur les zones glabres de la tête, on peut voir de petites élevures coniques, rosées, qui donnent l'impression d'une vraie râpe lorsqu'on passe la main dessus.

Fiche technique

● Malformation rare du cheveu, dont le nom vient du latin *monile :* collier.
● Héréditaire, autosomique dominante : la tare se transmet de parent à enfant. Cette tare est le plus souvent isolée.
● Évolution : la calvitie est en général définitive. Néanmoins, il arrive qu'il y ait repousse et amélioration de l'état du cuir chevelu, durant l'adolescence ou lors de la grossesse chez la femme.

Traitement

Bonne action de l'huile de cade en pommade (elle peut doubler le volume des cheveux existants). Il faut l'appliquer quotidiennement. La vitamine A par voie orale peut aussi avoir de bons effets.

Pili Torti

Les signaux

Comme dans le monilethrix, bébé naît avec des cheveux normaux, mais après la chute du duvet la repousse est anormale : les cheveux sont tordus sur eux-mêmes. Ce qui donne un aspect complètement ébouriffé à la chevelure. Une vraie broussaille! Le problème majeur est le coiffage et l'aspect inesthétique.

Fiche technique

• Malformation rare des cheveux qui sont tordus sur eux-mêmes dans le sens de la longueur.
• Origine : héréditaire autosomique dominante : la tare se transmet de génération en génération. Elle est isolée.
• Évolution : pas d'aggravation ni d'amélioration... hélas!

Traitement

Aucun. Mieux vaut porter les cheveux le plus court possible.

Cheveux bambou

Les signaux

Dans cette affection rare et héréditaire, c'est d'abord l'aspect de la peau qui attire l'attention. La peau de bébé est toute rouge puis, vers l'âge de deux ans, les rougeurs vont former des anneaux, des serpentins, recouverts de petites croûtes arrondies qui dessinent des figures sur le corps (essentielle-ment le tronc et les membres). Une figure disparaît ici, une autre se forme là, quelques jours plus tard. Quant aux cheveux, ils sont également anormaux. Cassés très près du cuir chevelu, ils sont secs et ternes. Vus à la loupe, ils ressemblent à des bambous avec des nœuds tout au long de la tige. Lorsque beaucoup de cheveux sont atteints, il se forme des plaques de calvitie. Sont également touchés cils et sourcils. Ces signaux de la peau et des cheveux annoncent ce que l'on appelle le syndrome de Netherton : plus tard, au moment de la puberté, vont apparaître des manifestations dites « atopiques » : eczéma, asthme, rhume des foins (voir eczéma atopique, chap. 7, p. 158). Curieusement, l'ingestion de noisettes, de noix, de cacahuètes, provoque les poussées d'eczéma ou de lésions sur la peau.

Fiche technique

- Malformation rare de la peau et du cheveu.
- Héréditaire. Atteint surtout les femmes (60 % des cas). Se transmet sur un mode récessif (l'anomalie peut sauter une génération).
- Évolution : amélioration avec l'âge des signes cutanés et surtout des anomalies des cheveux.

Traitement

Bons résultats avec l'étrétinate pris par voie orale, médica-ment dérivé de la vitamine A, tout à fait révolutionnaire (on le donne aussi aux grands psoriasiques).

Syndrome des cheveux incoiffables

Les signaux

Rien à faire... Impossible de coiffer cet enfant qui a toujours l'air de sortir du lit. Ses cheveux sont orientés dans tous les sens comme une armée en désordre. Les peignes s'y usent, la patience des mamans aussi. Pour s'assurer du diagnostic de cette anomalie – heureusement rare – il suffit d'examiner un cheveu à la loupe. La tige n'est pas ronde mais triangulaire et si la loupe grossit suffisamment, on peut apercevoir sur un des côtés du triangle une gouttière qui creuse le cheveu sur toute sa longueur.

Fiche technique

- Anomalie assez rare des cheveux.
- Origine inconnue.
- Évolution : aucune amélioration ni aggravation.

Traitement

Aucun. Le plus sage est de couper les cheveux le plus court possible.

17

Jusqu'au bout des ongles

Les ongles pourraient bien aider le travail divinatoire d'une chiromancienne. Ils sont, en effet, quand on les « lit » bien, de bons traducteurs d'un état de santé général, d'un acquis génétique et d'habitudes de vie. Ils sont en tout cas porteurs de messages de la part de tout le corps, porteurs d'appels au secours pour eux-mêmes.

Les ongles des mains s'affichent tout au long de la journée. Leur couleur, leur surface, leur forme, leur consistance deviennent-elles anormales? Cela peut traduire une carence en vitamines, la présence d'un champignon ou d'un microbe, un mauvais fonctionnement glandulaire, un trouble cardio-vasculaire...

Les ongles des pieds, eux, quoique cachés, ont bien des problèmes aussi, qui peuvent même entraîner des souffrances difficilement supportables. Et aussi cacher des maux qu'il faut traiter sérieusement.

C'est que les ongles ont un handicap à dépasser : à leur sujet, on parle surtout de beauté. Ces vingt petits compagnons de notre vie ne sont pourtant pas seulement justiciables de la manucurie et de la pédicurie esthétiques. Ils méritent de vrais soins médicaux.

Ongles fragiles

Les signaux

Les ongles sont trop minces, trop mous, ils s'accrochent aux objets, ils sont friables et se déchiquettent ou cassent net à la racine. Ou encore se dédoublent à leur extrémité. Impossible de les laisser pousser! Un vrai désespoir pour les femmes coquettes qui aiment arborer des ongles-bijoux. Il y a beaucoup de causes à la fragilité. Et heureusement des remèdes.

Fiche technique

● Anomalie extrêmement fréquente des ongles. Un motif de consultation presque exclusivement féminin.
Causes. Nombreuses...
● Par contact avec un produit :
– cosmétique : le vernis à ongles contient des solvants qui ne sont pas toujours bien tolérés (ongles jaunis, dédoublés, à croissance ralentie);
– ménager : détergents, alcalins, essence de térébenthine, essence minérale, abîment la kératine de l'ongle;
– professionnel : formol, résines synthétiques, mercure, substances manipulées dans l'industrie du cuir, produits sucrés.
● Dermatoses : eczéma des doigts (par sensibilisation à un produit manipulé souvent), psoriasis, lichen plan, pelade.
● Affections générales : maladies infectieuses avec retentissement général sévère;
– avitaminoses : A, C, et peut-être F;
– anémie par manque de fer (faire un dosage de fer sérique);
– dépression et chocs nerveux.
● Évolution : amélioration et disparition si la cause est supprimée ou soignée.

Traitement

Suppression de la cause, s'il y a lieu.
Local :
– protection contre le froid (gants, moufles);

– protection contre les détergents (gants ménagers);
– entretien des ongles : applications de substances grasses (à base de lanoline, cholestérol ou de solution huileuse à base de vitamine F). Vernis à ongles? Son application est discutable. Il peut consolider les ongles et éviter l'effritement. A ne pas utiliser : les dissolvants à base d'acétone. Application de durcisseur. Mais seulement en périodes brèves et espacées. Le contact permanent est néfaste, car ces produits sont à base de formol, substance qui altère la kératine.

Général :
– fer en cas de déficit;
– prise de gélatine : 7 grammes par jour pendant au moins 2 mois (préparations pharmaceutiques existantes);
– vitamines : vitamine A (200 000 unités par jour, 20 jours par mois, pendant 3 mois) associée à la vitamine C (1,5 g par jour).

Ongles bombés

Les signaux de la peau

Malformation assez fréquente qui peut signaler une maladie. L'ongle bombé peut prendre trois aspects. Bombé longitudinalement, il ressemble à un bec d'oiseau. Bombé transversalement, il ressemble à une tête de serpent. Bombé dans son ensemble, il prend l'aspect d'un verre de montre. En général, seuls les trois premiers doigts de la main sont atteints. Autour des ongles anormaux, la peau peut être gonflée, formant une sorte de bourrelet (surtout autour du pouce).

Fiche technique

• Anomalie unguéale, relativement fréquente, appelée hippocratisme.

• Dans certains cas, les ongles qui se bombent signalent une maladie :
– une affection du cœur ou des poumons dans 80 % des cas : anomalie des bronches (dilatation, abcès, tuberculose, fibrose); tumeur du thorax (cancer du poumon) ou malformation cardiaque (manque d'oxygénation du sang);
– une affection digestive dans 5 % des cas : cancer de l'œsophage, cancer gastrique ou cancer colique, maladie de l'intestin grêle ou hépatite chronique active;
– autres affections plus rares : anomalie endocrinienne (syndrome de Diamond), anomalie sanguine (augmentation du nombre de globules rouges) ou affection nerveuse (syringomyélie, certaines névrites).

Traitement

Celui de la cause si l'on en trouve une.

Ongles concaves

Les signaux de la peau

Premier stade, l'ongle, légèrement bombé, commence à s'aplatir. Deuxième stade, les bords se surélèvent alors que le centre s'incurve en forme de cuiller. De plus, ils deviennent mous. Cette affection touche surtout les ongles des mains, plus rarement ceux des orteils. De nombreuses causes sont à l'origine de cette déformation.

Fiche technique

• L'ongle concave ou koïlonychie est une anomalie assez fréquente.
• Causes : certaines sont héréditaires. L'anomalie apparaît à la

naissance ou plus tard. Plus fréquentes sont les causes acquises :

– problèmes cardio-vasculaires et sanguins (anémie par manque de fer, certaines maladies du sang comme l'hémochromatose, l'hémoglobinose, etc.), atteinte des artères coronaires;

– infections : syphilis, mycoses;

– causes endocriniennes : mauvais fonctionnement de la glande thyroïde;

– causes traumatiques et professionnelles : manipulation des solvants divers (acides et alcalins), essence, charbon, suie (maladie des ramoneurs), produits ménagers (lessives...);

– manque de vitamines, surtout de vitamine C (chez les gros fumeurs) mais aussi de vitamine PP ou B2;

– maladies dermatologiques : maladie de Reynaud, lichen plan, sclérodermie, ou autres;

– enfin, chez l'enfant qui se ronge les ongles, l'anomalie est fréquente. Elle disparaît lorsque disparaît l'onychophagie.

Traitement

Celui de la cause, si on la trouve.

Lignes longitudinales des ongles⸺⸺⸺⸺⸺

Les signaux de la peau

Vu à la loupe, un ongle normal présente de tout petits sillons peu profonds, séparés par des arêtes peu saillantes. Cet aspect peut s'accentuer avec l'âge ou sous l'effet d'une maladie. Il se forme alors un sillon plus profond et plus large (souvent au centre de l'ongle) qui va de la racine à l'extrémité. Cette anomalie passagère n'a pas de signification particulière. En revanche, une dépression plus large, de l'ordre de deux millimètres, débutant à la racine de l'ongle (souvent le pouce) et barrée de lignes transversales peut être la conséquence d'un tic : le refoulement répété de la cuticule du pouce par l'ongle de l'index de la même main. On peut aussi observer des déformations des arêtes qui s'élargissent. Fréquente : l'arête formant une ligne surélevée discontinue comme un collier de perles sur l'ongle du pouce. Petite anomalie sans signification.

Fiche technique

- Anomalie banale et fréquente.
- Ne signalant en général aucune maladie sous-jacente.
- Aucun traitement.

Lignes transversales des ongles
ou fissures transversales

Les signaux de la peau

Un beau jour, vous découvrez sur les ongles de vos pouces une ligne transversale qui les barre entièrement. Les semaines passent et ces lignes avancent vers l'extrémité des ongles à la vitesse d'un millimètre par semaine. Cette barre unique indique un choc ou une maladie, à rechercher dans votre passé récent. Parfois, on peut voir non une barre, mais plusieurs qui se suivent comme des vagues sur la mer, plus ou moins larges, plus ou moins profondes. Ces barres signalent des agressions répétées sur la racine de l'ongle ou correspondent à certaines maladies.

Fiche technique

- Anomalie très fréquente des ongles.
- Causes :
- ligne unique : soit traumatisme sur la base de l'ongle, soit maladie fébrile brutale et intense ;

– lignes multiples : soins de manucurie trop agressifs (la cuticule est repoussée trop brutalement), eczéma, périonyxis (atteinte des replis cutanés entourant l'ongle), affections microbiennes (streptocoque, staphylocoque), etc., mycose, parasitose.

Traitement

Celui de la cause.

Ongles épaissis

Les signaux de la peau

Un ou plusieurs ongles se mettent à épaissir. A leur racine ou à leur extrémité, ou sur toute leur surface. Il peut s'agir des ongles des mains ou des orteils. Parfois l'épaississement est spectaculaire. La surface de l'ongle devient irrégulière et s'incurve comme une corne de bélier. Le plus touché est l'ongle du gros orteil. Cette anomalie, appelée onychogryphose est due à des chocs répétés. Très gênant pour se chausser, on s'en doute! Il faut toujours chercher la cause.

Fiche technique

L'épaississement des ongles ou hyperonychie est une anomalie relativement fréquente.
• Les causes sont multiples : hérédité, maladies de peau (psoriasis, mycose), traumatismes répétés.

Traitement

Celui de la cause. En cas d'onychogryphose, ablation chirurgicale.

Panaris

Les signaux de la peau

Vous vous êtes piqué le doigt, vous vous êtes enfoncé une écharde dans la peau, sous l'ongle, ou vous vous êtes fait une coupure... et voilà que quelques heures – ou quelques jours – plus tard, votre doigt gonfle, rougit et devient douloureux. Douleur lancinante, pulsatile qui, parfois, cerne l'ongle! C'est la fameuse tourniole. Si vous appuyez sur la base de l'ongle, une petite goutte de pus sort. Pas de doute, c'est un panaris, provoqué par une infection de la plaie, soit d'origine microbienne, soit due à un champignon.

Ceci est le cas le plus fréquent, mais le panaris peut parfois prendre d'autres aspects. Il peut se développer en profondeur, se manifestant sous la forme d'une petite élevure rouge, profonde, douloureuse à la fois spontanément et à la pression. Là encore une infection microbienne. Mais lorsque le panaris s'annonce par l'apparition brutale d'une rougeur de la dernière phalange d'un doigt, surmontée d'une petite cloque où l'on n'aperçoit aucun liquide, il s'agit alors d'un panaris herpétique. Les prélèvements permettront de faire le diagnostic.

Autre aspect du panaris, l'apparition d'une tache noire sous l'ongle et sur la peau qui l'entoure. C'est le panaris mélanique (voir mélanome malin chap. 5, p. 114).

Enfin, sur les doigts de la ménagère ou chez les cuisiniers, on voit souvent apparaître un gonflement autour d'un ou plusieurs ongles, dû à une infection par un champignon, le *Candida albicans*.

Fiche technique

• Le panaris est une affection du doigt pouvant atteindre tous ses éléments (peau, ongles, os, tendons).
• Ses causes sont variées :
– le plus souvent septiques (c'est-à-dire dû à un microbe staphylocoque, streptocoque, ou à un champignon, le *Candida albicans*, ou au virus de l'herpès);
– parfois tumorale, c'est le panaris mélanique, beaucoup plus grave.

Il existe aussi un faux panaris dit d'Osler dû à une atteinte des vaisseaux, où l'on ne retrouve pas de germe responsable.

Traitement

Il varie en fonction de la cause : antibiotiques en cas de germe bactérien ; antimycosiques locaux et généraux, s'il s'agit d'une candidose ; chirurgie, en cas de mélanome malin.

Décollement de l'ongle

Les signaux de la peau

Le phénomène se déroule de façon indolore, progressive, mais inexorable. C'est à son extrémité que votre ongle commence à se décoller. Il se forme un espace libre entre l'ongle et la peau sous-jacente qui prend une couleur particulière, soit blanc grisâtre, traduisant l'accumulation d'air sous l'ongle, soit brun jaunâtre. L'ongle va se décoller progressivement et lentement jusqu'à sa racine. Quand le décollement atteint cette racine, il tombe. Mais rassurez-vous, un autre ongle va pousser (à raison de 0,10 mm par jour en moyenne pour les ongles des mains). La repousse des ongles des orteils se fait plus lentement. Il faut presque le double de temps. En moyenne, il faut donc six mois pour un ongle de main et un an pour un ongle de pied.

Fiche technique

• Le décollement d'un ou plusieurs ongles (ou onycholyse) est une anomalie très fréquente.

Causes :
• Locales :
– traumatiques. C'est la plus fréquente. Il y a d'abord forma-

tion d'un hématome sous l'ongle qui noircit, se décolle et tombe;
– infectieuses : mycoses dues à un *Candida albicans* ou à des dermatophytes..., microbes, virus;
– chimiques : abus d'eau chaude avec détergents; manipulation d'essence, de solvants divers (notamment de peinture);
– cosmétiques (bases, durcisseurs d'ongles, faux ongles).

• Maladies dermatologiques :
– transpiration excessive des mains ou des pieds;
– psoriasis;
– eczéma atopique;
– dermite d'irritation locale.

• Maladies générales :
– syphilis;
– anémie par manque de fer;
– mauvais fonctionnement de la glande thyroïde;
– circulation artérielle perturbée au niveau des doigts.
• Grossesse.
• Prise de certains médicaments avec exposition solaire (tétracyclines surtout).
• Parfois on ne retrouve pas de cause.

Traitement

Celui de la cause.

Ongles incarnés

Les signaux de la peau

Il y a quelque temps, vous avez acheté une paire de chaussures. Mais elles vous serrent. Et rien à faire, vous avez beau les porter, le cuir ne s'assouplit pas. Au fil des jours, vous souffrez d'une douleur de plus en plus intense au niveau du gros orteil. Soudain, en examinant celui-ci de près, vous vous apercevez que le rebord cutané de l'extrémité de l'ongle est rouge, gonflé et douloureux à la pression. Par ailleurs, la partie libre de l'ongle à son extrémité ne l'est plus! L'ongle est rentré dans la peau, il s'est incarné.

Fiche technique

• Incident très fréquent.
• Causes : à l'origine, il y a l'incurvation de la partie médiane de la dernière phalange de l'orteil qui favorise l'incarnation de l'ongle. Par le port de chaussures à talon et à bout trop étroit, des forces de pression considérables s'exercent sur les bords latéraux des ongles. Les replis cutanés convergent vers l'ongle, celui-ci, comprimé, creuse son trou dans la peau. Il se produit alors une inflammation et une érosion de celle-ci, accompagnée d'un gonflement et d'un bourgeonnement des replis cutanés et de douleurs.

Traitement

Pour « désincarner » l'ongle, diverses interventions chirurgicales sont possibles sous anesthésie locale. L'hospitalisation n'est pas nécessaire.

Méthode simple : creuser un canal longitudinal avec une fraise de dentiste par exemple, sur toute la longueur de l'ongle et sur une largeur de cinq ou six millimètres, jusqu'à atteindre la peau qui est sous l'ongle. Ainsi, les bords latéraux de l'ongle vont se libérer tout seuls sous la pression de forces latérales.

Méthode chirurgicale plus expéditive : ablation de l'ongle dans son entier, avec brûlage au bistouri électrique des deux côtés de la matrice unguéale. Avantage de cette dernière opération : l'ongle qui repousse est plus petit et ne risque plus de s'incarner.

D'autres méthodes sont possibles.

Prévention : éviter de couper les coins des ongles des orteils, les tailler tout droit, au carré. Ne jamais porter de chaussures qui serrent le bout des pieds.

Ongle brun-noir

Les signaux de la peau

Il s'agit d'une anomalie très fréquente. Tout ou partie d'un ongle prend une couleur brune tirant parfois sur le noir. Ce changement de couleur peut avoir un grand nombre de causes, dont certaines maladies rares. Mais les deux causes les plus fréquentes sont l'hématome et le grain de beauté ou naevus. L'hématome fait suite à un coup ou à un pincement de l'ongle. Dans ce cas, pas de problème, il n'y a plus qu'à attendre patiemment que l'ongle tombe pour être remplacé par un autre (voir décollement de l'ongle, p. 318).

Toutefois, si l'un de vos ongles devient noir sans que vous ayez le souvenir d'un traumatisme quelconque, prêtez-y attention et consultez un dermatologue car il peut s'agir, soit d'un hématome passé inaperçu, soit d'un grain de beauté poussé inopinément sous un ongle, cela arrive. Si c'est le cas, le dermatologue n'a pas le choix, il doit faire l'ablation de l'ongle puis du grain de beauté et faire analyser ce dernier. En effet, il peut s'agir d'un mélanome malin (voir chap. 5, p. 114). Aucun risque ne doit donc être pris. En fait, il existe une différence entre l'hématome et le grain de beauté que vous pouvez voir vous-même. Le premier avance avec la croissance de l'ongle, tandis que l'autre reste au même endroit.

Mais encore une fois, mieux vaut consulter le médecin si vous n'avez le souvenir d'aucun choc.

Fiche technique

- Anomalie de pigmentation de l'ongle très fréquente.
- Nécessite le plus souvent une consultation.
- Causes :
- hématome ;
- nævus naevo-cellulaire ;
- mélanome malin ;
- syndrome de Peutz-Jeghers-Touraine (bandes noires longitudinales) ;
- tumeur glomique : bénigne, douloureuse à la pression plutôt bleu foncé que noire ;

– angiome : couleur bleuâtre;
– bactéries : *Proteus mirabilis*;
– champignons : *Candida albicans*;
– cirrhose du foie;
– gangrène distale;
– carence en vitamine B12;
– maladie d'Addison;
– certaines atteintes nerveuses;
– malnutrition.

Traitement

Celui de la cause.

Ongles blancs

Les signaux de la peau

L'atteinte la plus fréquente des ongles. Qui n'a pas ou n'a eu un jour les ongles striés de blanc? Toutefois, il y a des degrés divers dans le « blanchiment ». Le plus fréquemment, ce sont de petites taches de un à trois millimètres qui vont de la racine de l'ongle à son extrémité. Certaines disparaissent en route. Il existe également des taches qui surgissent au milieu de l'ongle. Plus particulières sont les taches blanches formant des stries transversales de un à deux millimètres de long et qui barrent l'ongle sur sa largeur. Plus rares enfin sont les stries blanches longitudinales. L'ongle peut également devenir presque entièrement blanc. Seul persiste un arc rosé de deux à quatre millimètres d'épaisseur au niveau de la racine de l'ongle. Enfin, au stade ultime, l'ongle est totalement blanc. D'une blancheur laiteuse, crayeuse ou ivoirine.

Fiche technique

• Anomalie extrêmement fréquente.
Causes :
• Congénitales et héréditaires. Les taches sont présentes dès la naissance.
• Acquises (les plus fréquentes) :
– soins intempestifs de manucurie donnant des taches isolées, parfois des stries transversales;
– menstruations. Elles peuvent provoquer des stries blanches parallèles les unes aux autres;
– maladies infectieuses avec fièvre comme la rougeole;
– maladies cardiaques (infarctus du myocarde);
– maladies digestives (colite ulcéreuse);
– maladies rénales;
– chocs graves : fractures, interventions chirurgicales;
– intoxication : facteurs responsables, le thallium, l'arsenic, le plomb, certains médicaments comme les sulfamides;
– psoriasis;
– lèpre. C'est un signe précoce : la lunule normale s'agrandit;
– pelade;
– mycoses.

Traitement

Celui de la cause.

Ongles verts_____

Les signaux de la peau

Des ongles verts! Mais oui, cela existe et ce ne sont pas des ongles vernis! Un ou plusieurs ongles prennent une couleur verte sur tout ou partie de leur superficie. Si cette mésaventure vous arrive, consultez un dermatologue, ce phénomène signale toujours un trouble sous-jacent.

Fiche technique

• Anomalie de pigmentation rare.
• Causes : toujours infectieuses. Plusieurs germes peuvent être en cause : blastomycète, *Pseudomonas, Aspergillus flavus, nidulans,* ou le champignon *Candida albicans* (encore lui!).

Traitement

Antibiotique adapté au germe en cause.

18
Vrai ou faux?

On peut prendre un coup de soleil par temps couvert.

Vrai.

Le coup de soleil est déclenché par une exposition trop longue sous les ultraviolets B. Or, ceux-ci ne sont filtrés qu'en partie par les nuages (stratus et cumulus), de basse altitude. En cas de nuages très élevés (ciel plombé), le risque est encore plus grand. En effet, les ultraviolets B passent presque en totalité, mais les infrarouges (ceux qui donnent la sensation de chaleur) sont arrêtés. Comme il fait moins chaud, on s'expose plus longtemps. Résultat : un joli coup de soleil.

On peut bronzer à travers une vitre.

Vrai.

Si les rayons U.V.B. qui déclenchent le coup de soleil sont arrêtés par le verre, les rayons U.V.A., eux, le franchissent allégrement. Et peuvent hâler légèrement la peau. En fait, si l'on se place derrière une verrière en plein midi, cela équivaut à une séance de bronzage en cabine U.V.A. Une douce bronzette. Mais, attention, les U.V.A., s'ils ne donnent pas de coup de soleil, vieillissent la peau. Donc prudence, avec ou sans vitre.

Les Noirs n'attrapent jamais de coup de soleil.

Faux.

Il est vrai que plus la peau est pigmentée, moins elle est sujette aux coups de soleil, la barrière de mélanine formant un véritable bouclier contre les rayons ultraviolets B responsables du coup de soleil. Mais, même un Noir, peut attraper un coup de soleil sous un soleil intense. Et puis il y a Noir et Noir. Les Antillais sont plus clairs que les Togolais...

La carotte fait bronzer.

Faux.

La carotte contient un pigment, le carotène, dont la structure chimique est proche de celle de la vitamine A et qui, pris en grande quantité, donne une couleur jaune orangé à la peau (que l'on voit par exemple sur les joues des bébés gavés de soupe de carottes). Mais cela n'a rien à voir avec le bronzage, dû à la présence de mélanine dans l'épiderme sous l'influence des rayons ultraviolets solaires. La fameuse « pilule à bronzer » contient deux caroténoïdes (le bêta-carotène et la canthaxantine) qui donne à la peau cette couleur orangée. Mais elle ne constitue pas un rempart contre les coups de soleil.

Il ne faut jamais mettre de l'eau de toilette avant un bain de soleil.

Vrai.

Les produits parfumés contiennent des substances (essence de bergamote, lavande et autres fourocoumarines) qui sont phototoxiques pour la peau sous l'influence des ultraviolets solaires. Il se produit une réaction d'hyperpigmentation à l'endroit de l'application du produit. En général, ces taches d'hyperpigmentation disparaissent avec le temps, mais cela peut être très long. Et il arrive que des traitements dépigmentants soient nécessaires... plus ou moins efficaces. Il faut donc éviter absolument de s'asperger d'eau de toilette, de Cologne, de lotions après-rasage, avant de s'exposer au soleil. Se méfier aussi des serviettes rafraîchissantes.

La pilule peut donner des taches sur le visage.

Vrai.

Le chloasma ou « masque de grossesse » peut apparaître aussi avec la pilule, surtout chez les femmes brunes. Il s'agit d'une hyperpigmentation de la peau due aux hormones. C'est surtout le pourtour de la bouche qui est touché et notamment la lèvre supérieure. Les taches sont plus tenaces et plus résistantes aux traitements que celles dues à la grossesse. La solution : changer de pilule (il en existe qui n'ont pas cet inconvénient) ou adopter un autre moyen contraceptif.

Le soleil fait passer l'acné.

Faux.

C'est même le contraire : le soleil aggrave l'acné. Il est vrai qu'il existe une amélioration passagère due à l'effet antiseptique des ultraviolets solaires sur les lésions inflammatoires, mais en même temps, sous le soleil, la peau s'épaissit, les orifices sébacés se bouchent. Résultat : deux à trois semaines après l'exposition au soleil, nouvelle poussée d'acné. En conclusion, l'acnéique peut prendre des bains de soleil, mais qu'il ne se fie pas à l'embellie passagère de sa peau et continue son traitement – notamment les produits locaux – afin d'éviter le « phénomène de rebond » au retour des vacances.

L'acné disparaît avec le mariage.

Faux.
Le mariage ou plus précisément les premiers rapports sexuels ne guérissent pas l'acné. C'est une idée fausse qui a la vie dure. La maladie acnéique commence avec la puberté et peut durer des années (en moyenne quatre à six ans) puis elle disparaît spontanément et sans raison. Évidemment, si l'on estime qu'elle débute vers l'âge de seize ans, qu'elle dure six ans, cela fait... vingt-deux ans, un âge auquel on se mariait souvent jadis. Une explication peut-être à cet aphorisme cher à nos parents.

Le meilleur traitement de l'acné c'est la pilule.

Faux.
Il y a pilule et pilule. La pilule classique n'a qu'un léger effet sur la diminution de l'hyperséborrhée (visage moins gras). Celle qu'on appelle la « pilule anti-acné » est, elle, en fait un traitement de l'acné qui peut aussi servir de contraceptif. Elle est très efficace sur l'hyperséborrhée, qu'elle diminue et peut même stopper. Mais, d'une part elle ne convient pas à toutes les femmes, d'autre part la séborrhée n'est pas le facteur premier déclenchant de l'acné. Il faut toujours associer la pilule à des traitements locaux.

Le savon dessèche la peau.

Vrai.
Le savon et tous les produits cosmétiques légèrement déter-gents enlèvent le sébum (substance graisseuse sécrétée en

permanence par les glandes sébacées) qui forme un film protecteur sur la peau. Une peau appauvrie en sébum perd son eau et donc se dessèche. D'autre part, les savons détergents utilisés chaque jour pendant de longues périodes finissent par altérer une des fonctions de la couche cornée qui est de fixer l'eau et de la retenir, car ils détruisent dans cette couche cornée des substances appelées N.M.F. (natural moisturizing factors) qui sont des facteurs naturels d'hydratation. La peau perd donc sa souplesse et sa solidité. Aux savons ordinaires, il faut préférer les pains dermatologiques ou les laits et lotions démaquillants.

Les peaux grasses n'ont pas besoin d'être hydratées.

Vrai.

Le sébum sécrété par les glandes sébacées forme sur la peau un film protecteur qui contribue à maintenir un taux d'humidité indispensable au bon équilibre de l'épiderme. Il agit donc contre l'évaporation de l'eau contenue dans la peau. Parmi tous les tissus de l'organisme la peau est celui qui contient la plus grande proportion d'eau (8 litres en tout). Si l'eau reste dans la peau, point n'est besoin de l'hydrater de l'extérieur.

Le fond de teint empêche la peau de respirer.

Faux.

Pour la bonne raison que la peau ne respire pas. La respiration, c'est-à-dire l'échange d'oxygène contre du gaz carbonique, c'est le travail des poumons. La peau, elle, a un rôle de protection. Des échanges peau-monde extérieur se font bien évidemment. La peau transpire et peut absorber de l'eau et d'autres produits lorsqu'ils sont liés à des excipients. Mais le fond de teint n'altère pas ces échanges.

Il est dangereux de supprimer un grain de beauté.

Faux.

Tous les grains de beauté suspects (ceux qui changent d'aspect, démangent, saignent, etc.) ainsi que toutes les tumeurs noires récemment apparues sur la peau et n'ayant pas de diagnostic clinique doivent être enlevés au plus tôt. De deux choses l'une : ou c'est un grain de beauté banal (dans 99 % des cas) et mieux vaut être rassuré, ou c'est un mélanome malin, cancer cutané rarissime mais très grave, et on l'a enlevé avant qu'il devienne dangereux. Le cancer a été tué dans l'œuf.

On ne guérit jamais définitivement d'un psoriasis.

Vrai.
Le psoriasis est une maladie héréditaire, inscrite dans les gènes, tout comme sont inscrites la couleur des yeux, celle des cheveux, la forme d'un nez, etc. Il ne peut donc pas plus disparaître que ne peut se modifier la couleur des yeux. Pour le moment du moins. Dans l'avenir, les manipulations génétiques pourraient peut-être changer les choses. Mais si le psoriasis est inguérissable, son évolution est imprévisible et tout à fait variable d'un individu à l'autre. Certains sujets feront de grandes poussées très rapprochées, d'autres de petites très espacées et paraissant sans lendemain. Enfin, d'autres sujets encore n'auront aucun signe sur la peau, mais pourront souffrir de rhumatisme psoriasique (sans que cela soit obligatoire). Si le psoriasis ne guérit jamais, on sait de mieux en mieux traiter les crises.

L'eczéma guéri... ressort sous forme d'asthme.

Faux.
L'eczéma et l'asthme, tout comme la rhinite allergique (ou rhume des foins), appartiennent à la même famille des maladies dites atopiques. On naît avec un terrain « atopique », hérité de ses ancêtres plus ou moins proches. L'eczéma apparaît dans 80 % des cas dès l'âge de trois ou quatre mois et il disparaît avant l'âge de dix ans, dans 92 % des cas. La survenue d'une autre manifestation atopique (asthme, rhinite) chez un ancien eczémateux varie selon les statistiques de 20 à 50 % des cas. Mais les deux phénomènes : disparition de l'eczéma et apparition de l'asthme ou de la rhinite allergique, sont totalement dissociés.

L'alcool favorise la couperose.

Vrai.

Si vous buvez beaucoup d'alcool chaque jour, vous serez effectivement, après plusieurs années, atteint de couperose. Mais il y a des exceptions. D'autre part, on peut avoir de la couperose sans être alcoolique, ni même petit buveur. Deux facteurs sont à l'origine de la couperose : un facteur héréditaire contre lequel on ne peut malheureusement rien. Et l'abus des bains de soleil, contre lequel on peut beaucoup. Quoi qu'il en soit, la couperose se soigne très bien.

Il est déconseillé de faire du sport quand on a des varices.

Faux.

Le sport, au contraire, est recommandé aux variqueux. Les varices sont des veines superficielles dilatées qui ne fonctionnent plus normalement et n'assurent donc plus – ou mal – le retour du sang vers le cœur. En contractant les muscles des jambes on fait marcher la « pompe musculaire » qui aide la remontée du sang dans les veines. Le sport est donc bénéfique. Sports conseillés : marche, vélo, natation, etc. Si les varices sont très marquées, il faut bien entendu les traiter (sclérose ou éveinage).

Le chocolat peut donner de l'urticaire.

Vrai.

Les aliments sont une cause fréquente d'urticaire. Il peut s'agir d'une allergie vraie : l'organisme du jour au lendemain devient réfractaire à un aliment et le reste. A chaque fois qu'il mange cet aliment l'allergique a une crise d'urticaire. Ou il peut s'agir d'une pseudo-allergie, ce qui est plus fréquent en ce qui concerne le chocolat. Un aliment (chocolat donc mais aussi fraises, blanc d'œuf cru, tomate, poisson, etc.) provoque à certaines doses et chez certains sujets la libération d'histamine dans le sang, substance qui donne des lésions d'urticaire. Différence avec l'allergie vraie, l'urticaire ne se produit pas à chaque fois.

Quand on a des verrues il suffit de détruire la « mère » pour que les autres tombent.

Faux.

Dans les verrues il n'y a ni mère ni filles. Il y a seulement de grandes et de petites verrues. Il y a aussi celle qui apparaît la première et celles qui apparaissent ensuite, soit par autocontagion à partir de la première, soit parce que l'on en a attrapé d'une autre personne. Le fait de détruire une verrue n'entraîne en aucun cas la disparition des autres.

L'épilation au rasoir fait pousser les poils plus drus.

Vrai.

En effet, l'épilation au rasoir enlève sans discernement poils et duvet peu visible. Celui-ci se fâche parce qu'il est agressé et repousse sous forme de poil dur. Pour l'épilation de la lèvre supérieure, il faut toujours préférer la décoloration ou l'épilation à la pince pour quelques poils follets. Ou encore l'épilation électrique pour disparition définitive. Pour les jambes : épilation à la cire chaude ou froide, ou un produit dépilatoire.

Quand on se lave souvent les cheveux il faut utiliser un shampooing pour bébé.

Faux.

Les shampooings pour bébé ne sont pas plus « doux » que les autres. Leur spécialité : ils sont faits avec des bases lavantes qui ne piquent pas les yeux et sont parfaitement tolérés par le cuir chevelu de bébé. Les shampooings dits « à usage fréquent », eux, ont des bases lavantes qui peuvent piquer les yeux, mais n'abîment pas les cheveux. Il est par ailleurs totalement faux de croire que la répétition des shampooings entraîne une hyperséborrhée réactionnelle. Il a été amplement vérifié et prouvé que cette affirmation ne repose sur aucun fondement scientifique. Cela dit, rien n'empêche d'utiliser quotidiennement un shampooing pour bébé.

Si on se lave trop souvent les cheveux, ils tombent.

Faux.

On peut se laver les cheveux tous les jours sans provoquer

une chute. A condition bien sûr d'utiliser un shampooing à base lavante douce. Les cheveux retrouvés dans le lavabo après le shampooing ne sont pas des victimes du lavage. Ils étaient destinés à tomber (environ une cinquantaine par jour) car arrivés en fin de vie. Ils seront remplacés par d'autres, sauf en cas d'alopécie, mais c'est un autre problème.

Couper les cheveux très court les fait repousser plus vite et plus fort.

Faux.
Il ne faudrait pas confondre cheveux et branches des arbres! La coupe n'a strictement aucune influence sur la croissance ou la chute des cheveux. Ceux-ci ont une durée de vie variant de deux à six ans, passant par trois phases (pousse, repos, chute) au terme desquelles ils sont remplacés par de nouveaux cheveux. On considère que la chevelure se renouvelle entièrement quatre fois au cours de la vie.

Les hommes chauves sont plus virils que les chevelus.

Faux.
Une vraie légende... qui repose sur le fait suivant : les hormones ou androgènes sont à l'origine de l'alopécie séborrhéique. Mais il ne s'agit pas d'un excès d'hormones. C'est une sensibilité particulière des bulbes pileux du cuir chevelu à ces hormones qui provoquerait la chute. Tant pis pour les chauves...

Les petites taches blanches des ongles sont le signe d'un manque de calcium.

Faux.
Les taches blanches ou leuconychies n'indiquent jamais un manque de calcium, mais plutôt des soins intempestifs de manucurie! Toutefois, d'autres facteurs peuvent être à l'origine de cette petite anomalie.

Cet ouvrage a été réalisé sur
Système Cameron
par la SOCIÉTÉ NOUVELLE FIRMIN-DIDOT
Mesnil-sur-l'Estrée
pour le compte des Éditions Denoël
le 9 mai 1986

2282

Imprimé en France
Dépôt légal : mai 1986
Nº d'édition : 2282 – Nº d'impression : 4388